体育产业发展的理论与实证研究

滕 野 ◎著

中国华侨出版社
·北京·

图书在版编目（CIP）数据

体育产业发展的理论与实证研究 / 滕野著. -- 北京：中国华侨出版社，2021.9
　ISBN 978-7-5113-8439-3

　Ⅰ. ①体… Ⅱ. ①滕… Ⅲ. ①体育产业－产业发展－研究－中国 Ⅳ. ①G812

中国版本图书馆CIP数据核字(2020)第229793号

体育产业发展的理论与实证研究

著　　者	/ 滕　野
责任编辑	/ 李胜佳
特约编辑	/ 黄炳开
封面设计	/ 北京万瑞铭图文化传媒有限公司
经　　销	/ 新华书店
开　　本	/ 787毫米×1092毫米　1/16　印张 / 12.5　字数 / 280千字
印　　刷	/ 北京天正元印务有限公司
版　　次	/ 2021年9月第1版　2021年9月第1次印刷
书　　号	/ ISBN 978-7-5113-8439-3
定　　价	/ 65.00元

中国华侨出版社　北京市朝阳区西坝河东里77号楼底商5号　邮编：100028
发行部：（010）69363410　　　传　真：（010）69363410
网　址：www.oveaschin.com　　E-mail：oveaschin@sina.com

如发现印装质量问题，影响阅读，请与印刷厂联系调换。

前　言

　　进入21世纪，我国的体育产业迅速发展，欣欣向荣。形成这一现象的原因有多种：其一，专业级、国际性的比赛带动了我国体育事业的发展；其二，国家政策大力提倡全民健身。可以说，体育产业成为国家经济发展新的增长点。

　　中国的体育事业内容包括竞技体育、全民健身的群众体育、富民利民的体育产业、完善人格的体育文化。我国必须协调完善体育工作的各项内容，才能推动体育强国建设。从当代经济与体育发展的形势来看，我国必须加强对竞技体育、群众体育、体育文化发展的推进，增强体育产业的实力，才能使我国的体育事业越来越繁荣。

　　在市场经济环境中，体育发展涉及诸多心理学，如体育旅游业、体育消费业、体育彩票业、体育广告业等，这些统称为体育行为心理。从学术概念上分析，心理学是研究人的心理现象和心理规律的科学。人的行动由思想支配，思想动机由需要引起。人的心理与行为目的是直接或间接、自觉或不自觉地满足某种需要。当需要得到满足，行为结束后，又会有新的需要，产生新的动机，引起新的行为。由此可见，需要是人的积极性和主动性的根本动力。体育产业既包括体育比赛项目、运动健身项目，又包括体育行为心理。借助心理学的研究，可以针对体育对象的不同特征，探索能够满足其合理需要的心理策略，从而推进我国体育产业科学化发展。

目录

第一章 体育产业的基础认知 ... 1
- 第一节 体育产业的相关理论 ... 1
- 第二节 体育产业的内容与类别 ... 14
- 第三节 体育产业的属性与特征 ... 17

第二章 体育产业发展概况 ... 20
- 第一节 体育产业发展特征 ... 20
- 第二节 当代体育产业的新发展 ... 24
- 第三节 我国体育产业发展形势 ... 25

第三章 体育产业各领域发展状况 ... 28
- 第一节 体育产业与文化产业 ... 28
- 第二节 体育产业与旅游产业 ... 30
- 第三节 体育健身休闲业 ... 32
- 第四节 体育用品业 ... 34

第四章 体育产业发展的动力 ... 36
- 第一节 体育产业发展动力 ... 36
- 第二节 法制建设与人才培养 ... 39

第五章 中国体育产业发展的思路 ... 43
- 第一节 管理体制与机制创新 ... 43
- 第二节 推进体育消费与提升消费观念 ... 46
- 第三节 形成品牌与核心价值 ... 47

第六章 体育产业发展的心理学探究 ... 51
- 第一节 体育受众的心理分析 ... 51
- 第二节 体育产业中的营销心理 ... 55

第七章 体育产业结构的优化与升级 ... 71
- 第一节 体育产业结构的构成 ... 71

　　　　第二节　体育产业结构的演进分析 75
　　　　第三节　体育产业结构的优化路径 91
第八章　体育产业支持体系的创新及发展 106
　　　第一节　投资与融资支持体系的建构 106
　　　第二节　体育产业人力资源支持体系的延展 113
　　　第三节　政策支持与中介服务支持体系的成熟 127
　　　第四节　大数据时代信息化技术的开发与运用 129
第九章　体育产业市场化发展的实证分析 142
　　　第一节　体育用品业的发展 142
　　　第二节　体育传媒业的发展 146
　　　第三节　体育广告业的发展 152
　　　第四节　体育彩票业的发展 156
　　　第五节　体育旅游业的发展 161
第十章　社会相关体育产业发展的实证分析 170
　　　第一节　竞技体育产业的发展 170
　　　第二节　休闲体育产业的发展 176
　　　第三节　民族传统体育产业的发展 181
参考文献 190

第一章 体育产业的基础认知

当前体育产业的发展是一个体育运动逐渐走向商业化、职业化并与其他行业不断融合的过程。就目前而言，中国体育产业蓬勃发展，已经成为国民经济中一个新的经济增长点。要推进体育强国建设，必须增强体育产业的实力，在整体上推动体育工作各项内容的协调与完善。

第一节 体育产业的相关理论

从世界范围来看，体育产业正处于蓬勃发展之中，一些发达国家的体育产业甚至已经形成较为完善和健全的发展体系。体育产业的发展不仅对竞技体育、群众体育、体育文化有推动作用，而且对推进体育强国建设也具有十分重要的现实意义。

一、体育产业的概念

尽管体育产业得到了很大程度的发展，但是关于体育产业的概念，当前还没有统一的说法，国内外不同专家学者所持的观点也存在一定的差异性。下面就体育产业的概念进行深入全面的分析和阐述。

（一）体育产业概念的界说

1.体育产业外延的广义说

"体育产业外延的广义说"，主要是指国内外学者在产业外延广义化的共同点。关于"体育产业外延的广义说"的表述中，较为典型的是与体育有关的一切生产、经营活动部门的总和。其产品包括体育物质产品、体育服务和劳务产品；健身娱乐、竞技观赏业、体育传媒业、体育用品业、体育广告业、体育博彩业、体育饮品业等都属于其内容的范畴。

通过上述对"体育产业外延的广义说"的了解，可以看出，其将生产物质产品的企业纳入体育产业的范畴，外延泛化的问题是较为显著的，具体来说，主要体现在以下几个方面：首先，物质产品与服务或劳务的产品属性是完全不同的，彼此间没有替代的可能，故两类产品不符合同一商品市场的产业划分标准；其次，物质产品与服务或劳务产品在生产技术和工艺上的差异性也是较为显著的；最后，生产物质产品的部门与提供服务或劳务产品的部门与 A.Fisher 提出的产业分类法的要求也不相符。由此可以得知，"体育产业外延的广义说"不仅与经济学原理不相同，同时也与逻辑学规则相悖。

2. 体育产业的体育事业说

所谓的"体育产业的体育事业说",就是指体育事业包含了体育产业,或称体育产业是社会主义市场经济运行体制下的体育事业,它是体育事业由传统的计划经济转到社会主义市场经济体制下的称谓。

"体育产业的体育事业说"所存在的问题主要表现为:概念关系不明,并且不符合现行实际改革。一般来说,任何学科的研究概念均有其特定指涉的本质内涵和相对明晰的外延结构,换句话说,就是研究概念都是以特定的有形现象或抽象内容为基础而产生的,以高度提炼的方式予以实现的一种概括。如果将体育产业与体育事业放在同一层次上进行考察,就可以发现,这两者之间的内涵与外延的差异性是较为显著的,属全异关系的概念,换句话说,就是产业是同类经济活动的总和,而事业是创造公益性、福利性公共产品的组织单位的集合。

3. 体育产业的体育事业可盈利部分说

所谓的"体育产业的体育事业可盈利部分说"是指从实用性的角度提出了体育产业就是体育事业中可进入市场并可获得经济利益的那部分经济活动的总和。

"体育产业的体育事业可盈利部分说"存在的问题较多,其中,较为显著的有以下三个方面:

第一,概念的定义具有不完全性的缺陷,具体来说,就是事物形态的过程描述,并非就是事物的本质属性。

第二,这种界说对原来体育事业中就没有的但现确已成为体育产业构成部分的产业部门进行了排斥,换句话说,就是将现代保龄球服务部门、高尔夫球服务部门等在社会发展中为适应需求结构变动所产生的新兴的具有体育原生属性的产业部门排斥掉了。

第三,产业划分类型和层次存在着边界不清的问题。"体育产业的体育事业可盈利部分说"在判定体育产业的外延结构时,没有对第二次产业和第三次产业的划分规则引起重视,而是将获取经济利益作为唯一标准,以此为思维逻辑来认识体育产业,回到"体育产业外延的广义说"的路径上就成为一种必然。

4. 体育产业外延的狭义说

所谓的"体育产业外延的狭义说",就是指体育产业是生产和提供体育、运动服务或劳务产品的企业集合,或称以活动、劳动形式向全社会提供各类体育服务的行业总和。对产品的非实物性较为重视,以劳务或服务的"活动"形式存在,并提供满足人的身心等方面需求的使用价值,生产过程是消费者直接参与并享受的过程,这些都是这一界说的主要特点所在。

"体育产业外延的狭义说"与产业经济学理论和逻辑学的规划是较为相符的,具体来说,主要体现在以下三个方面:

第一,将生产和提供体育、运动服务或劳务产品的企业作为指涉对象,对体育产业的产品属性的同质性进行了明确的规定,与"具有某种同一属性经济活动"和产业定义和以相同商品市场为单位的产业划分规则是相符的。

第二，体育、运动服务或劳务产品的生产过程和技术工艺存在一定的相似性，具体来说，两者的基本要素都是人体运动，运动设施、设备等，生产所需的投入品也是较为相似的，都需按解剖、生理、力学等原理和规则生产体育产品等。

第三，以活动劳动的形式生产或提供体育、运动服务或劳务产品的产业是与A.Fisher、C.Clark、S.Kaznets等人创立并发展的二次产业分类的标准相符的，换句话说，就是体育产业属于第三次产业的范畴。

（二）国内外体育专家对体育产业概念的理解

从当前的形势看，国外大部分体育专家及学者对体育产业概念的界定都有自己独特的见解，某些地方甚至存在着一定的分歧。但是，从总体上来说，国外众多的专家及学者对体育产业概念的界定都基于操作性层面，具体来说，就是对体育产业研究的可行性较为偏重，而不仅仅局限于体育产业的理论方面。比如，有的学者将体育产业的概念界定为向购买者提供体育、健身、娱乐和休闲产品的市场；有的学者把体育产业界定为生产体育活动的企业或组织；有的学者将体育产业分为主体产业和相关产业等。

另外，国外的体育专家及学者在对体育产业进行研究和探索时，往往都会把体育产业看作体育物质产品与服务产品生产企业或组织的集合。他们对体育产业内涵与外延的理解的差异性也是存在的，因此，关于国外专家对体育产业概念的界定也没有一个统一的定论。尽管如此，但有一点是可以确定的，那就是绝大部分专家及学者都将体育健身娱乐业、体育竞赛表演业、体育用品制造业与销售业、体育场馆服务业归纳到体育产业当中，认为这些类型的体育产业形成了整个体育产业的主干产业。

（三）国内专家学者的观点

我国在体育产业的研究方面，也存在一定的差异性。在一些文件中就有所体现。比如，我国的《体育产业发展纲要》将体育产业分为三大类：第一类为体育主体产业，如体育竞赛表演、训练、健身、娱乐等的经营；第二类指为体育活动提供服务的体育相关产业类，如体育用品、器械的生产经营等；第三类是体育部门开展的旨在补助体育事业发展的其他各类产业活动。而《国民经济行业分类》则将体育产业从卫生、体育和社会福利中调整出来，与文化、娱乐共同构成文化、体育娱乐业，只对体育产业的类别归属进行了划分，并未对体育产业的概念做出界定。

另外，我国体育方面的专家学者，在经过长期的探索后，也纷纷发表了对体育产业的认识和观点，具体来说，较为具有代表性的观点有以下几个方面：

第一，体育产业是指进入市场实行商业化经营的体育活动范畴。其包括的内容主要有运动训练与竞赛、体育健身娱乐、体育辅导与培训等几个方面。

第二，体育产业为第三产业中的一个部门，即体育产业或体育业，是国民经济的重要组成部分。

第三，体育产业是同类体育劳务企业的总和，但不包括体育相关产品企业。

第四，体育产业主要包括体育活动自身的经营、与体育紧密相关的产业、体育系统组织的各种商业经营活动三大类。

第五，体育产业主要分为核心产业、中介产业和外围产业三个板块。核心产业主要包括体育健身娱乐、竞赛表演等市场；中介产业主要包括体育经纪市场和体育媒体市场等；外围产业主要包括体育用品市场、体育旅游市场和保险市场等。

第六，广义的体育产业是指包括以盈利为目的的体育企业和各种公益性、事业性体育机构；狭义的体育产业则指体育企业的集合。

第七，体育产业是指与体育运动相关联的一切生产经营活动。通常情况下，体育产业不仅局限于直接的服务和劳动。第二产业中的体育服装等产品以及第三产业中体育旅游、体育媒体、体育彩票等也都属于体育产业的范畴。

从上述几个观点可以看出，我国大部分体育专家及学者对体育产业的概念都有自己独特的见解，由于研究的着眼点不同，因此对体育产业的理解也存在着一定的差异性，对此我们要综合以上专家及学者的观点，从整体上来把握体育产业的概念。

通过将国内外众多体育专家及学者的观点综合起来，可以从广义和狭义上对体育产业的概念进行理解。具体来说，广义的体育产业是指全社会提供体育产品的企业、组织、部门和活动的集合，包括体育服务业和体育相关产业两大领域；而狭义的体育产业是指以体育劳务形式为消费者提供体育服务产品生产的企业、组织、部门和活动的集合。

总的来说，体育产业是随着社会经济的不断发展而出现的一种新的产业形态，是体育运动由原来的自给自足的自为模式向组织化、生产化、消费化和盈利化的产业运营模式转变的产物。简言之，体育产业就是生产和经营体育商品的企业集合体。

二、体育产品

（一）体育产品的概念

在体育产业中，由体育生产活动产生的并且可以满足人们某种体育需求的劳务产品，就是所谓的体育产品。体育产品主要有以下几个方面的性质。

1."体育性"

体育产品是由体育活动产生的，而非其他活动。

2."生产性"

体育产品是在体育生产活动中产生的，属于生产性的劳务活动，是一种产出品而非投入品。

3."劳务性"

体育产品是以服务的形式向消费者提供的劳务产品，这种服务形式属于第三产业的内容。

4."满足体育需求性"

体育产品是为了满足人们的某种体育需求而产生的，这种需求与体育运动的发展水平及体育产业的发展状况有着密切的关系。

（二）体育产品的分类

通常情况下，可以将体育产品大致分为三种类型，即体育健身休闲产品、体育竞赛表演产品以及体育技术培训产品，其具体内容分为以下几种：

1. 体育健身休闲产品

满足人们健身和休闲娱乐需要的各类体育产品的集合，就是所谓的体育健身休闲产品。体育健身休闲产品的范畴较为广泛，健身指导、锻炼咨询、体育医疗咨询以及各种休闲体育服务等都属于这一范畴。

作为体育产品的重要组成部分，体育健身休闲产品对消费者有着一定的要求，主要表现为直接参与各种体育消费活动。随着现代社会的不断发展，现代文明病成为人类发展的隐患，在这样的形势下，人们对健康和生活质量的要求越来越高，因此体育健身休闲产品就受到人们的高度重视。人们都希望通过参加各种各样的休闲健身活动来增强自己的体质，以抵抗现代文明病的侵袭。

2. 体育竞赛表演产品

一定的体育组织为满足人们娱乐和审美的心理需求而组织和策划的一系列体育比赛或者竞技表演，就是所谓的体育竞赛表演产品。通常来说，体育竞赛表演产品的提供者主要是各种盈利性或非盈利性的体育组织。消费者在进行体育消费的过程中，并不直接参与其中，而是通过观看与欣赏的形式进行消费。发展到现在，体育竞赛表演产品已成为现阶段体育产品的重要组成部分，它对于刺激和发展人们的体育需求具有重要的作用。

3. 体育技术培训产品

伴随着体育运动赛事的发展而产生的一种对运动员或体育人才进行培训，以使其竞技能力得到提高的一种服务，就是所谓的体育技术培训产品。体育技术培训是由体育教师或教练员等通过一定的训练手段和方法培养运动人才的过程。体育技术培训的产品就是指其中的训练方法、手段等，这种产品的生产与消费对整个体育产品的质量有着非常重要的作用。在竞技体育快速发展的今天，现代运动竞赛的高度发展使得体育技术培训产品越来越多，科学化程度也越来越高。

（三）体育产品的特征

体育产品除了具备一般产品的特征外，其自身还具有较为显著的特征，具体来说，主要从以下几个方面得到体现。

1. 非实物性

在体育产业中，体育产品的基本生产活动就是体育运动，而体育运动本身是不会产生任何实物产品的。因此，体育产业概念中提到的体育健身产品、体育竞赛产品、体育训练产品、体育信息产品乃至体育无形资产等都属于非实物形态。这种非实物形态主要由体育产品的非实物性特征所决定。

2. 生产和消费的不可分割性

在体育产业中，体育产品具有生产和消费的不可分割性的特征，具体来说，这种不可分割的特征主要体现在时间、空间以及对体育活动的亲身参与三个方面,具体如下。

第一,从时间上来说,其不可分割性主要表现在生产过程与消费过程的同时开始与结束。由于体育产品是以体育服务的形式出现的,因此,一旦体育比赛或者体育锻炼活动结束,人们的观赛活动或锻炼活动也随之结束。在体育赛事欣赏中,人们在观赛后,能够保留的也就只有手里的门票、身上的汗水和脑海里的回忆,这一过程是不能重复和储存的。所以说在时间上,体育产品的生产与消费是同步进行的。

第二,从空间上来说,其不可分割性主要是指体育生产活动和消费活动往往是在同一空间实现的,如健身房和比赛现场。

第三,对体育活动的亲身参与是无法替代的。人们要想获得比赛的感受必须要靠自己亲身的体验,一个人是不可能通过别人来实现健身的目的,也不可能让别人代替自己获得观赏比赛的愉悦感。因此,体育消费者必须要亲临现场,亲身参与其中,才能真正完成对体育产品的消费过程,在消费过程中达到自己的目的。因此说,消费者对体育产品消费的亲身参与性也对体育产品的生产和消费的不可分割性产生了重要的决定性作用。

3. 需求层次的高端性

一般来说,人的需求可以划分为生存需求、享受需求和发展需求三个层次,这三个层次是人们不同发展阶段的不同追求。人们对于体育产品的需求属于高层次性需求,这主要表现在以下三个方面。

第一,满足基本的生存需求并不是人们对体育产品的唯一需求。衣食住行是人们生活中的必需品,而体育需求并不是人们生存所必需的,也就是说如果人们离开了体育运动,并不会对其生存构成威胁,充其量只是影响到了人们的生活质量而已。因此,在经济学中,生活必需品被描述为替代性很低,甚至是替代弹性几乎为零的产品,而体育产品的替代性则较高。

第二,人们对体育产品的需求能够使享受性需求得到一定的满足。在现实生活中,人的需要是不断发展和变化的。当人们基本的生存需要得到满足后,就会追求更高层次的享受。这种高层次的享受就包括人们对生活质量和自身健康状况的关注。而体育产品对于提高人们的生活质量具有重要的作用。当人们的可支配收入达到一定水平后,参与体育运动和体育赛事欣赏就成为满足人们享受性需求的重要形式。

第三,人们对体育产品的需求能够在一定程度上满足人们的发展性需求。这一特征主要表现在两个方面。一方面,人们在基本的生存需求得到满足后,会产生更高的欲望,对生活质量的要求会更高,如强身健体、进行体育娱乐发展身心等,而体育产品则能在很大程度上满足人们的这种需求;另一方面,人们对体育的需求可以看作一种重要的人力资本投资。人力资本一般被理解为通过人力投资形成的、附着于劳动者身上并能够为其带来持久性收入来源的生产能力。人们通过体育产品的消费,能使体力有所增强,使劳动力的再生产得以实现;通过体育产品的消费,能够使疾病减少,进而使缺勤的情况减少,使劳动生产率得以提高;通过体育产品的消费,能够使健康状况得以改善，延长工作的年限；通过体育产品的消费，能够使压力有所缓解，社会适应性有所提升。

4. 消费结果的不可预测性

在体育产业中，体育产品具有的消费结果的不可预测性特征。主要在以下几个方面体现。

第一，在体育产业中，体育产品是以活劳动的形式提供的，而活劳动具有不可完全重复性的特点。因为每一次劳动过程，劳动者都会受主客观等因素的影响，因此其劳动过程很难保证完全一致。

第二，体育产品要作用于人，而每个人的情况又存在着较大的差异，如同样是"健身运动"，由于每个人的体质都是不同的，锻炼后最终的结果也难以预测。

第三，在体育运动中，高水平的竞技体育比赛最难预测。当消费者购买到一场比赛的入场券时，比赛的激烈程度、比赛的走向、比赛结果等都难以在比赛前预测出来。

5. 质量评判的差异性

体育产品具有质量评判的差异性特征，主要在从以下两个方面体现。

一方面，在同一项体育赛事中，由于消费者主观感受具有一定的差异性，观众在观赏体育赛事时，会根据自己的好恶或者知识、经验的不同，对场上球员的表现及比赛的结果做出截然不同的评价。

另一方面，在娱乐健身活动中，要想满足绝大多数消费者的需求是非常困难的一件事情，如有的消费者会对健身器材有意见，有的消费者会对服务态度有意见。这也恰恰是服务类产品的特点之一。

6. "最终产品"特性

供最终消费和使用的产品，就是所谓的"最终产品"。在体育产业中，体育产品就属于服务业提供的产品，因而就具有最终产品的特性。体育产品"最终产品"的特性主要表现为中间投入率小和中间需求率小。中间投入率是指各产业的中间投入与总投入之比，其能够将各产业为生产单位产值而需要从其他产业购进中间产品所占的比例反映出来。中间需求率是指各产业的中间需求与总需求之比，能够将在各产业的产出中有多少是作为中间产品为其他产业所需求反映出来。体育产品这一种特殊的产品形态，其价值主要是由活劳动消耗构成的。而原材料消耗所占的比例较小，因而中间投入率小。除体育无形资产一般是作为其他产业的投入品被购买的，它的消费者主要是企业而不是个人，不具备最终产品消费的特征。大多数体育产品被作为其他产业投入品的比例很小，所以体育产品又具有中间需求小的特点。因而体育产品具有最终产品的特性，能够使人们的基本需求得到较好的满足。

三、体育市场

（一）体育市场的概念

整个社会市场体系中执行其特殊职能的一个子系统，就是所谓的体育市场，其改变具有广义和狭义之分。

从广义上来说，所谓的体育市场，就是指全社会体育产品交换活动的总和。这不仅包括体育劳务和服务产品的交换活动，也包括和体育有关的产品，如运动服装、运动饮料、运动器材等的交换活动，同时还包括一些体育要素，如体育资金、体育人才等的交换活动。

从狭义上来说，体育市场则是指直接买卖体育服务产品、参与或观赏体育活动的场所。比较具有代表性的有对外开放的体育场馆、游泳池、健美健身中心、各种收费的体育培训班等。

（二）体育市场的要素

体育市场的基本要素主要有三个方面，即体育消费者、体育消费欲望和体育消费水平。

1. 体育消费者

购买体育消费品的人，就是所谓的体育消费者。代表性地观看体育比赛和表演；购买运动器材和运动服装；参加健身活动消费的人都属于体育消费者。

2. 体育消费欲望

对体育消费品存在一定的消费欲望和消费需求，就是所谓的体育消费欲望。一般来说，经济发达和体育意识较高的国家和地区，其体育消费的欲望比较强烈。

3. 体育消费水平

按人口平均的体育消费资料的消费数量，就是所谓的体育消费水平。一般而言，体育消费水平的高低能够反映一个国家或地区的经济发展水平。

总之，体育市场的这三个要素之间是相辅相成、相互依赖、相互制约的关系，三者缺一不可。

（三）体育市场的特点

体育市场具有较为显著的特点，具体来说，主要从体育实物消费品市场、体育服务消费品市场以及体育要素市场三个方面得到体现。

1. 体育实物消费品市场的特点

以实物形态向体育消费者提供体育实物消费品的市场，就是所谓的体育实物消费品市场。一般而言，体育实物消费品市场具有以下几个方面的特点：

（1）市场需求要求有所差别

体育实物消费资料有专业和业余之分，专业的体育实物消费需求要求较高，业余的要求则相对较低。因此，生产厂家要以不同的市场需求为主要依据来开发不同的体育实物消费品，从而使不同的市场需要都得到较好的满足。

（2）市场需求具有周期性的特点

某一运动可能会在一定时期内风靡某一地区，这时该地区的这一运动项目器材的需求量相应增加，但当流行期过后，对该运动项目器材的市场需求会相应减少。因此，体育实物消费品的经营管理者要善于掌握并抓住市场需求信息，从而能够使自己的产品做到适销对路。

（3）消费者人数较多

人们参加体育活动，进行体育锻炼都需要一些运动装备，如运动服装、运动器材等，而这些运动装备都属于体育实物消费资料，因此体育消费者越多，对体育实物消费品的市场需求也就越大。

2. 体育服务消费品市场的特点

不提供实物产品，而以活劳动形式向体育消费者提供体育消费品的市场，就是所谓的体育服务消费品市场。具体来说，体育服务消费品市场具有以下特性：

（1）市场需求具有一定的波动性

由于受到外界因素和主观因素的影响，世界各国各地区体育服务产品的市场需求存在着较大的波动性。这种波动性和一个国家或地区民族的兴趣爱好及社会文化有一定的联系。体育产业经营管理者只有理解和掌握这一特点，才能达到事半功倍的效果。

（2）市场需求具有一定的不平衡性

体育服务产品的社会需求，在很大程度上受到社会生产力发展水平及经济发展状况的影响。一般地说，经济较发达的国家或地区，人们对体育服务产品的市场需求较大，经济比较落后的地区，对体育服务产品的市场需求相对较弱。因此，体育产业经营管理者，要以这一不平衡性为主要依据有针对性地开展体育经营管理活动。

（3）时间和空间具有一定的一致性

体育服务产品在时间上和空间上是统一的，究其原因，主要是由于体育工作者生产体育服务产品的这一劳动过程，又是体育消费者对体育服务产品的消费过程，买卖双方、生产者和消费者的行为被融合在一个过程中。所以，体育产业经营管理者，要对两个方面进行充分的考虑：一方面，是体育消费者体育消费需求的数量和质量；另一方面，是体育消费者在交通和时间上的方便。

（4）时间和季节存在着一定的差异性

由于体育消费者参加体育活动、观赏体育比赛均在余暇时间里进行，因此体育劳务或服务产品的市场需求在时间上的差异性较大。一般来说，晚上大于白天，节假日大于平时。再则，由于某些体育劳务或服务产品的消费需求和季节变化、天气变化有着一定的联系，如夏天对游泳池、水上乐园等消暑型的体育劳务或服务产品需求较大，冬天则几乎没有。天气晴好，气候宜人，对体育劳务或服务产品的社会需求会相应增加；刮风下雨、风云突变，会造成原有的体育消费需求因气候原因而被迫取消。如观看球赛，原来打算到现场观看的，届时正好下雨，也许就不去现场，改为观看电视转播。因此，这就要求体育经营管理者要对这一差异性有一定的了解和认识，从而取得较好的体育经营效益。

3. 体育要素市场的特点

以体育资金、体育人才、体育技术等体育事业发展的各种要素形态存在的特殊消费品市场，就是所谓的体育要素市场。体育要素市场主要包括体育资金市场、体育人才市场、体育技术市场等几个方面，每个方面都有其各自的特点，由此也将体育要素市场的特点充分体现了出来。

（1）体育资金市场的特点

体育资金市场主要由体育广告、体育彩票、体育股票、体育债券、电视转播权的出让及体育无形资产的开发等部门的经营活动所组成。其特点主要表现为：利用当代体育运动的巨大魅力、感召力和吸引力，以体育的经济功能和社会功能为依托，来激发社会上企业财团以及消费者对体育进行投资。

（2）体育人才市场的特点

体育人才市场主要是指运动员和教练员的有偿流动市场，一般实行明码标价。体育人才市场的供需双方通常不直接见面，而由经纪人或经纪人组织从中牵线搭桥。

（3）体育技术市场的特点

体育技术商品的交换市场，就是所谓的体育技术市场。当前，已初步形成的体育科技市场的基本内容有承担科研项目、进行科研咨询、出售科研成果、转让科研专利、开展技术咨询、技术服务、技术培训、技术入股和体育科技用品的研制与开发等。体育技术产品本身的特殊性决定了体育技术产品市场也有不同于一般体育商品市场的特点，具体来说，主要表现在以下几个方面：第一，体育技术市场通常是卖方垄断市场，往往供给者只有一个，而需求者则较多；第二，在体育技术市场上成交的体育技术产品，往往都是一次性的；第三，体育技术产品的价格大都是通过供需双方的协商确定。

四、体育消费

（一）体育消费的概念

体育消费是在社会经济和媒体产业高度发展的基础上建立起来的，如果没有一定的经济基础或者现代媒体业的产生，体育消费是不可能得到发展的。因此说，体育消费是经济水平和媒体业共同发展的产物。经过一段时期的发展，体育消费成为推动各行业发展的重要动力，同时也作为重要因素对经济、文化发展产生重要的影响。

在现代生活中，体育消费是人们生活消费的重要组成部分。体育消费就是人们根据自己的需要和条件，在寻求和购买各种体育产品（服务）的行为过程中对体育消费资料的使用和消耗。

一般来说，体育消费主要包括两个部分：一部分是体育机关及运动队等在日常训练、科研活动中对体育物质资料的消耗，属于体育行政管理部门的消费；另一部分是为满足居民个人生活和健身需要而对各种体育物质资料的消耗，属于居民个人体育消费。

体育消费并不是一时一日而成的，它是社会生产力发展到一定阶段的产物，是人们的物质生活在得到基本满足的条件下而产生的一种选择，是人们对体育功能新认识的一种新型消费类型，是人们在闲暇时间里自由选择的一种个人消费行为。随着现代社会的不断发展，以及闲暇时间的不断增多，人们的生活方式开始发生逐步的转变，开始由健身化向休闲化转变，这就在一定程度上对人们的体育消费水平的不断提高起到积极的促进作用。

（二）体育消费的类型

一般来说，以消费者所获得的不同功能的体育消费品为依据，可以将体育消费大致分为以下几种类型。

1. 观赏型体育消费

观赏型体育消费是指人们用货币购买各种入场券及门票，以观看体育比赛来达到愉悦身心目的的各种消费行为。实物型体育具有代表性的观赏型体育消费，有观看足球世界杯、中超比赛、田径世锦赛等。

2. 实物型体育消费

实物型体育消费是指人们用货币购买各种与体育活动有关的体育物质消费资料的行为。具有代表性的消费行为有：购买运动服装、运动护具、运动器材、运动纪念品、体育彩票等。

3. 参与型体育消费

参与型体育消费是指人们用货币购买参加体育活动权力、享受相应服务的消费行为。这种消费类型是体育消费的核心内容，最能代表体育消费的特点。

总的来说，在现实生活中，不同类型的体育消费并没有明显的界限，各种体育消费类型互相交叉在一起，在人们的体育消费中，既有参与型消费、实物型消费，又有观赏型消费，人们通过体育消费活动在使自己的精神文化生活得到较大丰富的同时，也在一定程度上推动了体育产业的发展。

（三）体育消费结构

体育消费结构能够在一定程度上反映人们体育消费的内容、消费水平以及消费质量，同时，也能够将人们对体育消费的满足状况反映出来。可以说，体育消费结构是人们在总体体育消费过程中所消费的各种不同类型的体育产品（包括体育劳务）的比例关系。

1. 以全社会或家庭为单位体来看

目前我国最基本的体育消费结构是人们购买体育用品、体育服装、体育赛事门票以及体育健身等之间的比例关系。总体来看，居民的体育实物消费比例要远远大于非实物体育消费。由于各地区的经济水平有所差别，这也就决定了东部、南部地区的体育消费水平要高于西部、北部地区的情况。

2. 以消费群体的角度来看

体育消费结构主要是大众消费者和商务消费者之间的比例关系。大众体育消费者是体育产品的最终用户，在消费过程中所产生的各种支出构成了体育市场交换价值的一部分。而商务性消费则主要包括政府机关、赞助商和媒体等单位。商务消费者往往不直接参与消费体育产品的过程，而是通过购买、流通和转换体育消费产品，从而构成了体育市场的另一个收入来源。

（四）体育消费的特征

通常情况下，体育消费的特征主要表现为体育特征、经济学特征、理性消费特征和文化特征等几个方面。下面就对这几个特征进行分析和概述。

1.体育特征

体育消费所具有的体育特征是指消费者以体育运动为中心，采取各种方式进行的体育消费，重点在于体育运动。人们参与体育消费，主要有主动体育消费和被动体育消费两种。主动体育消费是一种积极的社会体育行为，是体育运动发展和社会发展水平的一个重要标志。

2.经济学特征

人们在参与体育消费的过程中，主要是通过货币交换的形式进行消费的。体育消费者只有支付一定的现金，才能获得相应的体育产品或服务，因此我们就可以从经济学角度去考察人们的体育消费行为，由此可以得出，体育消费具有经济学特征。

3.理性消费特征

人们参与体育消费是一种有意识的行为，这种行为具有理智性并且是可重复的消费行为。

4.文化特征

人们的体育消费行为与自身的文化素质之间有着密切的关系，体育消费者的消费观念和方式反映了不同的文化传统，这也是体育消费者所选择的生活方式的重要组成部分。由此可见，体育消费也具有一定的文化特征。

五、体育资本经营

（一）体育资本经营的理念

在体育经济、社会活动中，以体育资本增值为目的的经济活动，就是所谓的体育资本经营，具体来说，主要是指体育货币资本、体育人力资本的经营。从某种意义上来说，体育资本经营作为一个经济学属性的概念，是资本运营的理念模式在体育领域中的推广和运用。

（二）体育资本经营的特点

相较于体育生产经营来说，体育资本经营是以体育资本直接运作方式实现体育资本的增值的，而往往不会通过体育商品这一中介，或者以体育资本的直接运作为先导，通过体育物化资本的优化组合，从而使其运行效率和获利能力得到有效的提高。在体育货币资本、体育人力资本等要素资本化的基础上，在体育产权层次上间接支配体育资本各要素，就是所谓的体育资本的直接运作。从实质上来说，体育资本经营就是以证券化了的体育资本，可以按证券化操作的体育物化资本为基础，通过优化配置来使其生产率得到有效提升，从而使体育资本市场价值得到有效提高的经营活动。有鉴于此，体育资本经营具有以下显著的特点。

1.体育资本经营的目的方面

体育资本经营的主要目的在于较高的体育资本收益。为此，体育资本经营要求将有关的体育财产资本化。体育资本经营不仅表现为体育货币资本、体育虚拟资本彩票、产权凭证三种形式，同时也将其自身特点的体育的人力资本经营表现了出来。

2.体育资本经营的对象方面

体育资本经营的对象是证券化了的体育物化资本，而不是体育产品、器械、场地等体育物化资本，如股票，是可以按证券化了的体育资本操作的体育物化资本；如股权，可以转化为股票、股权的有形资产和无形资产。通常来说，体育资本经营与体育资产的具体使用相关的生产销售等经营活动没有太大的关系。体育资本的收益、市场价值以及相当的财产权利，是体育资本较为注重的方面。

3. 体育资本经营的核心方面

体育资本经营的核心在于运行效率问题。具体来说，就是如何通过优化配置提高体育资产的运行效率、体育货币资本与体育人力资本的运行效率，从而对体育资本的不断增值起到积极的推动作用。在运作方式上，主要有两种形式：一种是表现为以产权市场为依托，实现体育产权交易，卖出收益较低的资产，买进预期收益率较高的资产，使体育资本结构不断优化，确保体育资本的保值、增值转让权的运作；另一种是表现为以获取较高的收益为目的，长期持有某一体育企业，如俱乐部的全部股份或部分股份，并能参与有关的战略决策的收益权和控制权的运作。

（三）体育资本经营的内容

相较于一般意义上的资本来说，体育资本有着较大的差别，具体来说，其所包含的内容主要有两个方面：一方面，是资本市场上的各种货币资本；另一方面，是各种体育市场的虚拟资本、技术和人力资本。从广义上来说，体育资本运营打破了资本运营仅仅存在于企业的局限，以体育赛事为代表的项目运作等各方面即将其充分体现了出来。

近年来，资本风险投资和项目管理的理念被一些体育赛事的承办及经营者运用到体育赛事的运作管理中，通过利益共享、风险分担的方式，将赛事的各项收益进行分割，将银行、保险、风险投资公司、彩票发行商等资本运作主体引入赛事的运作经营中，这就使体育赛事融资渠道得到进一步拓宽，将体育赛事的经营转化成为集合各种性质资本的投融资项目形式，这就使体育资本经营的效率得到了非常大的提高，盘活了游资。使得体育资本经营展现前所未有的活力，其高风险高回报的投入产出模式，吸引了大量的资本注入，成为拉动产业经济发展的一大动力。

（四）体育会本经营的作用

中国体育需要进行资本经营，其不仅与体育发展的方向有非常密切的关系，同时，也是体育发展的一个重要动力。从体育资本经营的内涵及其变化发展的过程看，其在很多方面都有着较为重要的作用和意义，具体来说，主要体现在以下三个方面。

1. 能够使中国体育企业的发展速度进一步加快

经过不断的发展，我国的体育竞技已经取得了理想的成绩，规模也越来越大。但是，不可忽视的是，我国体育企业也存在着一些问题，比如，有的体育俱乐部盈利水平下降，亏损严重；有的与体育联姻的企业在低效、无效甚至负效运营，大量的存量资产难以流动重组，经营机制不活，资本运营率不高，有的濒于破产。从实际意义上来说，这种俱乐部及相关企业的问题有的是在计划经济体制下积累起来的，有的是在改革过程中形成的。从总体上说，导致这些问题的原因主要是缺乏资本和资本经营观念，不懂得体育货币、体育人力可以转化为资本。有鉴于此，体育资本经营活动能够对体育货币、体育人力向资本转化起到积极的促进作用。

2.有助于体育企业改革、经济增长方式的进一步优化

包括体育资本在内的体育生产要素的组合和利用方式，就是所谓的体育经济增长方式。长期以来，体育经济增长是实行计划经济体制的粗放型增长方式，表现为在体育领域中依靠大量增加体育生产要素以求体育经济增长，形成了一定的结构性矛盾，具体表现为资产存量大、体育企业规模小且素质不高、类型重复且分布分散等。对此，体育资本经营通过促进资产的流动重组来使体育经济增长方式得到改进和优化。由此，可以将体育资本经营的作用大致归纳为两个方面：一方面，是体育产权证券化的作用。具体来说，就是体育资本经营要求证券化，资本在证券化的基础上进行操作，这使体育企业的资产在体育资本市场和体育产权市场流动，从而也为体育资产的重组奠定了较好的基础；另一方面，是体育资本经营机制的作用。具体来说，是体育资本经营的一个核心指标，反映体育资本的利税率和回报率。为此，体育企业经营者必然会自觉地按体育资本经营的规律操作，这样在体育资本经营机制作用下，长期的粗放经营致使大量资产闲置，在低效、无效、负效状态中运行的情况将得到大为改善。

3.能够对现代企业管理制度的建设起到积极的促进作用

体育资本经营对于体育领域或体育相关领域的体育现代企业制度的建立和发展会产生有利的影响，通过现代企业制度的建立，为体育资本经营的实施奠定良好的基础。换句话说，建立体育领域的现代企业制度就是要建立适应市场经济要求、产权清晰、权责明确、政企分开、管理科学的现代企业制度，确定体育企业的法人财产权，明确体育投资主体和建立规范化的体育企业法人治理结构及其约束机制，使体育企业如俱乐部成为真正的体育市场竞争主体，使体育企业以体育资本为核心经营，并将体育资本的保值、增值以及体育资本效率和体育资本收益最大化，这也是体育企业经营的根本目标所在。体育资本经营对完善体育领域的现代企业制度具有积极作用，其对于体育企业的法人财产权的确立，体育企业的投资主体的明确，以及整个社会的资本市场都会产生积极的促进作用，因此可以说，其对资本市场包括体育资本市场的发育也会产生非常积极的影响。

第二节　体育产业的内容与类别

随着体育运动的不断发展，与之相关的体育产业的内容也逐渐得以丰富，体育产业的类型划分也越来越明确、越来越细致。下面主要对体育产业的内容和类别进行分析和阐述，从而更好地了解体育产业。

一、体育产业的内容

体育产业能够使人们对体育的多样化需求得到满足，是一切生产性组织和经营性组织的集合，是包括体育生产制造业、体育用品销售业、体育设施业、体育服务业等在内的综合产业。体

育产业的内容主要包括体育本体产业、体育相关产业、体育延伸产业和体育边缘产业。

（一）体育本体产业

体育本体产业指以体育自身特性为主要依据而进行生产、服务的部门，比较具有代表性的有体育培训业、竞赛表演业等，是一种产业部门群。

（二）体育相关产业

体育相关产业指以体育为资源和手段进行生产、服务的部门，比较具有代表性的有体育用品制造业、体育广播等，是一种产业链。

（三）体育延伸产业

体育延伸产业指在体育产业周围形成的综合性的行业网络，各个行业之间没有性质上的联系，只有形式上的联系，比较具有代表性的有体育赛票、体育保险、体育旅游、体育经纪等，是一种行业网络。

（四）体育边缘产业

体育边缘产业指为了更好地发挥体育本体产业的效益而提供综合服务的部门，比较具有代表性的有为体育活动提供的饮食、住宿以及纪念品等，是体育本体产业的重要组成部分。

二、体育产业的类别

在体育产业的分类上，国内外体育专家所持有的观点也存在一定的差异性。下面就对此进行详细的分析和阐述。

（一）国外体育专家对体育产业的分类

国外体育专家及学者关于体育产业分类的观点主要集中在以下三个方面，分为三个模式。

1. 皮兹模式

皮兹模式是由学者皮兹提出的，这一模式把体育产业分为体育表演、体育生产、体育推广三类。

2. 米克模式

米克模式是由米克提出的，这一模式把体育产业分为体育娱乐、体育产品、体育支持性组织三个部分。

3. 苏珊模式

苏珊模式是由苏珊提出的，这一模式将体育产业划分为体育生产和体育支持两大类，其中体育支持类还可以扩展为政府内相关的体育机构、各级种类的体育协会、体育管理公司、体育媒体、体育用品的制造和销售、体育设施的建设与运营六个种类。

总体来看，国外体育专家及学者对体育产业的分类是在当代西方社会经济条件下体育产业的生存和运作方式的基础上进行的。在西方发达国家，体育产业的发展时间较早，体育产业被普遍认知为向市场提供体育娱乐产品的行业。基于此，国外体育学者及专家对体育产业的分类基本上是按照体育娱乐产品的生产、营销、组织管理业务流程的细分。他们对体育产业分类的思路基本相同，就是以体育娱乐产品的生产与管理流程为依据进行分类，在这一前提下，体育产业系统主要分为三个部分,即体育生产子系统、体育营销子系统和体育支持保障子系统。

另外,体育产业链上下游的关系也可以作为一种划分标准来进行分类,按照这一划分标准,能够将体育产业划分为上游产业、中游产业和下游产业。其中,上游产业是指体育产业的原产业,主要反映体育产业的原生态,包括健身娱乐业和竞赛表演业;中游产业是指间接为健身娱乐业和竞赛表演业服务的支持性产业,包括体育器材、体育服装、体育鞋帽、体育媒体、体育中介、体育培训、体育场馆运营、体育保健康复等;下游产业是指间接为上游和中游产业服务的相关产业,缺少下游产业并不会对原产业的生存和运作产生影响,包括体育食品、体育饮料、体育旅游、体育建筑、体育博彩、体育房地产等。

依据体育产业链上下游关系的划分标准,是与体育产业发展特点相符的,它主要对体育产业是以体育活动为原点的生产、经营以及开发的产业链进行了阐述,同时,也表明了体育产业与一般产业之间的关系,将体育产业自身的特点突出出来。

在现代市场经济条件下,体育产业的发展和革新的速度非常快。例如,群众体育中的体育活动因组织方式的变革而产生了健身娱乐业;竞技体育中的体育活动因竞赛组织的商业化和职业化的发展而产生了竞赛表演业。围绕这两个主业,经过不断的变革与发展又产生了一系列衍生性的产业。在新时期我国体育产业发展的过程中,必须要将群众体育和竞技体育的发展作为重中之重,因为这两个主业是整个体育产业发展的源头,只有上游产业做好了,中游和下游产业才能得到更好的发展。

(二)国内体育专家对体育产业的分类

国家体育总局颁发的《体育产业发展纲要》(以下简称《纲要》)中也对体育产业类型进行了划分。具体来说,就是将体育产业类型主要划分为体育主体产业、体育相关产业和体办产业等,这一划分方法是国内关于体育产业最为权威的划分方法。

1. 体育主体产业

体育主体产业是指由体育部门管理、能发挥体育自身价值和功能的、提供体育服务为主的体育产业经营活动。体育主体产业主要包括竞技体育产业、体育教育科技产业、群众体育产业、体育彩票和体育赞助等。

2. 体育相关产业

体育相关产业是指与体育有关的其他产业的生产和经营活动,如体育场地、体育器材、体育服装、体育食品、体育饮料、体育广告和传媒经营与管理等。

3. 体办产业

体办产业是指体育部门为创收和补助体育事业的发展而开展的、体育主体产业以外的生产经营活动。

体育商品不同的性质是《纲要》对体育产业进行类型划分的重要依据。这一划分标准可以将体育产业分为两大类:一类是可以分为竞赛表演、健身娱乐、体育媒体、体育旅游、体育培训、体育博彩、体育中介、体育康复保健等的体育服务业；另一类是可以分为体育器材、体育服装、体育鞋帽、体育食品、体育饮料、体育建筑等体育配套业。

需要注意的是，《纲要》对体育产业类型的划分既有一定优点，也存在一定的缺点。具体来说，优点主要表现在两个方面：一方面，其突出了体育产业的概念与分类；另一方面，这一分类方法具有加强的可操作性，对于体育市场的培育和发展是较为有利的。缺点主要在于这种分类是站在部门管理的角度上对体育产业的分割，在此标准下，第一类和第三类产业是体育部门管得着的，第二类则是体育部门管不着的。因此，从这一方面看，《纲要》对体育产业分类的科学性是较为欠缺的。

第三节　体育产业的属性与特征

体育产业具有其本身的特殊属性，同时，也具有较为显著的特征。需要强调的是，我国的体育产业与世界范围内的体育产业在特征上存在一定的差异性。

一、体育产业的属性

体育产业是在现代市场经济条件下形成的一种产业形态，可以说，体育产业是体育运动由原来自给自足的自为模式向组织化、生产化、消费化和盈利化的产业运营模式转变的产物。体育产业是在市场经济条件下，体育活动组织专门化、参与消费化、运作盈利化孕育的新型产业形态。它的外显形式是体育商品的不断涌现，以及体育经营企业的不断扩张。但是判断体育产业属性的关键在于其价值内核，因为价值内核对体育产业的存在与发展产生了重要的决定性作用，如果体育产业没有了价值内核，则体育产业将不复存在。由此可以判定体育产业的基本属性只能是隶属于第三产业的现代娱乐业。

另外，在体育相关产业中，体育服装、鞋帽、器材、食品、饮料等大量的实物性商品也存在着，这些是否属于体育产业，要通过体育产业的概念来判定。首先，体育服装、器材等实物性产品都是围绕体育活动而开展的，二者有明显的主副关系。体育物质产品的生产经营作为主业配套而存在，并不构成对体育产业本质的否定；其次，世界上所有的国家都将体育服装、器材等的生产和经营排除在体育产业之外，这已经形成了一个共识。很多国外学者认为，判定体育服装、器材等实物产品是否属于体育产业的关键在于使用此种产品的意图和此种产品的最终市场。社会大众使用体育服装、器材等实物性产品的根本意图是进行体育活动，而这些产品最终的市场也属于体育消费市场。由此可以得知，应该将这些体育实物产品归为体育产业一类。

从上述内容可以得知，在认识与了解体育产业的基本属性时，要本着透过现象看本质的原则进行。不仅要坚持质的规定性，即坚持娱乐业是体育产业的基本属性；还要坚持体育产业上下游之间的天然联系，不能把体育产业限定在只提供体育服务产品的一维空间。只有这样，才能对体育产业的本质属性有更加深入的了解和认识。

/17/

二、体育产业的特征

体育产业具有着较为显著的特征，而对于世界体育产业和我国体育产业来说，两者的特征是有所差别的。下面就分别对世界体育产业和我国体育产业的特征进行分析和阐述。

（一）世界体育产业的特征

世界体育产业的显著特征，主要表现在以下几个方面。

1. 商业化程度较高

目前，体育产业进入了一个快速发展的阶段，体育产业渗透社会生活的各个方面、各个行业之中。而体育产业的高度商业化是其发展的主要特征之一。以美国 NBA 职业篮球联赛为例，NBA 是迄今为止最成功的体育经济产品之一。NBA 利用多年积累下来的完善的市场运作、成熟的商业理念、全方位的产品包装等将其商业帝国成功地推向全世界。

2. 有着广泛的影响力

随着现代文明病的不断肆虐，人们对体质健康提出了更高的要求，在业余时间大多数人倾向于参加各种各样的健身运动。由于人们可以在体育运动中体验到健康和乐趣，因此世界体育人口的数量呈现出不断增长的趋势。现代体育产业的魅力巨大，尤其体现在商业价值上，它吸引着众多的公司以体育赞助和广告的形式参与到体育产业中来，影响力非常广泛。

3. 有着较高的产业产值

随着现代社会的不断发展，经济水平也上升到了一个新的高度。随着人们体育活动需求的不断增长，体育产业的产值也在不断地提高。体育产业消耗能源少，环境污染少，符合转变经济增长方式的要求，是一个可以长期存在和可持续发展的产业。

4. 从业人数较多

由于体育产业有着较为广泛的影响，因此这就促使体育产业成为就业的重要途径，也在一定程度上解决了就业难的问题，因此具有促进就业的特征。伴随着体育运动的社会化、职业化、商业化，体育产业的国际化程度正在不断加强，体育产业必将在扩大内需、吸纳就业等方面，在国民经济发展中发挥巨大的推动作用。

（二）我国体育产业的特征

相较于西方国家的政治体制来说，我国是具有中国特色的社会主义国家，因此我国体育产业的特点与西方国家体育产业的特点也存在一定的差异性。我国的体育产业具有体育事业和体育产业之分。具体来说，可以体现在以下三个方面。

1. 属性和特点的差异性

体育事业更注重社会效益，具有公益性和福利性，满足社会精神文明的需求是其主要任务。体育产业对经济效益更为注重，具有商业性质。谋求获利则是其主要目的所在。

2. 资金来源方面的差异性

我国现行的财税政策表现为，财政上，事业单位所需资金是由国家财政拨款，企业所需资金是通过自筹或由银行贷款。税收方面，办事业不收税，办企业则交税。

3.经济性质方面的差异性

事业经济的性质是产品经济，主要是靠行政指令来运行，在其运行机制中，以福利、公益和社会效益为主。产业经济的性质是商品经济，主要是靠市场调节来运行，其运行机制要求以经营为主，并在提高社会效益的基础上不断提高经济效益。

第二章 体育产业发展概况

进入 21 世纪，体育产业的发展迈进了新的征程。中国体育产业未来的发展，既会受到市场力量的引导，又会得到政府政策的推动。两者并存，很可能是激励倍增和矛盾叠加，呈现出既快速发展又问题层出的局面。因此，一方面要促进发展，另一方面要有效治理，有效开发中国特色的发展模式仍将是中国体育产业发展的恰当选择。本章从体育产业的发展形势角度探讨体育产业的协调与发展。

第一节 体育产业发展特征

一、体育产业发展概况

近年来，我国虽然受到经济危机的冲击，国家经济和社会各项事业受到一定影响，但整体经济处于增长态势。随着人们生活水平稳步提升，日趋旺盛的体育消费诉求，对国民经济和社会发展及体育产业发挥着越来越重要的支撑作用。

（一）产业体量持续扩大

产业数据最能反映一个产业的发展现状、走势和潜力。随着政策红利的逐步释放，体育产业已成为经济发展的新"风口"，消费市场日益繁荣，消费规模接近万亿元。体育产业已经形成了以竞赛表演和健身休闲为驱动，体育用品业为保障，体育场馆、体育培训、体育中介、体育传媒等业态快速发展的整体格局，发展速度不仅远高于经济增速，更领跑幸福产业，显示出巨大的市场潜力和强大的发展动力，随着我国经济社会进入新常态，有望成为经济发展新动能和新的增长点。

（二）中国体育产业保持较快增长速度

受相关政策的鼓励驱动，中国体育产业始终保持较快速度的增长。中国体育产业增长速度尽管表现出一定幅度的波动，但增长速度远超全国经济整体增长水平。即使在我国经济增长速度持续放缓的情况下，体育产业仍保持较快增长势头。

根据 2017 年国家最新全民健身状况调查公报数据，相比 2016 年，整体全民运动健身的人群比例增长近 8 个百分点，尤其是 20～40 岁人群，锻炼人群比例翻了一番，与发达国家之间的差距正在逐渐缩小。20～40 岁人群是社会的中坚力量，具有旺盛的娱乐和消费需求。全民健身的教育、经济和社会等功能充分发挥，与各项社会事业互促发展的局面基本形成，体育消费总规模达到1.5万亿元。在政策的指引下，产业价值不断壮大。

各市场布局的全产业链生态圈已经初具规模和体系，商业生态系统的竞争与合作预计将会继续进一步拓展深化。目前，国内对体育产业的布局已经深入上游资源，如海外产业并购赛事引入、争夺稀缺赛事版权、投资控股体育核心产业、赛场或场馆等，对上游体育资源的掌控将大幅提升国内公司的话语权。

（三）优化的产业结构

近几年，国内体育产业结构得到进一步优化，产业结构所占比例明显提升。我国体育服务业所占比例的持续增长和体育用品业所占行业比例明显下降，印证了体育产业内部基本结构的变动规律，体育产业软化率有所提高，内部业态结构改善明显，显示出我国体育产业结构具有向合理化方向转变的趋势。

二、新时期体育产业发展特征

（一）产业增速的新常态

我国体育产业10余年高速增长的基础来自两大红利的驱动。在产品生产方面，国内的人口红利效应创造了大量的廉价劳动力，潜在体育产业增速被强力推动；在产品销售方面，全球化红利带来了外资的大规模涌入和外需的爆炸式增长，创造了体育产业外向型增长模式的条件。但是，目前来看这两大红利都在走下坡，主要表现在：进入21世纪以来，由于我国加入人口红利和WTO带来的出口竞争力迅速提升，迅速崛起的中国体育用品加工业，使中国成为全球第一大体育用品出口国。同时，宽松的发达国家货币政策，尤其是一次又一次的QE（量化宽松政策）浪潮，给全球流动性资本注入了新的动力，中国市场出现了体育外资大量涌入的现象，从而成就体育产业的黄金时代。但金融危机之后，这种趋势已经逐步逆转。在需求层面，从银行危机，主权债务危机之后，杠杆经济产生的直接后果是发达国家的储蓄——经济账户逆差和投资负缺口逐步缩紧；在制度层面，内需疲软，外需成为各国新的追捧热门，TPP、TTIP实质就是美欧搞的变相保护主义。内外两大红利的逐步退潮，从高速发展向中高速发展转变是中国体育产业必然趋势。

（二）结构调整的新常态

过去10年是结构失衡的10年。产业结构表现为以加工贸易为主的体育用品产能和体育服务业产能存在严重失衡；地区性结构表现为东部地区快速崛起，中西部地区发展滞后；要素结构表现为政府垄断性较强，要素流动性受到极大约束。优化结构是体育产业缓解失衡必经之路，所以优化中的阵痛也是平衡过程中不可避免的。

1. 全新的产业结构趋势

优化产业结构时期，各种资源会得到产业结构合理充分利用，使各个部门之间的资源得到更好使用和分配，为产出效益注入新的动力。

金融危机之后，中国经济结构开始调整，其中工业制造业所占比例呈现下降趋势，第三产业比例在半被动、半主动中逐步发展。在这一新趋势到来之际，国家政策会加大力度进行产业结构优化调整，但是体育服务业部门的供给不足与体育工业相关部门的产能过剩并存就是最突出的矛盾体现。所以，政府相关部门将加快化解体育工业部门产能过剩的问题；从客观层面，随着资本存量和收入的增加，中国正处于从出口和投资主导型经济向消费主导型经济过渡期，这是提升对体育服务业的必然需求，尤其是体育培训、体育中介等生产性第三产业。

2. 区域结构新趋势

实践证明，如果两个地区之间的区域性GDP水平相似，则其消费偏好和需求结构也会类似，体育市场之间的差别就会很小，贸易和区域分工的可行性也会加大；反之则供给、需求关系就会两极分化。新趋势下，新一届国家领导把区域发展提升为国家战略的重点，这一思路的核心是打破过去的"封闭性"思维，上层设计、协作发展。在区域结构一体化的思想基础上，以点带面，从而实现"一弓两箭"的战略布局。"一弓"是指贯穿我国东部一线的东北老工业振兴基地、京津冀经济圈和"21世纪海上丝绸之路"，这片"弓"形区域基本涵盖了我国经济最发达的地区；"两箭"指贯穿我国东西部地区的"长江经济带和丝绸之路经济带"，"两支箭"连接了我国广袤且资源丰富的中西部地区。"一弓两箭"基本涵盖了我国所有的省市区，向东连接东北亚、东南亚、澳洲，向西连接中亚、中东、欧洲，不仅是国内经济发展的重要引擎，也是对外开放的重要窗口。这一区域战略明显不同于以往的各自为战、粗放发展，更多地强调"全国一盘棋"，从而为体育产业的区域结构优化、协调发展注入了新鲜活力。

3. 要素结构的新常态

要素创新力是产业赖以生存和持续发展的重要活力，国际上通常采用R&D（Research and Decelopment）投入反映一个产业要素核心竞争力和创新能力。21世纪以来，我国体育产业规模不断扩大，R&D投入也呈现上升趋势，要素创新力不断得到提升，但仍存在不可忽视的结构性失衡。一是结构性失衡的R&D经费投入量。因为体育服务业的效益难以显现，企业主动创新投入的积极性始终无法调动。二是R&D经费投入强度失衡。国际上R&D经费投入占销售收入（投入强度）1%以下的企业是难以维持生存的，占销售收入2%的企业可以勉强维持，占销售收入5%~10%的企业才有竞争力。据有关统计显示，福建省体育用品业R&D投入强度为2.10%，广东省R&D投入强度为2.03%，浙江省R&D经费投入强度为2.11%。我国体育产业R&D投入情况仍然过低，处于勉强维持的边缘，这种状况严重制约了我国体育产业创新能力。三是R&D人力要素投入失衡。

要素结构的严重失衡极大地影响了体育产业的健康发展。而新常态下，将立足有效益、有质量、可持续的增长，大力提升要素的创新能力，挤出体育产业增长中的水分，刺破过去"量"导向下吹起的经济泡沫，从根本上治理传统的要素驱动、以量取胜的发展方式，推动体育产业转型升级。

（三）宏观政策的新常态

面对中国经济增速放缓的周期性波动，国家更倾向于从需求端入手，应用"宽货币""大投资"实现总量宽松，解决产能过剩所带来的问题。这样的导向在治理危机时见效速度较快，但难以从根本上解决问题，更会造成不可忽视的遗留问题。纵观历史，主张干预政策的凯恩斯虽然带领各国迅速摆脱了战后经济萧条，但也埋下了滞胀困境诱因；撒切尔和里根的新自由主义虽然成功克服了滞胀，但也埋下了全球金融危机的种子。同理得出，中国的"四万亿"虽保住了经济增长，但也间接诱导了严重的债务风险和产能过剩。面对未来经济放缓的局势，政府不应寄望于通过"刺激""放水"等需求管理手段提高经济增速，而是通过促改革消化前期政策，使经济长远可持续地发展。在体育产业上，从体制层面打破未来产业增长的供给瓶颈是改革的重点，厘清政府、社会、市场的职能和定位才能解决增速下行的压力。

1. 市场定位的新常态

我国市场经济体制正处于完善之中，计划经济的惯性仍然不可忽视，市场释放的还不够充分，这是体育产业快速发展的必要条件。从国际产业演进规律看，体育产业的开放度极高，市场配置产业资源是基本前提。因此，新环境是进一步加大市场的作用，最终让资源配置遵从市场的分配，这就能打破体育产业发展的瓶颈，让市场作用得到更好发挥、提高体育资源的配置程度、激发市场活力，让体育产业在此更上一个台阶。

2. 政府定位的新常态

在我国产业化进程中，政府的垄断经营一直不可忽视，产业资源政府主导性特征突出。一是要素资源垄断化。由于产权因素，政府掌管大部分生产要素，特别是高层次体育资源基本集中在政府系统。二是要素价格垄断化。产业资源的政府行政控制态势造成了要素价格的垄断化，导致体育系统内的低成本扩张，鼓励政府性扩大投资和生产。三是组织关系资源垄断化。其触角基本涵盖了体育系统的方方面面组织关系，而依靠强大的官办一体化便利，我国已经形成庞大的体育"国企"关系网络，垄断着国内丰富的产业组织资源。而新常态下，加大政府的宏观性指导和调控，减少微观事务的直接干预，实现政府定位的进一步下移，逐步释放基层话语权，将成为主要方向。这无疑为激活体育产业发展潜力奠定基础。

3. 社会定位的新常态

根据数据显示，我国社会性非盈利组织数量较少。同时由于政社不分长期存在的格局，导致我国非盈利组织主体地位受到极大削弱，难以在产业运作中释放出潜在的能量。新常态下，将对社会组织的产业地位进一步强化，体育产业《若干意见》中也旗帜鲜明地提出"凡是法律法规没有明令禁入的领域，都要向社会开放"。为吸引社会力量广泛参与体育产业营造了更加广阔的市场空间；为破除各种利益掣肘，全面消除了各种限制。

第二节 当代体育产业的新发展

一、体育产业快与慢协调发展

综观近30年的发展，尽管中国经济持续保持高速增长，但也导致了一系列社会危机或称"系统性风险"，其中最严重的是资源环境问题。在政府主导的政策红利推动下，体育产业保持快速发展的同时，正是建立在对体育资源的无限度开发、对周边环境的过度破坏和污染的基础之上，特别是快速发展起来的体育用品业。由于资源需求急剧增加，为了满足产业需求和无限制扩大规模，产业中间能源消耗到极致，大量污染物排入环境中，导致了自然生态系统的巨大破坏。应该说，这些问题不解决，增长越快，矛盾就会越尖锐。新常态下，将更加重视经济的可持续发展，"对环境的最小影响、对自然与文化的最大尊重"的可持续理念，将极大地助力体育产业的转型升级，刺激体育产业增长走上合理的速度轨道。

二、体育产业质与量协调发展

体育产业增长保持合理的发展速度，最大的目的是提质增效。中国经济的传统发展方式中，政府更加注重"高大上"，即一味追求概念高举高打、项目大干快上、指标月月增长的惯性模式。而这种只追求"量"的惯性模式极大地伤害了体育产业"质"的发展。体育产业逐步陷入同质化、易模仿的劳动密集型产业之中，在体育用品业中体现得相当明显，这在某种程度上严重打击了企业自主创新的动力，制约了体育产业的品牌化、质量化发展。新常态下，将更加重视技术进步在体育产业发展中的作用，由量入质，政府将在体育产业运营中实现几大关键转变：一是从盲目规划到找战略——为区域经济找出口；二是从抓项目到抓环境——为企业经营市场、民众经营体育产业做好大环境建设；三是从搭框架到精装修——推动城市体育产业更新与产业升级。

三、体育产业新与旧协调发展

传统的消费观念更加注重吃得好、穿得暖，因此消费需求主要集中在衣、食、住、行等方面。近年来，人们消费观念产生较大变化，特别是"80后""90后"新生代人群的消费观念、模式与此前有着深刻的差异，健康、养老、休闲度假、体育、文化娱乐、生活服务等"大消费"需求，日益成为富裕起来的中国人的强烈要求，新增长需求与旧发展模式的冲突日渐显现。新常态下，迅猛发展的全新消费需求将对体育产业产生极大的影响，与这种需求相适应的是体育产业需要重新定位，从经营理念到商业模式都要经过再生式重构。这意味着新模式对旧模式将产生巨大冲击，自然将拉动传统体育服务业与传统体育制造业，推动新一轮体育产业高速增长。

四、体育产业政与商协调发展

由于传统"赶超型"发展方式的惯性影响，我国的土地、劳动力和资本等生产要素和资源产品的价格，长期受到国家管制，所以严重偏低，导致生产要素和资源产品价格不能反映市场供求状况和资源的程度。因此，中国体育市场价格形成机制不健全、价格失真，特别是土地、资源和资金等要素的虚假低成本，鼓励了体育企业过度投资和忽视效益的倾向，误导了投资和消费，体育产业变为高投入、高耗费、低效率的发展方式。新常态下需要划清政府与市场的边界，实现政府之手与市场之手互动发展。这就意味着新型政商关系的出现，政府干预体育产业发展与市场成长的方式将进一步优化，介于政府与企业之间的中间力量将更多地发挥作用，市场上升到"决定性"地位形成的新型政商关系自然会对体育产业产生较大的促动。

五、体育产业内与外协调发展

经过多年全方位对外合作与交流，中国经济与世界经济已经进入一个深度交融、难分彼此、相互制衡又相互依赖的全新阶段，这表现为中国经济对世界经济的依赖度超过60%，而中国作为新兴经济体的龙头又对世界经济增长起到举足轻重的作用。这种立体化深度交融状态，一方面带动中国体育产业得到快速发展，另一方面也带来一系列的矛盾和冲突，甚至遭遇到此起彼伏的贸易摩擦。据不完全统计，近年来，中国体育用品遭受的反倾销产品不断增多，已经由最初占主体的运动鞋等较低端产品，逐步延展到冲浪板、网球、自行车等运动器材中的中高端领域，囊括了反补贴、保障措施、进口许可监控等多种反倾销类型，给中国体育用品外贸出口持续发展带来重大威胁，也对体育产业的宏观调控造成严重干扰。新常态下，将更加注重体育产业的转型升级，在体育产业的各个领域寻求与国际社会的全新对话与合作模式，这无疑将为体育产业的正常稳定发展注入新鲜活力，推动体育产业国内发展与国际发展。

第三节　我国体育产业发展形势

体育产业是经济发展的助推器，是朝阳产业，是绿色产业。随着我国经济转入新常态，体育产业在21世纪会有新的更大发展，具体表现在以下几个方面。

一、产业发展方式实现转变

目前，我国发展阶段产生了深刻变化，由满足自身生存需要的生存型阶段变成以追求自身发展为主要目标的发展型阶段。发展阶段的变化引起我国需求结构的战略性升级，体育产业规模持续扩大，表现出极强的上升张力。当然，我国发展阶段的变化也使社会矛盾呈现阶段性的特征，长期以数量为导向的"增长主义"很难持续下去，体育产业转型升级已经成为发展的客观趋势。虽然我国面临外部环境的挑战，但总体上还是比较有利的。进入后危机时代，全球化秩序的调整为我国利用国际市场实现体育产业发展方式转变提供了有利的条件。我国如果实行更加主动的发展决策，把握发展转型带来的机遇，更加主动地融入全球体育经济中去，肯定会加快体育产业发展方式转变的步伐。

二、产业跨界融合成为主流

当前我国体育产业还处于初级阶段，但是上升的窗口已经打开，跨行业形成的市场开放化、资本多元化局面为体育产业注入了快速发展的动力。

伴随世界经济的快速发展，体育产业已经突破了单边发展的限制，体育产业体现的包容、混合性的优势，将其推向更加开放化和多样化的境地。体育与各个行业已经出现更深度融合的征兆，这为体育产业提供了更好的发展空间。

三、城市体育产业实现引领

目前，我国城市数量急剧增加，城市化水平已经超过50%，按照城市化进程呈现"S"形发展的规律，现阶段我国城市化是以"同化"过程为主，并以城市文明扩散来加快城市文明普及率的提升。要想推进体育产业，必须推动体育产业的不断改革、生产力的进一步释放。

随着大城市影响力、中等城市产业链、小型城市"卫星点"的逐渐形成，我国城市体育产业肯定会快速发展，成为行业发展的领头羊。

四、消费结构优化成为主向

目前，我国在沿海地区及大中城市等经济发达地区已经形成了数量可观的高消费群体，具备了相当规模的体育消费市场。虽然整体上尚未进入高消费阶段，但是随着我国中产阶级人群的进一步发展壮大，体育经济将在整体上由成熟阶段向高消费阶段转变。老百姓对体育物质消费品需求的增势逐步减弱，对与人的健康和生活质量提高密切相关的体育服务消费品的需求正在快速提高，体育休闲娱乐需求快速增长，体育消费结构将逐步向去物化方向发展。

五、产业内部结构逐步疲软

从目前发达国家体育产业趋势来看，体育服务业将占据产业构成的主要地位，呈现产业结构高度疲软的趋势。当前，我国体育产业正在逐渐优化中，体育服务业占体育产业的比例有所提高。

六、产业区域结构协调发展

以珠江三角洲、长江三角洲、京津冀地区为中心的体育产业经济圈将向着规模化、现代化方向发展，这些区域的中心城市，如北、上、广等将成为我国体育产业发展的模范，这些城市将带动全国其他地区体育产业的加速发展。随着"一带一路"国家战略逐步推进，内陆和经济不发达地区体育产业发展的基础设施条件将会得到很大改善，各个地方利用当地独特的体育资源发展具有地方特色的体育产业与东部发达地区协调发展形成互补

七、产业竞争能力明显提高

经过努力，我国体育产业的核心竞争力得到明显提升，体育用品企业更加重视产品的科技含量和创新产品的研发能力，有一批具有国际市场竞争力的明星企业与品牌逐渐成熟。一批具有国际影响力的体育赛事也会落户我国，一批具有自主品牌的地区特色体育赛事将会形成，以此为推手带动体育产业再上一个台阶。

八、改革产业制度稳步进行

政府体育部门在管理体育产业中的职能将进一步明确，在体育产业政策的制定与完善、体育产业体制机制的创新、体育市场的培育与监管以及体育产业基础性工作方面将发挥重要作用，着

重加强宏观调控，以政策法规为杠杆推动全社会体育产业发展。体育产业的行业管理与社会管理职能进一步增强，体育产业领域中各协会组织的沟通、协调、服务和监督作用将得到充分发挥，市场配置体育资源的效能进一步提高。

第三章 体育产业各领域发展状况

第一节 体育产业与文化产业

一、体育产业与文化产业之间的关系

林祖明、刘兆厚认为，体育作为人类社会特有的一种文化现象，体育产业应是文化产业的重要内容。董杰、董群亦持类似观点，认为体育具备文化产品和文化服务的基本特性，体育运动是社会文化的存在形式之一，因此体育产业便是文化产业的内容。

张曾芳、张龙平在《产业链衍生：第五产业新说》中认为，文化包括体育，体育应该属于文化相关产业范畴，体育产业是文化产业中的组成部分，并具有广阔的投资前景。在《论文化产业及其运作规律》一文中张曾芳、张龙平将文化产业分为科教、休闲、媒介、体育四种产业形式。

龚高健提出，文化生产力主要指文化事业和文化产业。文化事业主要包括学术研究、基础教育、文学艺术以及博物馆、图书馆等文化设施、文化产品和文化服务体系；而文化产业则主要包括媒体产业、艺术产业、旅游产业、体育产业、版权产业、创意产业等。

王春红提出国内的文化产业主要包括文艺演出业、文化娱乐业、文化旅游业等，并不包括体育产业，但从国外的现实情况来看，文化产业包括了体育产业的内容，其具有更大的涵盖范围。方宝璋在《略论中国文化产业的内涵与分类》中参考以往文化产业分类的基础上，将文化产业分为五大类别，其中"体育业"作为第四大类，主要涵盖了竞赛表演、保健运动等内容。那么，体育产业和文化产业之间到底存在什么样的关系呢？下面就进行简单探讨。

体育产业和文化产业存在竞争关系，同时也在局部产生相互促进、相互推动的产业效果，存在产业的共生现象。共生具有两个特点，一是"紧密工作"，二是因与对方的联系而导致繁荣，即产生"共生绩效"。部分体育学者对体育产业和文化产业的相互依赖、相互促进及产业共生关系进行了探讨。黄河认为，体育产业发展不是一个孤立的、单一的发展过程。它是一个与产业结构中其他的产业式社会领域，如政治、经济、文化等有着相互影响、相互促进、相互制约的发展过程。卢元镇、郭云鹏等指出，体育产业的发展不能单靠自身，而必须与其相关联的产业同步发展。董金国认为，体育产业能够带动与体育相关的文化（新闻电视、音像、出版等）、信息咨询服务等市场。周莹也认为体育产业对相关产业如旅游业、广告业等有带动作用。吴周礼认为，电视传媒业把体育竞技表演业作为投入品，对体育竞技表演业有着强劲的拉动作用；同时，体育竞技表演业的提升会反向推动体育电视传媒业产值的提高。体育产业中的体育竞赛表演业因为电视、网络等文化媒体机构的广泛传播而日益繁荣，而传媒产业也因为体育竞赛表演业的繁荣而通过出售广告时段获益颇多。体育产业和文化产业在现代社会的联系越发紧密，并因此而促进双方的繁荣，符合产业共生的特点。

二、体育产业与文化产业融合发展机制

（一）实现产业创新

体育产业与文化产业的融合发展要实现产业创新，通过创新提高其竞争力，从而促进产业的持续发展。产业创新能够丰富其内容，增加其功能，二者的融合发展，要促进文化产业的创新与体育产业的创新，使其具有多样性、娱乐性与创新性。在体育产业发展过程中对其相关产品进行创新，通过产品所具备的多样性使文化需求得到满足，并且利用其内容的丰富性以及多样性使其娱乐精神更加明显。在社会不断发展的同时，社会上的体育项目也越来越多，在人们日常生活中越来越多的创新内容开始出现并快速发展，如滑雪、瑜伽等，诸多的体育项目内容，不仅使工作与学习压力得到缓解，同时对体育用品的发展与创新具有带动作用，体育产业也随之得到相应的发展，通过内容与形式的不断创新，逐渐增加市场占有率，进而实现体育产业的发展，促进文化产业的发展，最终保证二者的高效融合，为二者融合奠定坚实的基础。

（二）构建合作平台

随着体育产业与文化产业日益发展，并逐渐成熟，二者融合发展需要广阔的平台。文化产业的平台相对强大，要通过合作为体育产业提供合作平台，实现资源共享，让体育产业逐渐步入一流的平台，进而对其进行有效的宣传与推广。在体育产业实际发展过程中，应当对体育自主品牌的形成与推广积极促进，使品牌效应得以形成，并对具备时代特点的运动项目不断进行创新，以文化产业发展经验为依据，利用其发展的平台进行宣传，从而使品牌的知名度得到逐渐提高。在诸多项目中，文化产业与体育产业可以开展合作，打造个性化、独特化的产品，使人们的需求得到满足，带动体育产业的发展，促进文化产业的丰富。

（三）健全协调机制

在市场经济的环境中，体育产业与文化产业的融合发展，需要健全机制，才能促进二者的协调发展，并为其营造良好的环境。体育部门与文化部门要建立健全相关的规章制度，并制定相应的政策，为二者的融合发展提供保障，根据二者发展的实际情况，调整其政策，实现其协调发展。在建立规章制度时，应当保证其具备科学性、前瞻性及高效性，从而实现协调发展、资源共享以及规范管理与良性竞争。另外，国家应当制定有关法律法规，对立法加强建设，从而提供法律保障促进二者融合发展，并且在必要情况下可选择相关政策进行鼓励，二者融合发展的主动性与积极性调动起来，实现多方面、多角度的融合与发展。

（四）培养高素质人才

每个产业发展过程中，人才都是关键因素，在体育产业与文化产业融合发展时期，应当对高素质人才的培养加强重视，使培养综合性人才及复合型人才得以实现，从而使二者融合发展的需求得到满足。随着产业的逐渐完善，产业需要大量高素质、高效率、高标准的人才，对人才的要求逐渐提升，体育产业与文化产业的发展同样需要专业的人才，对其进行深入的了解与研究，才能实现二者的融合发展。在体育产业与文化产业融合发展过程中，可以通过人才的交流及学习，实现定期培养人才，使其知识结构逐渐得到完善，同时，在融洽的氛围中进行高效的学习，将为二者的融合发展培养出相应的管理人才、策划人才以及创新人才等。

第二节　体育产业与旅游产业

一、体育产业与旅游产业融合发展的有利条件

（一）国家政策支持力度大

经过改革开放多年的发展，我国旅游业从无到有、从小到大、从弱到强，进入了产业化、大众化发展的阶段，成为人民群众的一种生活方式，奠定了向世界旅游强国迈进的产业基础和发展规模。国务院出台了《关于加快发展旅游业的意见》，提出"大力推进旅游与体育、农业等相关产业和行业的融合发展，支持有条件的地区发展体育旅游，培育新的旅游消费热点"，这在一定程度上反映出促进体育旅游发展的重要性，成为我国旅游业转型升级的重要标志。在国家政策扶持和推动下，体育旅游发展迎来了重要契机，将迈入新历程。

（二）资源丰富可开发产品多

我国幅员辽阔，有着较多民族，并且有着十分悠久的历史文化，地理环境复杂多变，且气候具备多样性特征，在开展体育旅游方面具备丰富的文化资源、独特的区位优势以及优越的自然条件，在一年四季之内均适合开展不同类型的体育旅游项目，使不同年龄、职业以及家庭组合等的需求均得到满足。气候旅游资源方面，具备适宜开展滑雪、滑冰、雪地足球、冬泳、狗拉雪橇、雪地摩托等体育运动的条件，同时具备条件开展冬季体育旅游项目及登山、避暑等夏季体育旅游项目。

此外，我国拥有五千年灿烂文明历史，创造了丰富多彩、富有民族特色和地域特点的传统体育活动、民族体育项目。这些传统体育活动以及民族体育项目，不但在一定程度上具备专业性，更重要的一点是其具备地域性及民族性特点，在竞技中包含知识、娱乐以及运动与休闲，集运动和文化于一体，为体育旅游的开发提供了丰富多彩的人文旅游资源。

（三）具备融合发展的坚实基础

由于国家的大力引导，根据不同地域特点、地方文化以及民族特色，各地成功开发了一系列体育旅游产品和品牌，比如，山东潍坊风筝节、环青海湖自行车挑战赛、东北冰雪泰游节。体育

旅游产品得到很快发展，其中一些在全世界范围内已经享有知名度，产生了巨大影响力，显现了强劲快速的发展态势。这些为体育产业及旅游产业两者的深度融合发展的奠定了坚实基础。

（四）消费需求旺盛，市场潜力大

当前，人们对身体健康的关注超过以往任何时候。首先，随着工业化、城镇化深入推进，现代交通工具的普及、通信技术的发展和环境污染的加剧，以及人们生活节奏的加快，如何保持身心健康，适应终身发展的需要，成为人们日益关注和关心的问题；其次，北京奥运会的成功举办，进一步触动了人们体育健身的热情；最后，随着社会经济快速发展，社会生活水平的提高，人们的消费需求正从解决温饱向追求更高生活质量转变。在当前情况下，人们投资健康甚至花钱买健康的观念在生活消费方面已经成为必然选择，在体育消费方面有着很大需求，这样一来对体育产业发展可起到很大促进作用。而在众多体育消费中，体育旅游由于具有活动主体的老少皆宜、活动形式的多样性、活动内容的亲和性以及活动方式受体育设施场地约束性少等特点，不受职业、年龄以及性别等方面限制，不但能够使人们生理需求、心理需求以及发展需求得到满足，同时能够使人们从静态的观光旅游转变为动态的体验旅游中的需求得到满足，实现了体验经济时代的人们返璞归真、释放压力、消除疲劳、增强体质、寻求刺激、冒险探险等多种目的，在大众体育消费及旅游消费成为首选。

二、体育产业与旅游产业融合中应当注意的问题

在我国体育产业发展过程中，人民群众不断增长的体育需求与有限的体育资源之间的矛盾已经成为主要矛盾。在规模不大、活力不强、设施缺乏、场地不足、人才短缺、体制机制不完善等基础上发展体育产业，需要广泛调动社会积极性和创造力，需要找准并且着力挖掘突破口，促进体育产业和旅游产业融合，发展体育旅游，吸引更多企业、产业、行业的参与和支持，带动体育产业、旅游产业的上游、下游等国民经济产业部门之间的渗透、融合，扩大体育产业在国民经济社会中的影响力，增强和凸显体育产业强的关联带动力，通过与各个产业的渗透、融合，带动全民参与、消费，才能惠及全民。另外，在人们日常生活中体育与旅游属于重要组成部分，有着很大的市场潜力，需进一步进行挖掘，有待进一步发挥其稳增长、调结构以及促改革与惠民生等方面的作用。虽然体育产业及旅游产业的融合发展已经有一定历史，并且具备坚实的发展基础，其市场前景和需求比较广阔，并且当前国家政策有很大支持，但应当注意的是在体育产业及旅游产业进一步深度融合方面仍有很多难题存在，发展过程中需加强重视并且较好解决。

第一，在体育旅游发展方面存在很多体制和制度约束，必须打破部门条块分割的局面，因地制宜，将体育旅游纳入国民经济和社会发展规划，简政放权，建立体育部门、旅游部门等多部门工作协调联动机制，共同研究和解决体育旅游改革发展中面临的诸如土地、税收、活动审批等具体事宜。

第二，发展体育旅游需要激发社会活力，在体育旅游事业中投入更多社会力量以及资本，对体育场馆以及体育设施加强建设，配套和开发体育旅游领域相关产品和服务，开发建设一批具有国际影响力的体育旅游产品和线路，对具有市场潜力的一批中小企业进行培养，形成兴办体育旅游的多元化格局，让社会投资开发体育旅游的活力竞相奔放。

第三，发展体育旅游应当对全民健身消费政策进行完善，将全民健身经费纳入财政预算，通过政府购买社会服务，对群众进行鼓励与支持，使其能够在体育旅游活动中积极参与，带动更多群众投入到全民健身和强身健体的活动中。

第四，发展体育旅游面临着人才短缺的严重问题，应当对体育人才培养以及就业相关政策进行完善，引导大中专院校开设相关专业，加强培养复合型体育产业人才以及技能型体育人才，从而提供强有力的人才保障和支持，以促进我国体育产业以及体育旅游等发展。

第五，发展体育旅游需要尽快启动和培育体育旅游品牌，特别是我国传统体育活动和民族体育活动及其品牌等无形资产的开发保护，进一步继承和弘扬我国优秀的传统体育文化，进一步丰富我国体育产品，树立我国体育旅游形象，真正使体育旅游成为促进经济社会、社会繁荣、文化传承的新的经济增长点。

第三节　体育健身休闲业

一、体育健身休闲产业发展中的问题

（一）居民健身意识薄弱，体育健身消费能力不强

从当前实际情况而言，我国居民的健身意识普遍比较薄弱，并且其休闲观念比较落后。当前，主要是老年人经常参加体育锻炼，而中青年人所占比例最低。

另外，居民收入水平总体上仍然较低，农村人口占据较大比例，对体育健身消费产生影响。

（二）有效需求与有效供给均呈不足状态

与发达国家相比，在总体规模上我国体育健身休闲市场仍存在很大差距。总体而言，体育健身消费水平偏低，最近十几年我国体育健身休闲产业得到很快发展，但总体规模仍然偏小。另外，体育健身企业组织形式缺乏规范性，经营管理水平较低，健身产品差异化小，特别是中西部地区及广大农村的体育健身产业发展非常缓慢，供给能力十分有限，对体育健身产业的发展也在很大程度上产生影响。

（三）体育健身产业发展不平衡

这种不平衡的表现主要包括以下三个方面。

一是区域上存在不平衡，由于受经济发展水平的制约，在不同地区体育健身休闲产业的发展规模以及水平均有很大差距存在。

二是城乡发展不平衡，大部分体育健身设施以及服务经营单位均集中在大中城市，广大农村的体育健身休闲场所及设施比较缺乏。

三是项目开发上的不平衡，目前，有氧健身操、各种舞蹈、乒乓球、羽毛球、网球、台球、

瑜伽等比较多，服务项目存在严重的同构化现象，产品差异度不高，经营缺乏特色。

（四）体育产业统计体系不健全

体育产业统计是明确体育产业在国民经济发展中地位的重要工具，也是揭示体育产业与其他产业关联度的依据。而我国目前尚未出台国家的体育产业统计标准，有些省（区、市）虽然组织进行了本地区的体育产业调查，但由于没有统一的标准，因此统计结果的可比性较差，无法反映体育产业运行的真实情况，因而也就无法真实地反映体育产业在国民经济中的地位和贡献，也就影响了政府对体育产业的支持力度。

（五）市场法规不健全，管理有待进一步加强

尽管国务院已经出台了一些体育产业发展和管理方面的条例，但针对体育健身休闲市场的法制建设还比较滞后，已有的法规制度也缺乏可操作性，政府对体育健身休闲产业的管理体制还没有完全理顺，多头管理、政令不一的现象时有发生。

目前，体育健身产业在行业管理同样比较薄弱，市场壁垒较低，缺乏严格的准入制度，经营管理水平比较低，无法监控并检查服务质量，消费者与经营者之间经常有纠纷发生且得不到有效干预和解决。

二、体育休闲产业发展策略

（一）给予体育健身产业适当的政策扶持

由于当前体育产业发展存在投资活力不足、融资渠道不畅等问题，国家应该在以下方面给予优惠和支持。

一是应该鼓励民营企业和境外资本对体育健身休闲产业进行投资。

二是在产业政策上对一些大中型体育健身龙头企业重点培养和扶持，在税收、信贷以及融资与用地等方面给其政策优惠。

三是鼓励体育健身企业通过发行企业债券、股票，或资产重组、股权置换等方式筹措发展资金，为企业开辟新的资金渠道。

四是通过财政补助的方式在体育产业研究方面设立专项基金，对体育健身产业的发展研究进行支持。

五是支持体育健身企业在各地开设分支机构，推进体育健身服务企业的集团化、连锁化和经营多元化。

（二）注重体育健身产业经营管理人才的培养

发达国家对体育健身休闲管理人才的培养均比较重视，例如，英国有115家大学开设了与体育健身休闲有关的专业，包括体育休闲管理、体育健身医疗以及体育休闲法律等。

但是在我国，开设有体育休闲及体育管理专业的院校仅有几家体育学院，所培养的学生根本无法与体育健身休闲产业发展的需要相满足。目前体育健身企业的经营管理人员，大多是半路出家，没有接受过正规的专业训练。在我国体育健身产业发展过程中，经营管理人才缺乏已经成为

一个重要的影响因素，因此应该充分发挥体育院校和综合大学体育院系的优势，对体育健身休闲产业经营管理人才加强培养。

（三）积极推进体育产业的结构调整

调整的目的是对体育产业结构进行优化，使其产业结构实现合理化和高度化。结构合理化是指体育产业内部需要符合产业发展规律和保持内在运作机制，保证个部门的协调发展；结构高度化是指体育产业在不断技术创新基础上，发挥主导产业作用，带动产业质量提升，实现产业由低级向高级演变。

我国体育产业结构仍存在一些不合理的地方，作为体育产业内部的主导产业的体育健身休闲产业和体育竞赛表演产业没有起到主导产业的作用。此外，我国体育产业缺乏较强的科技含量和创新能力，对产业质量的提升产生严重影响。对于当前所存在的这种情况，必须对结构进行调整。在调整体育产业结构方面应要注意以下三条。

一是必须借助市场机制。

二是加大国家政策支持和引导。

三是政府应减少行政干预。

通过对结构进行调整，使完全市场化的体育产业结构建立起来，促进体育产业的快速发展。

第四节 体育用品业

一、体育用品业发展现状

（一）品牌效应不明显

从国内市场占有情况来看，目前国际知名品牌已占据了我国体育用品的中高档产品的市场。发达国家投入大量资金进行技术研发，不断提高产品质量。而我国在体育用品生产以及技术开发等领域当前仍主要为常规技术，在自主开发以及技术创新方面缺乏充足投入。对于有些企业而言，其主要依靠外来料进行加工，对他人品牌的体育用品进行仿造，更有甚者，一些企业只看到眼前利益，仅仅对产品个别因素重视，单纯选择以低价位取胜策略，在创名牌方面缺乏意识及战略思想。从整个行业来看，当前较多的为低档次产品，而名牌产品比较少，并且产品缺乏高新技术含量，大部分体育用品企业当前仍在低水平扩张阶段。

（二）体育用品企业规模小，集约化程度低

当前，我国的大部分体育用品企业在经营规模以及销售收入方面均相对比较低，大多数都是中小型企业。据有关统计，如果把固定资产在5000万元以上的体育用品企业认定为大中型企业，大约只有9.03%的企业能够达到这个水平，其中销售收入超过1亿元的企业仅占3%。

我国体育用品企业的规模比较小，大部分都比较分散，并且其集约化程度比较低，很难有规模经济形成，其规模效益比较差，在生产产品时需要较高成本，总体而言，其竞争能力比较差。

第三章 体育产业各领域发展状况

（三）质量标准体系不完善

质量标准是规定产品质量特性应达到的技术要求，是产品生产、检验和评定质量的技术依据，如果质量标准以及体系比较成熟能够对行业发展进行规范，并且对行业发展起到促进作用。我国体育用品标准化工作起步晚、标准少、标准低、标准长，目前全球体育用品领域有40多个国家标准、70多个行业标准，但国际标准只有一个。另外，在当前体育用品领域内，有很多产品仍未建立国家标准、行业标准以及企业标准，如攀岩，国内近20家生产攀岩设备的企业采用的都是欧洲标准。我国体育用品质量标准滞后严重以及质量标准体系缺乏完善在很大程度上对体育用品业发展造成限制。

二、体育用品业发展策略

（一）确立体育用品业的发展战略

我国体育用品业存在着低水平重复建设、市场秩序混乱的问题，这主要是由于缺乏必要的体育用品业总体发展战略。体育部门要加强指导，打破条块界限，跨部门联合制定体育用品业的总体发展战略。对于有些体育用品生产而言，其需求量比较大，需要较高科技含量，自主生产能力比较低，应当将其列入发展战略规划内，从而使这些产品需大量进口的情况尽快得到改变，另外，对于那些目前需求量小且科技含量高，但具备市场潜力的体育用品，同样应当将其列入发展规划之内，并给予足够重视并加以扶持。

（二）加大投入，提高体育用品科技含量

目前国外主要体育用品生产企业都配备专门的科技人员，投入大量资金从事有关设备的研究。如美国宾士域保龄球设备公司有一批专门的科研人员从事保龄球设施的研究，从而保证了该公司的保龄球设备一直保持国际顶尖水平。我国体育用品行业只有高度重视科技投入，才能永远立于不败之地。在市场竞争过程中，国内体育用品企业要想掌握主动权，则应当在科技方面加大投入，使产品的科技含量不断得到提高，使自主创新能力得以增强，使产品能够快速更新换代。

（三）完善体育用品质量标准体系，加强宏观管理，实现标准化生产

标准化问题是我国体育用品企业面临的一个深层次问题。奥运会是全球最具影响力的顶级赛事，它的"品牌"形象是卓越、规范和高标准。国内体育用品企业要想使自己的品牌、产品与奥运会发生联系，进入奥运会的比赛场地就必须达到奥运会品牌形象的要求，而要达到这样的要求，体育用品企业必须不断提高产品质量，达到基本的国际质量标准要求。同时，国家体育总局及相关部门也要不断转换职能，对体育用品行业加强宏观管理，将新产品、技术改造以及市场动态等方面的信息提供给企业，对产品质量标准进行制定，对体育用品加强质量认证，使体育用品质量体系逐渐得到完善，促使体育用品企业尽快实现标准化生产。

第四章 体育产业发展的动力

我国体育产业在整体上还处于发展的起步阶段,在现实的社会生活中正逐步成为消费和投资的热点,开始展现出巨大的发展潜力,但我国体育产业在发展过程中面临的许多困难和问题却不可忽视,如现行的管理体制和运行机制不完善,有效需求和有效供给不足并存,产业内部结构不合理、体育市场主体不成熟、高素质体育经营管理人才匮乏等。为了使体育产业能健康、有序、科学地发展,需要形成良好的体育产业发展的保障机制。所谓体育产业发展保障机制,就是指国家和社会为了保证体育产业健康发展而建立的一系列的相关措施和制度的总称。

第一节 体育产业发展动力

一、体育产业发展的动力条件和依据

(一)体育产业发展的动力条件

哲学上讲,事物的发展是内外因共同起作用的结果,内因是事物发展的根本原因,外因是事物发展的条件,外因通过内因起作用。用哲学的观点来探讨体育产业发展的内外因素,对于分析体育产业发展的动力是很有帮助的。

在现代社会中,体育产业归属于服务产业,体育服务的生产部门和体育服务的消费系统,相互对立统一,相互作用,构成了体育动能系统。这个体育动能系统与社会经济中的"生产—消费"构成的关系类似,体育消费者需求的发展促进了体育生产者及整个体育市场的发展。反之,体育生产者和体育市场为了满足体育消费者需求又刺激出了新的需要的产生,两者相互促进又相互制约。

在体育产业及市场外部,由自然生态、社会经济、政治、文化等方面综合构成的"自然—社会"系统,对体育产业及市场动能系统的发展提供可能性和起着推动或制约作用,这是体育产业发展的外因。

体育产业发展的内外因共同作用,促进体育产业发展。体育动能系统中体育消费者和生产者的相互关系是通过产品生产、体育服务、商品销售实现"生产—消费"过程来发挥作用的。市场经济越是完善,越能促进体育动能系统和整个体育产业的发展。

当然,体育产业在全球获得如此大的发展,最根本的原因离不开各国经济的发展。随着世界

经济的迅速发展、人民物质生活不断提高、闲暇时间增多，体育产业在欧美许多发达国家，已成为国民经济的重要支柱。

（二）体育产业发展的动力依据

美国著名心理学家马斯洛对人的需要进行了系统的、独到的研究，他将人的需求分为生理需求、安全需求、社交需求、尊重需求和自我实现需求五类，依次由较低层次到较高层次。他提出，一旦基本需求得到满足，就会出现较高层次的需要；大多数人的需要结构很复杂，无论何时都有许多需求影响行为；一般来说，只有在较低层次的需求得到满足之后，较高层次的需求才会有足够的活力驱动行为；满足较高层次需求的途径多于满足较低层次需求的途径。

目前，我国城镇居民的收入有了很大的提高，人们已基本解决了温饱问题，人们的生理需要和安全需要已得到了较大程度的满足，根据马斯洛的"需要层次理论"，人们需要满足的是更高层次的需求。人们在体育产业及体育市场中所表现出来的体育生活化特征，实质上就是现今人们物质需要得到相对满足后所产生的更高级的精神需求特征的具体反映。

一方面，随着人民生活水平的提高，人们对健康越来越重视，而体育产业的价值和功能，正是由于它和人们的健康密切联系，人们对健康的需求逐渐变成体育产业的"财富"源泉；另一方面，人们为追求健康，将"体育生活"逐渐融入日常生活之中，在进行体育健身的同时，人们通常要与很多不认识的人进行交流，扩大了自己的交际圈，并且由于经常参加健身者通常拥有比不参加健身的人更健康的体魄，因此也常常令其朋友、同事欣赏和羡慕；同时，随着中国越来越多地承办各大国际体育赛事，人们关注和亲身投入观看比赛的积极性越来越强烈，不少人甚至将能看一场田径黄金联赛或F1比赛作为向朋友炫耀的资本，体育产业无形中满足了人们归属、尊重甚至是自我实现的需要，这也使人们愿意将更多的金钱和精力投入体育产业中来。

生存、享受和发展是由人的自然属性及社会属性共同决定的需求反映。同时，也正是因为人们需求具有递进性和永不满足性，促使了一种新的消费需求——体育消费需求的产生。体育消费需求是指人们为了参加体育健身、观看体育赛事、进行体育旅游等一系列体育活动所需的一切物质文化条件。社会体育消费需求的不断增加，必然吸引资本的不断进入，资本是趋利的，某一行业的资金回报率高于社会平均利润率，资本必然会流入该行业。英超足球俱乐部股票的上市是一个典型例子。

二、体育产业发展的动力机制

体育产业发展的动力机制，是指推进体育产业化经营持续发展的相关活动与相关运行体系，其动力包括改革推动力、科技促进力、体育创新力等。只有利用好这些动力并形成强大的合力，才能更好地形成加快我国体育产业发展的核心竞争力，才可能实现体育产业的社会效益和经济效益的有机结合，促进整个社会文明的进步。

（一）体育管理体制改革与体育产业发展

体育产业的发展是与政府的支持分不开的，尤其在我国体育产业发展初期，政府为体育产业的发展创造了许多有利条件,但随着我国社会主义市场经济体制的逐步确立,传统的体育管理模式已经不能适应目前体育产业发展的需要。当前我国体育事业仍然呈现的是以政府主办为主的格局,这样的格局不改变,体育的社会化和产业化就难以深入。推动体育产业发展的主要动力,即有效需求就必然在低位徘徊。政府主管部门应当从体育管理体制上深化改革,逐步建立与社会主义市场经济体制相适应的体育管理模式,以推动体育产业的健康快速发展。要进一步明确政府在体育产业发展中的地位与作用,做到有所为,有所不为、政府的管理主要是加强对市场的宏观调控。

1. 通过政策和经济手段对体育产业实行宏观管理

首先,要制定适应我国体育产业发展的相关政策。体育产业政策是政府根据体育发展的内在要求和对一定时期体育产业结构变化趋势的预测,以国家或地方体育发展规划为目标,所制定的有关体育产业结构和体育产业组织调整的政策措施的总称。体育产业政策是体育管理的一种重要方式,一个国家或地区体育产业的发展有赖于制定科学的体育产业政策。根据我国体育产业发展阶段特殊,着眼于培养国民经济新增长点的战略视角,现阶段我国应确立宏观经济管理部门统筹、体育行政部门协助的共管模式,各级计划部门组织编制体育产业发展规划,制定专项体育产业政策,宏观调控体育产业的总量和结构,工商、税务、体育等行政部门在各自职能范围内专司管理体育市场。在管理和调控手段的选择上,现阶段应以制定和实施专项体育产业政策为主。尽管用体育产业政策来调控和促进体育产业发展只能是中短期政策,不能长期化、固定化,但是我国体育产业还处在起步和起飞阶段,政府通过制定并实施专项体育产业政策来引导、扶持和规范这一朝阳产业的发展,是合理的,也是必要的。

其次,通过经济手段,引导和促进体育产业发展。一是税收调节体育生产与消费,引导资源合理配置,促进体育产业结构和体育产品结构合理化;二是使用金融手段筹措资金,促进体育产业的发展。同时,政府可以对重大的体育建设项目及体育生产资料设备的技术改造和更新,实行低息、无息甚至是贴息的资助性贷款;在一些有相当规模和效益的体育单位成立股份制公司,壮大体育产业实力;扶持民间体育艺术项目,弘扬民族体育,创作体育产业的精品。

另外,政府要为体育产业的发展提供相应的信息服务和标准。服务企业是政府的主要职能之一。在体育产业的发展过程中,政府应该通过有关渠道积极为各种体育部门及相关企业提供有关的信息服务。

2. 改革传统管理模式,进行分类管理

为了适应社会主义市场经济体制的需要,必须要改革传统的体育管理模式。应将体育部门中非经营性国有资产和经营性国有资产分开,进行分类管理。具体可以将这些体育单位分成三类:一是政府全额扶持的公益型体育单位,如以奥运争光为目标的体工队、业余体校、体育科学研究所等;二是政府资助、面向市场、产业运作的复合型体育单位,这些单位的一部分体育产品进入市场,但又不能完全依靠市场来求得生存和发展,如体育专业运动队;三是政府指导、自主经营、自负盈亏的经营型体育单位,如体育经营发展公司,职业体育俱乐部等。这样,既能保证一些较难进入大众体育却是奥运比赛的项目，如射击、竞技体操等运动项目能在政府的主导作用下较好地开展，也能够鼓励社会对体育产业的支持，调动人们参与的积极性。

（二）科技创新与体育产业发展

体育产业化经营中科技促进力的核心就是技术创新。这里所说的科技创新是一个经济范畴，而非技术范畴。它不仅是指科学技术上的发明创造，而是指把已发明的科学技术引入企业中，形成一种新的生产能力，只有从事体育产业的企业创新，才能不断提高整个体育产业行业的发展水平。

科技进步是体育产业发挥体育资源的优势，实现集约化经营的关键所在。体育产业中的科技进步具体体现在开发具有高科技含量的体育产品上，它可以推动体育产业的发展和转换，促进社会体育观念和体育战略的发展。如果说科技创新将会推动体育产业中生产过程的一系列变革，那么高新科学技术和体育产业相结合，则将会促进体育产业一系列的变革，进而促进社会不断进步。

在竞技体育表演市场中，各个赛事都在使用并不断更新科技手段，以保障赛事的公平性并提高比赛的观赏性；各个国家也不断研发高科技产品以提高运动员比赛成绩，在游泳、短跑、短道速滑等比赛中体现得尤为充分。体育用品生产商通过不断地开发新产品，提高产品的科技含量来吸引顾客，占领市场。

体育创新力则主要包括观念创新和制度创新。宣传体育部门要适应形势的发展，更新观念，树立体育产业意识，破除体育工作是纯事业型的旧观念；树立体育产品不仅是精神产品，也是一种特殊商品的新观念；树立体育创新不仅需要投入，也能够产出的观念。体育产业部门在经营观念上也要创新。在经营上，树立市场经济观念，包括营销观念、竞争观念、经济效益观念、风险经营观念、开拓创新观念等。

此外，政府部门对体育产业的管理要创新。政府部门制定以人为本、科学的体育产业规划，调整人事管理政策，实现人事制度的创新，建立公开、平等、竞争、择优的选拔任用机制，在体育产业部门中实行公开选拔经营管理人才的办法，同时利用地域特色，体育传统或独特的体育资源创建富有特色的体育产业。

第二节　法制建设与人才培养

一、法制建设与体育产业发展

（一）法制建设与体育产业的关系

市场经济是全面、开放、公平竞争、契约化的经济，这些特点和性质决定市场经济需要法制建设，使市场主体依法参与市场活动，采用正当的竞争手段，开展公平竞争，防止和制止不正当竞争和垄断行为，保证市场经济的正常运行。市场经济也有自身的自发性、盲目性和波动性等弱点和负面性，也要求加强法制建设，通过法律来规范市场主体行为，维护市场经济秩序，保证市场经济在价值规律、供求规律、竞争规律的积极引导下实现其合理配置社会资源的功能，以促进社会经济的健康发展。

　　社会主义市场经济是法制经济，这就决定了我国体育必须实现自身的全面法制化，这不仅因为体育产业发展过程中需要体育法制的保障，更重要的是，没有体育产业的法制化就不可能将体育与经济紧密地结合起来与市场接轨。体育市场里的各种关系和行为，需要有统一的规则去理顺和规范。市场经济将促使各个独立的体育产业投资主体的利益差别日益明显，产生越来越多的社会关系，如体育产业投资主体行为的规范、主体正当权益的保障、规定义务的履行等，这些关系不可能再由行政部门直接干预，只能是法律手段去调整。

　　（二）法制建设对体育产业的作用

　　1. 保障体育经营活动的契约性

　　市场经济主体间进行的各种商品交换主要是通过契约的形式来实现的。体育经营活动存在众多的商品交换，只是体育商品的形式不同于一般商品，交换的商品不仅有实物商品，还有很多是不具有实物形态的体育劳务。职业运动员高超技艺的展现；社会体育指导员指导大众健身；体育经纪人提供中介服务参与俱乐部无形资产的开发、职业运动员转会等事宜，交易双方交换的未必都是实物产品，但同样产生了社会效益与经济效益，这都是由体育自身的特殊性所决定的。为了保证体育商品交换的顺利进行，不可避免地涉及合同的签订，如职业运动员与俱乐部、经纪人与所代理的客户、提供赞助的企业与接受赞助的个人或组织等都要以契约的形式来保障双方利益的实现。

　　就目前情况来看，我国体育产业中大部分的合同是存在一定问题的。有人甚至认为，中国体育界许多所谓的劳动合同是根本无法保障运动员利益的。

　　一般来说，球员在和俱乐部签订合同的时候，里面都会有一项涉及商业广告的条款，条款里规定队员代言广告后和俱乐部的利益分成。马晓旭风波的关键是她和球队合同中有没有相关约束条款，如果没有约定，俱乐部无权强行从球员手中抽取部分酬劳，这样的话大连实德已经构成对马晓旭的侵权。国外成熟的职业体育圈早已形成了合同决定一切的近乎冷血无情却极遵循市场规律的体制，如贝克汉姆谈续约，肖像权分配问题甚至比谈薪资酬劳更为焦点。即便是普通运动员，合同中也会细致到打车前往俱乐部是否报销、住酒店何等规格等繁杂名目。如何保障教练员与运动员的各自权益不受侵害，如何建立教练员与运动员之间科学的奖金分配机制，这些问题均应有法律条文来约束。目前，当越来越多的世界先进训练管理方法被引入中国体育界时，完备的利益分配制度却没有同步建立起来。

　　相关部门应通过制定体育产业法规，来规范体育经营活动中的行为，如制止一些体育经纪人的"黑箱"操作，俱乐部单方面的终止合同、企业赞助不兑现等不良现象，这样才能促进我国体育产业向着健康的方向发展。

　　2. 创造体育产业经营主体平等的竞争环境

　　市场经济建立在充分竞争的基础上，只有通过竞争才能实现社会资源的合理配置。但是竞争必须要有法制的力量来规范和调整。一方面，通过制定和实行保证参与体育经营活动主体平等的规则，可使多元的体育经营活动主体站在同一条起跑线上享有平等的地位和机会；另一方面，通过制定和实行保证竞争手段公平正当的规则，限制不正当的竞争行为，防止体育经营活动的非法竞争。只有制定了客观、公正、合理的规则，才能极大地调动参与体育经营活动各主体的积极性，使其在获得自身最大利益的同时关注整个体育产业的发展。

3. 促进体育产业发展与国际接轨

市场经济是全面开放的经济，随着经济全球化进程的加快，任何国家都不可能脱离世界经济体系而独立发展。我国体育产业尚处于起步阶段，各方面发展还不完善，加入WTO之后，我国体育产业虽然面临很多发展的机遇，但同时各类外国知名体育企业进入中国，和国内体育企业争夺市场份额，在这种情况下，我国很多中小型体育企业将面临生存危机。我国体育主管部门应充分利用WTO规则，加强对中小企业的支持，但更重要的是，要以国际成熟经验为参照，制定与国际接轨的法规，保障国内体育企业在国际竞争中的合法权益，促进我国体育产业发展。

二、人才培养与体育产业发展

现代社会中，各国的竞争归根结底是人才的竞争。谁想在激烈的竞争中保持优势地位，谁就必须拥有强大的人才队伍。现在，体育产业发展速度加快，已经成为国民经济新的增长点，然而，高水平体育产业人才的匮乏，已经严重影响体育产业发展的水平、速度和规模。我国体育事业要在社会化、产业化方面有所作为，就不能不重视高水平体育经营人才的培养。

随着体育产业在社会主义市场经济条件下向更大规模和更高水平的方向发展，对体育经营管理人才数量和质量要求也就越来越高。体育经营管理人才目前处于极度缺乏的状态，从事体育经营管理的干部人员多数来自体育行政系统，不仅缺乏必要的专业知识，也不具备相应的经营管理能力。

（一）我国体育产业经营人才培养目标

培养适合社会主义市场经济实际需要的、具有良好的科学素养和创新意识、掌握体育产业专业理论知识和基本技能、适应社会经济发展需要、具备良好的沟通交流能力、具有本科以上学历的，能在职业体育俱乐部、体育运动学校、体育企业、体育娱乐业、体育中介机构等部门从事体育产业的管理者、体育经纪人以及跨国体育经营人才、国际性体育经营组织决策人才和国际性公司体育运动行销部门策划人才。

（二）体育产业经营人才培养原则

1. 按需施教的原则

所谓按需施教，即根据不同时期社会、经济发展的不同需要以及体育系统内部各级各类人员职位不同的要求决定培训内容，进行有针对性的培训。这种需求主要包括以下方面。

一是职能需求。不同的体育部门和不同性质的岗位具有不同的职能，要考虑在培训中按各职能所需进行不同的培训。

二是职位需求。不同层次和类型的职位在培训中，其培训内容和目标是不同的，在培训中要考虑分层次进行定向的培训。

三是发展需求。随着社会的发展，许多新观念、新知识、新情况不断出现，因此需要各级体育部门的在职人员及时地进行专门的学习进修。

2. 严格考核和择优录取的原则

严格考核和择优录取是体育产业经营人才培训中不可缺少的管理环节。为了保证培训质量，必须对培训人员进行考核。只有考核合格的人员才能择优录用或得到提拔，因此严格考核和择优录取的原则成为调动受培训人员积极性的有利因素。

3. 注质量重实用原则

体育产业经营管理人才培养的质量是关键问题。对体育产业人才的培养，要坚持质量第一的原则，注重所培养出人才的实用性。人才培养部门必须以市场需求为基础配置教育资源，在按体育市场人才需求开设相应专业课程的同时，狠抓师资水平，提高教育质量。

（三）体育产业经营人才培养策略

质量优化策略——注重综合素质和能力培养，造就复合型创新型体育产业人才。在现在的社会环境和经济背景下，我国的教育和体育人才培养，将面对知识经济和经济全球化的挑战。体育产业人才培养要具有全球化的视野，把培养知识结构合理、综合素质高、实际工作能力强、具有创新精神的复合型人才放在首位，培养适应社会发展的需要的"基础厚、能力强、素质高"的人才。

供给市场化策略——强化社会本位，按社会需求设置专业。适应社会发展对体育产业人才的要求，是体育产业人才培养必须遵循的一个基本规律。体育产业及经营管理专业设置要考虑社会需求和毕业生就业市场两方面因素，根据社会需要，及时调整专业结构和设置，提高专业相关设置的实用性。

知识体系现代化策略——体现教学内容的现代化，突出办学特色。课程设置一方面决定人才的知识结构，另一方面体现人才培养特色。要从素质教育的高度出发，制订人才培养的目标、方案和教学计划，优化课程设置，革新人才培养模式，为学生个性发展创造良好的环境，改革现行的教学内容和教学方式，课程中应减少陈旧知识，适当增加反映现代科技进步与与社会生活相关的内容。

培养多元化策略——办学投资主体多元化，多渠道培养体育产业人才。小康社会体育人才培养应形成投资主体多元化、行为主体多元化、组织机构多元化、产品和服务体系多元化开放的人才培养体制，才能适应小康社会体育事业发展对各种体育人才的需要。

第五章　中国体育产业发展的思路

在指出我国体育产业发展中的问题后，按惯例应提出解决问题的对策措施，但一方面在这些年中，许多专家学者对我国体育产业发展问题与对策的研究成果丰富，已提出了不少具有建设性的和卓有成效的意见和建议；另一方面由于我们只看到了某些现象，而对问题产生的实质与深层原因还未做有效的探究，故难真正提出可供操作的、并能有效消除障碍的及同时又可超过他人前期研究的对策，因此仅抛砖引玉性地谈出几点思考。

第一节　管理体制与机制创新

做体育产业必须遵照市场经济的基本规律。市场是在一定空间上的商品和劳动交换关系的总和，是商品经济的运行方式和中间环节。市场机制是通过市场价格的波动、市场主体之间对利益的竞争、市场供求关系的变化而调节经济运行的机制。市场经济是资源配置的一种方式，即主要以市场机制为基础自动实现社会资源配置的方式。

市场经济的基本要求和运作方式归纳为以下几点内容。

第一，凡是商品，不论是消费资料还是生产资料，不论是产品还是生产要素，其交换和流通都应当通过市场。

第二，市场在资源配置中起着基础性作用，大量的经济活动主要靠市场调节，社会经济运行必须符合市场供求规律。

第三，商品经济的一般法则即等价交换，是商品运行的基本原则，商品生产者要按照这个法则交换自己的产品。

第四，竞争机制发挥优胜劣汰的作用，竞争是鞭策落后，刺激效率的有效方式，这种方式得到广泛运用。

第五，市场是天生的平等派，在市场中的交易和竞争是公平、公正、公开的，同时市场也是统一的、开放的、全国形成统一的市场、经济活动对内外开放。即市场竞争具有平等性、公开性、开放性和规范性，不准许实行保护落后的经济封锁和垄断。

第六，价格主要是由市场决定，能灵活反映资源的供求状况，即资源相对稀缺的程度。

第七，企业是市场的主体，自主经营、自我约束、自负盈亏、自我发展。

从市场经济运作方式中可以看到，目前我国体育管理体制与其基本要求并不匹配。由于我国体育运动管理体制是长期以来形成的，而主要是与计划经济相配套的，即"举国体制"。这一体制在我国高水平运动员的培养和在国际大赛中获得金奖牌方面作用巨大、功不可没，但可以肯定地说，它不是做产业、做市场最适合的管理体制。

在这种管理体制下，许多本来应当市场化的事，实际操作上却变了味儿。卢元镇教授曾说："我们很多的项目管理中心，包括体育总局的下属公司，掌握着几乎所有的比赛资源和运动员资源，体育市场成为他们的试验品。这和现在提倡国有企业向民营化改制的市场经济方向恰恰相反，所以投资者和管理者之间也并不像表面上看到的那么和谐。""说到底，我们的体育市场还是处于国家的垄断之下，正是因为垄断，才造成这些年体育市场向前发展的速度很慢。"

针对体育产业化、市场化需要体育管理体制进行相应改革这一敏感的神经，多年来许多学者和市场从业人士有不少高见。天津体育学院梁进教授认为："按照市场经济的规律，体育产业化的过程也就是政府职能转变的过程，这是由中国经济体制转轨、中国体育产业制度创新、中国加入WTO后参与国际竞争的需要所决定的。目前在中国体育产业化的过程中，政府职能存在公共产品供给上的缺位、市场秩序维护上的缺位甚至越位、宏观调控上的缺位、经济活动中的错位等现象，究其根本，是由存在计划经济观念残余、双轨制形成的路径依赖、制度创新动力与社会科学知识的不足等原因所造成的。中国体育产业化过程中实现政府职能转变将依赖国家政治体制改革的宏观制度供给、体育产业发展形成的经济发展动力等条件的变化才能得以实现。"

中体产业股份有限公司吴振绵就我国体育投融资体制问题提出了如下看法："社会主义市场经济的发展，要求体育要走社会化、产业化的道路，要求建立和规范我国体育投融资体制。为此建议：①要转变政府职能，让政府从投融资主体转变为宏观调控，行使规划、引导和监督职能；②要确立企业在体育投融资体制中的主体地位，使企业成为真正的主体；③要走体育社会化、产业化的发展道路，积极吸引社会资金发展体育事业；④要协调有关部门，制定有利于体育产业发展的财政、金融、税收政策；⑤要有效发展体育博彩业，使之成为体育事业发展的主要资金来源之一；⑥要充分利用资本市场的直接融资渠道，同时开拓创新、鼓励引进新型金融工具为体育融资；⑦要加快体育投融资立法，通过体育投融资的法制化来规范和建设我国体育投融资体制。"

就拿中国的排球、女足联赛很难找到有实力的赞助商，许多足球联赛的赞助商撤销赞助，不少企业退出职业俱乐部来说，这实际上是给我国体育市场的经营环境敲响了警钟。迄今为止，中国体育产业化基本上还是"企业投入，职能部门管理"模式，投资者不能直接参与管理，俱乐部的经营没有实行公司制，没有实施真正的市场化运作，这极大地限制了社会、企业、投资者的热情，也给俱乐部经营带来极大的困难。

虽然体制改革可能触及一些人的既得利益，但改革确是社会发展的必然，大势所趋、不可阻挡。我国目前的体育行政管理体制改革的当务之急是根据我国建设市场经济体制和社会主义民主政治以及和谐社会的总体目标，对体育行政管理部门的政府职能重新定位，真正实现由政府"办体育"到"管体育"的转变。体育行政部门应集中精力搞好服务公众和宏观管理的本职，市场机制内能够解决的问题体育行政部门应尽量不去干涉。只有政府的职能实现简约高效，充分发挥市场机制的作用，竞技运动的参与者才能在社会中找到合适的位置和角色，才能够分清各方的权益边界，才能依法维护各方的权益。

改革开放多年来，在我国经济社会不断发展的同时也取得了显著成就。尽管体育运动赖以生存和发展的经济基础、体制环境、社会条件发生了深刻变化，但制约我国体育产业发展的深层次矛盾依然存在，主要表现为：一是计划经济时代遗留下来的体育管理体制和运行机制影响较深；二是政府职能的越位和缺位导致政事不分、事企不分、管办不分，既造成政府不堪重负，又使社会参与的积极性得不到充分发挥；三是对公益性体育事业和经营性体育产业缺乏分类管理和指导，造成大量社会资源处于闲置和浪费状态；四是结构不合理，体育事业部分偏大，体育产业部分偏小；五是体育市场体系尚不健全，公平竞争的市场环境和规范的市场秩序尚未建立起来。要解决这些问题。就应从思想观念改变、体制改革与创新等方面入手，努力构建适应社会发展需要的体育管理新体系。

所谓管理创新，就是在科学理论的指导下，对传统的管理制度，进行根本性的变革，并重新选择和构建新的管理方法和制度。管理创新是创造一种新的更有效的资源整合范式，这种范式既是新的有效整合资源以达到管理目标和责任的全过程，也是新的具体资源整合及目标制定等方面的细节。管理体制创新是一个综合的复杂的系统工程，它既需要全社会创新价值观念的更新，也需要全社会创新能力的增强，更需要建立和完善创新保障体系。主要包括观念创新、结构创新、体制与机制创新、政策创新以及内容、形式、手段等方面的创新。

管理创新这一概念至少应包括：①提出一种新管理思路并加以有效实施；②创设一个新的组织机构并使之有效运转；③提出一个新的管理方式方法；④设计一种新的管理模式；⑤进行一项制度的创新。创新是一种理念，更是事业生存发展的内在要求。只有通过管理创新才能使管理体制和运行机制更加规范合理，实现人、财、物等资源的有效配置。

体育事业管理创新的途径多种多样，主要包括管理观念的创新、管理组织的创新、管理方法的创新和管理制度的创新等几个方面。观念创新是体育管理创新的前提。管理观念创新是一种管理思维和管理理念的综合性创新，它对管理决策、管理执行、管理监督等一系列环节起着指导作用。要使体育管理适应我国经济与社会的发展需要，管理者必须解放思想、与时俱进。组织创新是体育管理创新的基础。体育管理组织创新的目的就在于优化资源配置、整合机构、精减人员和提高效率，其重点是重新界定体育管理系统内部各种机构的职责与权限，以平面式、网络型组织模式逐步取代金字塔式、等级型组织模式，从而为实现从垂直管理向水平管理的转变创造条件；方法创新是体育管理创新的重点。把新管理方法引入体育管理领域，是创新体育管理方法，提高管理水平的一条重要途径；制度创新是体育管理创新的关键。加快转变政府职能是深化行政管理体制改革的核心，因此体育管理制度创新一是要求在加快转变相关政府管理部门职能的环节上实现新突破；二是要完备管理机构设置；三是要完善管理行为的监督制约制度；四是要完善管理资源的优化配置制度。整合各种体育资源和社会资源，提高资源配置效率，通过制度创新将各种管理要素充分组织、协调、调动起来，以最低的管理成本求得最大的管理成效。

体育管理机制创新必须坚持的基本原则是：①以人为本原则。要把一切可以团结的力量都团结起来，把一切可以调动的积极因素都调动起来，形成各尽其能、各得其所而又和谐相处的局面。②注重市场经济原则。要尽可能减少行政对市场的配置资源的干预，凡市场能做到的让市场去做。要创造良好的发展环境，努力培育多元的市场主体，完善优化资源配置的市场体系，充分发挥市场机制的作用。③公平、公正、公开和诚实守信的原则。建立和强化公平、公正、公开的管理秩序，要使诚实守信成为全社会共同的价值取向和行为规范。④统筹兼顾、可持续发展的原则。正确处理好经济建设和事业发展的关系；国家、集体和个人的利益关系；眼前利益和长远利益的关系，局部利益和全局利益的关系；速度和质量的关系、规模和效益的关系；加快发展和夯实基础的关系等。⑤成本和效益相统一原则。政府是体制和机制改革的主体，要善于把成本和效益的观念引进政府管理中，一些可以市场化的、社会化的行政职能要从政府中分离出去，由中介组织承担。

在体育管理体制改革方面，体育管理体制的创新与相关政府部门职能的转变最为重要，因为只有当管理体制创新和政府职能转变得以实现后，其他方面的改革才能有效推进。实际上，在市场经济条件下，多数体育产品可以转化为商品，而对商品的运作则必须按市场规律办，管理体制改革的目的就是要使其符合市场规律的要求。从我国体育产业发展的角度讲，现行体制不改、体育市场难旺。

第二节　推进体育消费与提升消费观念

体育市场的发展是建立在人们体育消费基础上的。体育消费是指人们参与体育活动和观赏体育表演的消费，是现代生活消费的重要组成部分。随着人们生活水平提高和体育运动的生活化、市场化与商品化，体育消费需求大幅度增长。为追求健康文明的生活方式，许多国家的家庭和个人用于获得健身器材、服装、场地、指导的消费大幅度提高，形成巨大的体育消费市场，成为新的消费热点和投资热点，也成为经济学家、社会学家和政府部门关注的热点。

作为世界上最大体育消费国的美国，体育消费市场持续扩张，已达到了空前规模。美国乔治亚技术学院经济发展研究所的著名经济学家埃尔菲·米克对美国体育产业的统计与估算的问题进行了深入的研究。

美国人的体育消费种类繁多，其中主要包括了体育娱乐与休闲消费、购买体育产品和体育服务等方面的支出。从消费结构上来看，休闲运动是美国国民体育消费的最大支出项目，同时也是增长速度最快的项目；另外是运动器械、运动服装和运动鞋的消费支出。

进入21世纪后，发达国家中的体育消费持续升温。据有关方面统计，2004年法国家庭仅在购买体育用品上的年平均支出为368欧元/户，巴黎的家庭在此方面的开支则达到了462欧元/户。另据法国《回声报》的报道，法国44个主要大城市及其郊区2005年花在体育活动方面的资金接近11.5亿欧元，比2004年增加约1亿欧元。《回声报》说，在上述消费中，城市体育花费达8.87亿欧元，城市及其郊区去年的体育花费则达到2.62亿欧元。该报说，2004年法国大城市及其郊区体育花费首次超过10亿欧元，2005年该数字已远远超过10亿欧元。就人均年体育花费而言，法国东北部城市兰斯以250欧元高居榜首，该国北部城市亚眠则以246欧元紧随其后。

最近几年，随着体育健身的时尚化，在部分大城市中体育消费开始升温，但总体情况并不容乐观。在体育消费方面，从以下国内外比赛的门票价格比较便可见一斑。

体育市场的发展必须通过体育消费去推动，所谓"供大于求"，这与目前我国居民体育消费需求不足、体育消费水平不高有直接关系。消费是产业和市场发展的基石，消费不足不仅困扰经济的发展，同样也困扰着体育产业的发展。

虽然在此未直接提及体育用品及服务的价格，如前所说国家对此还没有单列的统计指标，但按惯例是含在娱乐教育文化类中的，对其价格的走势我们不妄加推测，但也可做参考。

当然，人们体育消费习惯养成的过程是长期的，并应是自然形成的，特别是当人们在消费顾虑重重之时，要提高居民体育消费在整个消费支出中的比例，这是用行政手段解决不了的。但从现在做起，进行恰当的宣传和正确的引导，通过不断地强化和潜移默化的作用，总会有收效。

第三节　形成品牌与核心价值

英国学者克莱纳和迪尔洛夫在《如何打造品牌的学问》一书中写道："品牌在我们的现实生活中无处不在。几乎任何事物都能被赋予品牌——无论是一篮子鸡蛋还是整个国家。品牌是拥有感情的，它们能够抓住整个世界的心和思想，并激发出无比的忠诚和情感。品牌也是一种强有力的武器，它能够彻底改变顾客行为，并支配整个世界格局。"且不论这一说法是否过于夸张，但品牌在市场中的重要性是不容置疑的。当你做成品牌后，再看市场，似乎就不那么复杂与陷阱重重了。

体育产业实际上就是一个做品牌的产业。试想，奥运会、世界杯等国际比赛，田径黄金联赛、羽毛球公开赛、F1赛等商业比赛，MBA、意甲、英超等国内赛事，耐克、阿迪达斯等体育用品，如果没有形成品牌，会有这么大的影响力吗？甚至像乔丹、贝克汉姆、姚明等著名球员也被做成了世界级的品牌。品牌在市场上的优势不言自明。

即使是近年来涌现出的一些国内知名企业，在规模和质量上与国际顶级体育用品公司相比仍有很大差距。我国体育产业要发展，就不能满足于产品低质与趋同、缺乏自身特色、无知名品牌和无竞争优势以及体育企业低素质、无核心竞争力的状况。着力打造精品，实施品牌战略，是我国体育产业可持续性发展所面临的一个重大挑战。因为世界上凡是在商业方面获得成功的赛事，凡是在世界各地能卖出高价的体育产品，无一不是对品牌资本的成功运营。

与国外相比，我国的劳动力是相对比较便宜的，这是由我国目前所处的基本国情所决定的，因此体育用品业是我国在国际市场上具有比较优势的行业。要加快在这一行业推进品牌战略的力度，鼓励和引导大型体育用品企业研发投入，开展技术创新、产品创新和营销手段创新，扩大我国体育品牌在国际市场上的影响力，打造出自己的品牌，提高我国体育产业在国际市场上的竞争力。

虽然体育营销为一些品牌带来了一定的经济效益和名誉效应，但不是每个企业都能驾驭自如，失败的例子也举不胜举。同时，令企业担心的是，体育营销的投入数目都是大手笔，而到底能为品牌带来多大的效益却是企业无法预计的，这也成为企业涉足体育营销的一个障碍。以中国目前的运动服装业为例，品牌还缺乏足够的竞争力，品牌形象雷同、缺少根植于人心的个性仍然是普遍问题。虽然我们已经从铺天盖地的广告中，看到了太多代言服装品牌的明星，但要我们指出某个品牌独一无二的风格仍然是比较困难的事。

什么是"品牌"？就一般意义上讲，品牌就是有关产品的商标（brand）。有的专家认为，品牌可以从狭义和广义两个角度来理解。狭义上讲，就是指产品的品名、商号或商标，即印刻在商品或包装上的，用以区别于其他同类产业的标志、符号等。一切体育产品的商业标记、体育活动（包括场所）或比赛的冠名等，都属于体育产品品牌的范畴。从广义上讲，商标只是品牌的一部分，是品牌的标志和名称部分。然而，品牌不仅是一个便于区分的、利于消费者识别的名称或符号，更是一种综合特征，一种企业的无形资产，它需要赋予其形象、个性和生命力，如"NBA""意甲联赛"等。也就是说，商标只是一法律概念，而品牌则是一市场概念；商标掌握在企业手中，而品牌却在消费者心中，两者既有联系又有区别。

品牌是一个名字，但又是富含商品个性、品质、服务、形象与承诺的名字。品牌既是在消费者心目中企业品质的代表，又是给经营者得到丰富回报的信誉保证，同时还是一种无形资产，是企业发展的财富。品牌是现代企业营销的强音，成为企业发展壮大，增强市场竞争力的重要途径。国外著名营销学专家曾强调："在当今以消费者为主导的激烈的市场竞争中，消费者购买的是商品，但选择的则是品牌。"其原因在于：人们追求高质量的产品，是追求产品更高的使用价值，为产出高质量的产品，必然需要花费更多的社会必要劳动时间。好的产品一般都有着相对较高的价格，而劣质品即使价格再低也可能无人问津，体育产品更不例外。

从品牌的角度解释，除成本价值、质量价值、稀缺价值、渠道价值、服务价值和承诺价值等经济因素外，消费者还愿为知名品牌的情感价值、认同价值、联想价值、时尚价值、个性价值、亲和价值、文化价值、身份价值和魅力价值等非经济因素而实现购买行为。

品牌个性是品牌生存与发展的基础。一个品牌，必须赋予他独特的文化和内涵，才能具有一种独特的精神气质，使消费者在众多品牌中把他识别出来，进而从情感上认同他、钟爱他。广告大师大卫·奥格威曾这样谈论品牌：最终决定品牌市场地位的是品牌总体上的性格，而不是产品之间的差异。

第五章 中国体育产业发展的思路

现代经济生活中市场竞争的日趋激烈，使品牌成为在竞争中能否获胜的一个重要筹码。曾有人预言，在21世纪，决定国家经济地位的因素，除了科技实力以外，就是以品牌为代表的市场占领。品牌的竞争必然要求企业注重品牌策划，铸造品牌形象，以品牌经营为中心，增强自身的实力。因此，体育产品想要在市场上立足，就必须拥有自己的品牌，没有强有力的品牌就会缺乏竞争力。

品牌在体育市场上的作用主要体现在：①品牌是企业与消费者之间无形的契约。作为对消费者的一种质量保证，与无品牌的产品相比，消费者更多地信赖有品牌的产品（如NBA和CBA等）。②品牌是消费者选择商品的依据。消费者对某一品牌产生认同感之后，便会深信这一品牌的质量与性能（如奥运会对广大观众的吸引力等）。③品牌是规避简单价格竞争的手段之一。因品牌、特别是名牌具有特殊的附加值，消费者为购买其产品愿付出较多（如购买价格较高的"耐克""阿迪达斯"等产品），使企业不至于陷入降价竞争的怪圈。④品牌是企业使利润最大化的保证（如美国四大联盟的商业运作等）。同时，品牌有利于产品销售，树立企业形象。

品牌核心价值是品牌的精髓，是一个品牌区别与另外一个品牌最为显著的特征，是品牌一切资产的源泉。形成品牌的核心是：稳定的高质量与优质服务，超比例的市场占有率，鲜明的企业形象，较高的文化含量，高水平的技术和管理，以及由此而形成的高效益。形成品牌难，长期保持品牌优势则更难，不要认为品牌一旦形成便可一劳永逸，更不要相信"品牌没有死亡期"。曾被誉为"金牌球市"的成都体育中心观众的由热转凉，甚至售不出门票，就是一有力的证明。故此，走品牌—名牌—精品之路，方可持续发展。

当今在企业界中流传着这样一种说法："一流企业做品牌，二流企业做市场，三流企业做质量。"这并不否定产品质量，也不否定市场的作用。因为没有高的质量，品牌无法长久；没有市场运作，产品缺乏销售渠道，品牌无法推广。质量是基础，市场是根本，品牌是利润保障。美国著名广告专家莱特多曾说："拥有市场的唯一途径就是先拥有具有市场优势的品牌。"通过品牌效应可以增强企业的核心竞争力，而企业核心竞争力的增强，又会大大巩固品牌的影响力。

核心竞争力又称为核心能力或核心专长，它是企业独特拥有的、为消费者带来特殊效用、使企业在某一市场上长期具有竞争优势、获得稳定超额利润的内在能力资源。核心竞争力是企业主导产品的市场占有能力，它直接关系到企业品牌的市场地位，是产品价值的最终体现。企业要创品牌，要出名品，就必须增强其核心竞争力。对于企业品牌的扩张与扬名，各成功的名牌企业的具体策略不尽相同，没有一固定的模式。但围绕突出企业核心能力（专长）这一主旨，通过增强企业产品品牌的市场竞争优势，打造出本企业在市场中享有盛誉的品牌，达到超常发展的目的，在这一点上却是共同的。

构成企业核心竞争能力的因素主要包括研究开展能力、创新能力、应变能力、组织协调能力、企业影响能力及市场占有率等方面。核心竞争力的形成必须从人力资源、技术体系、管理体系、信息系统和企业文化的完善等方面着手。核心竞争力一旦形成，就具有独特性的特征，即难以替代、不易模仿，因为作为个性化发展的产物，核心竞争力是企业在长期经营活动中以独特方式沿着特定的技术轨道所逐步积累起来的运作模式、经营管理、员工素质、行为方式、价值观、能力和理念等因素的复合体。正是由于其与众不同，难以被对手完全掌握或模仿复制，才决定了具有核心竞争力的企业能在市场竞争中占有优势地位。从这一意义上讲，体育企业要养成核心竞争力，在生产体育产品的抉择和造就品牌时，就应当认真考虑分析其产品是否具有异质性、无可替代性和排他性。只有突出自己的个性与特色而不是盲目效仿，企业的品牌才会具有生命力。

形成核心竞争力能为企业创造出可持续性的竞争态势，在较长时期内保持超过同行业平均水平的投资回报；核心竞争力有助于对付竞争对手的挑战，增强全方位竞争的优势，使企业在竞争中保持长期主动性；企业抓住核心竞争力培养这一主线，可把有限的战略性资源更有效地配置到有利于本企业长期生存和发展的方向上；核心竞争力的培养还为企业如何争取市场竞争主动权和多元化经营提供新的视野和拓展新的思路。

铸造中国体育产品品牌，形成核心竞争力，就必须明确我国体育产业的比较优势所在，方可寻求突破。在中国的各项职业联赛中，乒乓球职业联赛的外援水平是最高的，和足球运动员都梦想加盟世界五大联赛一样，国外乒乓球选手也以加盟中国乒超联赛为荣。

体育产品品牌的形成与核心竞争力的建构，第一是要把资源集中于关键领域。在当前我国体育产品品牌开发不能求多，要做到"有所为有所不为"，把现有的资金与人力投入最具特色和吸引力的项目上，实施重点开发。第二，要注重无形资产的积累。当今能在市场上站稳脚跟的，多是其无形资产能保值并不断增值的企业，而无形资产与企业产品品牌紧密相连。注重产品质量和品牌形象，将其产品努力培育成为知名品牌，形成"认牌消费"的群体。第三，加强品牌维系。不能像国内的许多竞技运动项目俱乐部那样，朝令夕改其名称，而是日积月累、用心呵护，使品牌保持长盛不衰。第四，利用品牌创造竞争优势。认识品牌的经济价值，并将铸造体育产业精品的意识付诸行动。第五，质量是品牌的基础。产品质量直接影响品牌形象，高质量的品牌是企业取得经济效益的保证。因此，企业就必须要了解体育消费者现实和潜在的需求，分析他们的心理、行为与消费习惯，研究他们的兴趣、爱好以及消费需求的变化，据此不断完善其服务系统，向大众推出能获得更大身心满足的体育产品。

一个品牌最中心、最独一无二的要素通常表现在核心价值上。核心价值反映了品牌的精神，而且是与目标消费者取得共鸣的精神。核心价值是品牌的终极追求，是把肤浅品牌提升为强势品牌的关键，是影响品牌延伸的重要因素。是否拥有核心价值，是品牌经营能否成功的重要标志。如何打造核心价值，是中国体育产品品牌需要认真对待的重要课题。中国体育产品要从地区向国际，从一般品牌向一流品牌、从弱势品牌向强势品牌升级，打造具有鲜明个性的核心价值是迈向超级品牌的必然抉择。为此，定位、打造、宣传和维护是必不可少的工作。

总之，加大我国体育市场和体育产品的开发力度，加快推出具有特色的体育精品，以品牌为重点做大做强体育产业，铸造体育产品知名品牌，增强体育企业的核心竞争力，将资源优势转化为品牌优势，进而形成市场竞争优势，这对我国体育产业的可持续性发展有着重要的现实意义。

第六章　体育产业发展的心理学探究

随着社会的不断进步，体育产业受到越来越多的关注，体育教育发展迅速，体育心理学研究进一步深入。运动心理学是用心理学研究方法对物理教育和竞技体育、休闲健身等问题进行分析探索的心理活动的过程。心理学作为一门学科，具有双重应用心理学和运动科学的基本特点，主要有体育心理学、运动心理学和健身休闲心理学方面的内容。本章从体育产业的角度出发，探讨如何运用人们的心理因素进行体育营销，促进体育产业经济的发展、增长的问题。

第一节　体育受众的心理分析

一、体育受众的个性倾向性

（一）需要

需要是人们对其生存发展条件的自觉认识和能动追求。由于人们认识事物的局限性，不可避免地造成需要的分化和分层概括地说，有物质需要和精神需要之分。精神需要与物质需要不同，人类物质需要的对象是对象自身，而精神需要的对象是对象所张扬出的人的力量和人的特性，也就是说，精神需要的对象凝聚了人的本质力量，体现的是人对物质能动的认识和改造的关系。

（二）动机

动机是指激励人去活动的心理方面，是在需要刺激下直接推动人进行活动以达到一定目的的内部动力。因此，动机在人的一切心理活动中有着最为重要的功能，它是引起活动的直接机制。动机使人的活动具有选择性。人的行为与其动机相一致，行为总是在动机的指引下向一定目标前进而放弃其他方向。动机越强烈，人的行动目标也越明确。

体育受众的动机包括以下几点：第一，情感动机。受众通过媒介观看体育比赛过程中，情感得到释放，身心得到愉悦。娱乐需求是受众观看体育比赛最基本需求之一，因此，娱乐动机在受众情感动机中占有重要位置。此外，积极压力动机和自尊动机也属于情感动机。积极压力动机是指受众倾向于接受不断提升的精彩和刺激赛事场景带来的积极情绪影响，使其长时间对体育赛事保持兴趣；自尊动机主要是受众在观看本国或自己喜欢的运动队、运动员获得胜利后在内心深处会产生自豪感，使其自信心得到提升，自尊感增强。第二，认知动机。随着信息社会的发展，大众媒介是受众认知体育世界的主要渠道，受众对体育赛事和体育信息的感知、欣赏、判断乃至参与、都会受到媒介的影响。第三，行为与社会动机。这是人们观看体育赛事形成深度体育受众的重要组成部分，包括受众的情感释放、群体归属等动机。

（三）兴趣

兴趣是个体积极探索事物的认识倾向。兴趣具有广阔性、倾向性、持久性和效能等品质。可以分为直接兴趣和间接兴趣。

从心理学和生理学的观点分析，长时间的简单刺激容易产生超限制抑制，导致注意力下降或分散。要让受众对体育项目表现出兴趣，就要充分思考受众的身心发展特点，适当选择创编和受众年龄相适应的，具备较强趣味性、娱乐性的体育运动项目。例如，男生大多数都喜欢运动量大、对抗性强的项目，像篮球、足球等；女生则喜欢动作幅度小、姿势优美、节奏韵律感强的项目，像艺术体操、健美操等。此外，受众对体育的兴趣相对普遍，如对"NBA""足球联赛"等国际比赛都会产生极大的兴趣。

（四）理想

理想是对符合事物发展客观规律的奋斗目标的向往与追求。理想是对未来的设想，它与个人愿望相联系，是所向往的人或物的主观形象。理想与现实生活相联系。现实中的某些对象和现象符合个人的需要，与个人的世界观相一致，这些现实中的因素就会以个人的理想形式表现出来。但理想不是现实的直接反映，是对现实事物的重新加工，舍弃其中某些成分，又对某些因素给予强调而形成的主观形象。

从时代发展来看，现代社会对人的冲击主要指向人的心理层次。生存环境及生存问题日益尖锐、高技术的劳动市场和竞争的加剧、错综复杂的人际关系等，都增加了人的心理负担，使人处在焦虑和应急状态中，这就要求现代人必须具备良好的心理素质以适应社会发展的需要。体育产业发展中合理导入心理学，对受众进行心理素质教育和心理健康指导，可以培养受众健全的人格。

（五）信念

信念是指激励、支持人们行为的那些令人深信无疑的正确观点和准则，是被意识到的个性倾向。信念是由认识、情感和意志构成的融合体。具有信念的人对构成信念的知识具有广泛的概括性，其信念成为洞察事物的出发点，判断事物是非曲直的准则；具有信念的人对必须捍卫的信念表现出强烈的感情；信念也是行动的指南和行为的内在支柱，使人在环境中能坚持自己的观点。

随着全民健身计划上升为国家战略以及《中国足球改革发展总体方案》的出台，在未来实现"经常参加体育锻炼的人数达到5亿人"和"全国中小学校园足球特色学校2025年内达到5万所"这一宏伟蓝图的过程中，将会有无数人受益于"足球"，受益于"体育"。日常生活中，我们可以在平常的散步、简单的球类运动中舒缓生活的压力，抑制不良情绪的产生；可以在坚持不懈的长跑、骑行中去感受生活前进的力量；也可以在户外探险、越野中去探寻内心中未被发掘的"狂野"。总之，体育运动的形式丰富多样，但它传递给人们充满正能量、永不停息的精神和信念一脉相承。体育受众的信念在一定程度上可以理解为一种顽强拼搏、永不言弃和勇往直前的精神。

二、体育受众的心理特征分析

（一）体育受众的个性心理特征

1. 求新心理

新媒体时代，体育以丰富多样的形式传播信息。这与新媒体环境下体育受众呈现出的求新心理相关。所谓求新心理其实就是一个心理指向，主要指体育受众倾向于接收富有新意的体育信息。经社会考察得知，新媒体环境下的体育受众多为青少年。这类群体本身出于对新鲜事物极为好奇的年龄阶段，所以更加期待接收新鲜、有创意、能吸引眼球的体育信息。新媒体环境下，体育受众呈现出的求新心理，具体可以表现为两方面：第一，新媒体环境下的体育受众希望通过新媒体接收最新体育时讯；第二，从体育传播的内容上来看，新媒体环境下的体育受众更加期待体育新闻的内容能以全新的形式传送。同时，新闻报道的形式应摆脱传统的束缚，而以符合青少年特点的手法创新播报。综上来看，在新媒体环境下体育受众的需求就会得到有效满足，同时创新播报方法则可以有效吸引其注意力，保持其对体育信息的关注度。

2. 娱乐心理

体育受众不仅渴望了解最新体育动态，还希望在体育动态中得到"调味剂"。这与当前体育受众所处的环境相关，因为他们大多生活在有压力的环境之下，急需"调味剂"缓解压力，这就增强了体育受众娱乐心理的需求：如果体育动态消息以娱乐形式传送，那么他们在接收信息时就可以享受阅读信息带来的愉悦感，这对缓解压力有一定的效果。因此，体育传播者应善于发现体育时事中的趣味，努力在传播过程中呈现出信息的趣味性，以满足体育受众的心理需求。例如，体育标题新颖化，即从标题开始优化，可以瞬间吸引体育受众眼球；以故事化和人情化手法展现体育内容，并增添一些人情味因素。如此多样化的态势，无疑有利于将体育内容以更易于受众接受的方式进行传播，从而有效提高体育传播效果。需要注意的是，过度追求娱乐化会影响体育文化的传播，体育精神也得不到有效传播。

3. 求真心理

求真心理就是指受众对真实的可信报道的心理趋向。新媒体时代下体育信息繁多，因网络本身具有虚拟性的特点，容易出现信息失真的情况。因此，体育受众表现出求真心理增强的特征。体育受众想借助新媒体这个平台，尽可能多地得到可靠真实的体育消息，以让自身的思想得到启迪。此外，新媒体环境下的体育受众也喜欢阐述性的节目，如体育人物访谈、体育人间等。这些充分表明新媒体环境下体育受众倾向于接收真实性的体育文化和体育事件。

4. 选择心理

面对众多体育传媒信息，体育受众倾向于选择自己最为感兴趣的体育领域。这与体育受众细分化趋势是分不开的。如果体育受众把时间花在浏览众多体育信息上，则会出现审美疲劳，不能将内心深层次的体育兴趣激发。而通过选择、筛选和过滤体育信息，体育受众的体育兴趣将会逐渐增强。

5. 替代心理

体育受众在观看体育赛事转播或其他体育报道的时候，常常被足球运动员在绿茵场上娴熟的脚法所折服，如划破长空的世界波、精彩绝伦的凌空抽射；叹服于篮球运动员在篮球场上精准的三分、闪电般的突破上篮、惊心动魄的空中滑翔扣篮；臣服于网球运动员在球场上一记记漂亮的ACE球。看到运动员在场上精彩的表演，自己不由得进入角色，希望自己也能成为他们那样的人，渴望一种"自我实现"。

6. 认知心理

体育受众群体对信息的认知心理具有主动性，受众认知的主动性是指有选择地理解、解释和记忆信息。受众通过选择性接触体育信息，对信息形成表征，从而内化为自己的知识，用于与人交谈或决策。

现代社会是一个离不开沟通的社会，共同的话题和共同的关注点是沟通所需要的。与此同时，还有一些体育受众是出于对决策的需要而关注体育报道或专题节目。

7. 学习心理

社会学习理论认为："所有人的行为都是通过社会环境的影响，通过示范来形成、提高和变化的。"现代社会大众媒体是不可拒绝的信息源。

媒体直播比赛通常是比较高水平的联赛，体育学习心理为观众提供了一个广泛的心理支撑。通过模仿和学习的专题节目为自主学习提供了资源。体育观众可以通过模仿学习一些球员或通过仲裁员学习一些专业的游戏规则。除了积极强化学习，体育观众还要关注一些负面报道，保持警惕。

8. 情结心理

今日的体育早已不再只是一种简单的活动，体育观众在观看体育节目时充满了民族热情、国家荣誉。体育是一个心理情结，由一些被压抑的想法所形成一种复杂的心理现象。

除了负面情结外，对于一些国际赛事，体育受众还有一种"出气情结"。比如，中国足球队逢韩必败，在这样的战绩背景下，受众的愿望是打败韩国队，扬眉吐气。每每有中国对韩国的比赛，球迷强烈的愿望就是战胜对方，并时时关注比赛。对于国内比赛，体育受众主要体现为一种"乡土情结"。在现场观看比赛或收看电视转播时观众往往对自己省份的球队摇旗呐喊，每进一个球都拍手称快，而对对手常常是冷言冷语、嘘声一片，常常是场边吹哨、大喊等干扰他们发挥。这是缘于受众对自己球队的地理接近和心理认同，媒体在体育报道中要正确地利用和引导这种"乡土情结"，避免其极端化发展。

（二）体育受众心理引导策略

1. 培养体育传播环境，树立正确的体育价值观

在体育运动中所产生的娱乐性是人们在体育消费时产生的额外属性，这不是体育的本质。只重视体育传播的娱乐性，就失去了运动的本质。我们必须培养良好的体育环境，树立正确的体育

价值观。

2. 回归受众主体性，充分满足需求心理

马斯洛明确指出人类有五大需求，最高层级的需求是自我实现的需求。体育受众也有自我实现需求，虽然难以达到这种需求，但是可以借助平台，关注自己喜爱的体育运动或者体育明星，把他人当成自身的替代，完成自我需求。此外，新媒体环境下体育受众表现出的新的心理特征，也应尽量满足。例如，针对新媒体环境下体育受众主体意识增强的心理，其引导策略如下：体育受众在各大网站具有评论、互动自主权的同时，加强建立与之相对应的互动反馈机制，形成积极向上的氛围。此举也有利于舆论引导水平的有效提高。针对求新、求趣心理，可以用氛围感染受众，也可以用事实让受众折服。由于体育报道本身具有很强的竞争性、趣味性、冲突性等，因而在对其进行引导时，情感和理智这两种手段应同时运用。对于选择心理，其舆论引导要有多样性选择。传播学理论认为：受众并不是不加以区别地对待任何传播内容，而是更倾向于"选择"那些与自己的既有立场、态度一致或接近的内容加以接触。对此，可以从传播途径、传播内容、传播方式上进行变革，尽量满足受众的选择性心理，以维持其对体育的关注度。

体育观众的要求—需求—兴趣—关注—要求，是市场需求的反馈循环。如果体育观众得到反馈，就能满足新的关系形成。只有不断满足观众的需求才是发展的本质。

3. 建立"名人堂"资料库，激发体育受众模仿学习的动机

体育观众的心理需求是以某些运动员作为载体，因为大多数观众都寻求完美的心理。通常某些领域的项目会选择比较知名的明星，体育明星效果是显示给观众一个明星运动员的力量。能更好吸引观众的体育专业媒体，在报道的过程中重点突出、有选择性。

4. 设立"分众节目"，满足体育受众的不同心理需求

在体育运动中，很多观众是在信息收集处理的基础上决定不同需求的。根据不同受众，建立"重点项目"是一个很好的策略，能够满足不同受众的不同心理需求。

5. 建立"情结冲突"对象库，关注体育受众的体育情怀

体育观众有很强的"情结心理"，通常情况下是复杂的，一场势均力敌的足球往往重视报道各方面差距而引起轰动。媒体应该针对观众的"情结冲突对象库"，如运动员、球队实力接近，在报道中有选择性地报道转播。

总之，随着信息技术的发展和新媒体的受众呈现出的心理特征，需要有一个连续的分析，以一个合理的策略有效地引导，真正促进当代体育产业和体育受众长期发展。

第二节　体育产业中的营销心理

一、体育产业营销活动中的感觉与知觉

在体育产业营销活动中，体育经营者总是希望自己所制定的产品、广告、包装等能收到良好

的效果。为了达到这一目的，经营者必须使自己的营销策略中包含的信息为消费者所感知。心理学研究结果表明，人脑对客观世界的认识过程是从感觉和知觉开始的，这是人的心理活动的基础，也是营销心理学的基础。所以，对于体育产业经营者来说，应了解人类感觉和知觉的基本知识，并正确应用这些知识确立营销策略，以便使消费者能够有效地感知既定的目标。

（一）感觉

1. 感觉的概念

感觉是指人脑对直接作用于感觉器官的外界事物的个别属性的反映。不同的感觉器官产生的主观印象不同。感觉是人类对事物的一种最简单的和较低级的认识水平。通过感觉只能知道事物个别属性，而不是全部属性。

2. 感觉是对客观事物的主观反映

感觉分为主观和客观，一种是从内容上，一种是从形式上。因为人对客观事物的反应，必须依赖人的大脑、神经和各种感觉器官的正常机能，并受到人的机体状态的明显影响。客体对主体的刺激只有在一定的适宜刺激强度和范围内，才能使主体感觉到，这里就涉及感觉阈限的问题。

3. 感觉是一切复杂心理活动的基础

感觉是最简单的形式，但感觉又是认识客观世界的复杂的心理活动。

在一系列的购买活动中，顾客通过感觉器官可以接受商品的各种不同信息，在大脑中产生对商品个别、表面、特征的反映，形成初步的印象。例如，顾客通过视觉观察体育产品的形状、色彩，获得初步印象再进行综合分析，确定是否购买。任何促销手段都是设法让顾客产生良好的感觉，从而达到预期的目的。由于感觉是主体认识的最初来源，有了感觉才可能有知觉、思维等一系列复杂的心理过程。因此，感觉是人类认识客观事物本来面目的必由之路。

4. 感觉与营销中的产品策略

无论是制造商或经销商，都非常关注自己的产品设计，都希望通过一项战略，产生使客户满意的产品。在市场营销组合观念中，4P分别指产品（Product）、价格（Price）、地点（Place）、促销（Promotion）。例如，在体育商品的包装上突出个性特点，在众多同类型体育商品中令自家企业的商品脱颖而出。同时，原有的商标在消费者心目中的感觉还要保持不变，保证品牌宣传的连续性和一致性。

（二）知觉

1. 知觉的概念

知觉是大脑对事物的直接的感官特性的各个组成部分和整体的感觉，也是一个为顾客提供基于产品一般特征的反映。人们依靠感觉和知觉了解周围的世界，从感觉到知觉是两个不同性质的阶段。处于市场中的购买者都会受到来自外界环境的各种刺激，如一台跑步机的组成有很多，包括商标、规格、颜色、包装、体积、价格、功能功效、使用寿命等。这些要素的刺激，以多种形式作用于人的眼、耳等感官，使购买者产生了视、听等感觉。但是，这些原始的个别感觉属性的信息必须经过大脑的加工才能形成知觉。知觉过程的最终产物是产生某种反应。例如，看完某种体育商品的广告，记住了某种信息或改变了对体育商品的态度，由此可能会引起对这种体育商品的购买动机或发生购买行为。

2. 知觉是一种能动的反映过程

大众不能对所有的事都清楚地识别和应对，但总是积极和有选择性地将少数事物作为知觉的对象。例如，一位顾客带着一定的购买目的到商店去选择某种商品，这种商品就是他要知觉的对象，只有这种商品才被他的知觉感觉得最清楚，而其他商品则被比较模糊的知觉变成背景。大众在区别对待背景和对象时的感觉是不同的，对象似乎在背景的前面，轮廓分明、结构完整；背景只是在对象的后面起衬托作用。当然，对象和背景的关系不是一成不变的，如果顾客的知觉目的发生变化，知觉对象与背景也是会相互转换的。例如，当销售员为顾客讲解某种体育商品时，这种商品就是顾客知觉的对象，而周围的其他商品则成为背景。如果此时顾客的同伴看中了旁边的一种别的体育商品而把其注意力引到那种体育商品上去，那么，顾客知觉的对象就转移到了另一种体育商品上，而原来推销员为你讲解的那种体育商品就变成了背景。通常具有以下特征的对象，容易引起人们的知觉。

（1）对象和背景的差别程度

一般来讲，对象和背景的差异性越大，对象在背景中越为突出。在一些特殊情况下，形状、颜色和亮度的对比度增加时，对象更为醒目。

（2）具有较强特性的对象

例如，能够发出声音或会翻筋斗的儿童体育玩具，由于对人有较强的刺激，因而容易引起儿童的知觉。

（3）反复出现的对象

同一个对象，如果重复多次就容易留下深刻的印象。人们谈论某种体育商品，由于信息反复出现，多次作用，会使人们产生较深刻的知觉印象。

（4）对象的组合

对象各部分的组合也影响着对对象各部分的辨认。组合包括两种，即接近组合和相似组合。接近组合是指两个或两个以上对象如果彼此间比较接近，容易被看成一个整体。无论是空间的接近还是时间的接近，都奔向于组成一个对象。

总之，在消费活动中，人们总是抱有一定的目的和按照某种需要，主动地、有意识地选择部分商品作为知觉对象，或是无意识地被某种商品所吸引。

3. 知觉是各种心理活动的基础

知觉是有目的的实践活动。客户对体育产品的感知和把握，可以进一步形成主观态度、动机和相应的购买决策。因此，知觉是各种心理活动的基础，是有目的的实践活动。

4.知觉以感觉为基础

知觉是有意识的,并不是把不同的思想和认识简单相加。

例如,当我们感觉一台跑步机时,根据感觉到的个别属性或主要特征,再凭借过去购买和使用跑步机的经验,即可推断出眼前这台跑步机的其他属性和特征,把感觉到的许多个别因素综合为一个整体形象,由此整体地知觉它。

对事物知觉的整体性依赖于客体的特点。当客体在空间、时间上接近时,客体的颜色、强度、大小和形状等物理属性相似时,客体具有连续、闭合和共同运动方向等特点或有较大组合的趋势时,就容易被人们知觉为一个整体。例如,顾客到某个体育商店购物,如果这个体育商店环境整洁、优美,商品摆放独特有序,营业人员彬彬有礼,尽管这位顾客对这个体育商店的其他方面了解甚少,也会形成对这个体育商店良好的印象。

5.知觉在市场营销中的应用

一方面,以感知理解整个体育产品的营销和广告的完整度。如果某种商品的个别属性理论作用于人的感官为人们可以根据以往的经验,这是作为一个整体的感知。另一方面,利用知觉的选择性引导顾客选择自己所需要的体育商品。知觉的选择性特征可以运用到商业设计中,如在商业设计时将体育商品加以特殊的包装,给予一定的背景来加强顾客对商品的注意力。

(三)有关知觉理论在营销活动中的应用

1.自我意象、产品意象与产品定位

"意象"一词用以表示相对持久的知觉。每个人都有对自我的认知,通常分为"真正的自己"和"理想自我"两类。前者是具体存在的实体本身;后者则是自己想达到的自我。在体育消费者的购物过程中,买家会选择符合自己形象的体育产品。通过购买和消费某种体育商品而最终达到实现理想自我的目的。

2.降低购物者对风险的知觉

在日常生活中,购物者经常会遇到自己不熟悉的体育产品,可是又不得不对它做出购买的抉择,这种购买的抉择实际上就包含着一定的风险。所谓风险就是对后果无法做出确定预测的任何行为。顾客在购买自己不熟悉的体育产品时所面临的风险大致分为以下几个类型。

资金风险:是指花这么多钱购买这种体育产品是否值得。

功能风险:是指体育产品是否能达到预期的效果。

社会风险:是指购买和使用这种体育商品是否被人笑话。

心理风险:消费者面临着"我的购买决定合适吗""使用该体育产品能满足需要吗"等不确定性问题。

身体风险:是指使用该体育产品会不会给自己的身体带来损害。

当然,为了避免造成损失,购物者在做出购物决策时,总是试图采取某些方法。例如,大量搜寻体育产品的相关信息,多听取同事及亲友的参考意见,建立起对某一商标的信赖,这些都可作为提高可信度和减少风险的依据。

3. 产品外在因素对质量辨认的影响

购物者对体育产品内部特性的知觉有助于对体育产品质量的评价。但是，在许多情况下，认知的手段并不能鉴别商品特征和内在品质，可以通过一定的外界因素的影响来辨认体育产品的质量。

不少知觉线索是来自体育产品本身之外的，如体育产品的外形、价格、包装，出售该产品商店的信誉或对生产厂家的印象等，都可能成为人们判别体育产品质量好坏的标准。在日常生活中，价格作为产品质量的指标是有条件的。这就是在产品本身之间的差异甚小，购买者在判断它们质量时不易把握或者购买所面临的风险比较大的情况下，价格线索可能有效。这种情形在购买彼此差别不大的类似产品或是新问世的、不熟悉的产品时可能会遇到。

二、体育产业营销活动中的注意

注意在体育产业营销活动中非常重要。许多新产品刚刚上市，首先必须引起中间商和消费者的注意，才有可能引起他们的兴趣，有了兴趣才能进一步产生需求和购买欲望。

（一）注意

1. 注意的概念

注意是对一定事物的心理活动，是一个积极的心理状态，这是一个普遍的现象。注意有指向性和集中性两个基本特征。注意的指向性特征是指人们对客观事物的认识活动是有选择性的，即人们每一个瞬间的心理活动是不同的。注意的集中性特征是指人们把心理活动关注于某一事物，而离开一切与注意对象无关的其他事物，并且抑制局部干扰，集中其全部精力去注意对象的特性。

2. 注意的功能

（1）选择功能

选择功能是指人们选择那些对自己行为有意义的、符合活动需要的外界刺激，而避开和抑制那些与当前活动不一致、与注意对象无关的各种刺激。例如，喜欢打羽毛球的顾客，就会在众多体育用品中去关注和选择与羽毛球运动有关的商品，而无视其他类型的体育用品。

（2）保持功能

保持功能是指注意对象的印象或内容会在人的主体意识中保持、延续直至达到目的为止。例如，顾客到商店要购买一双球鞋，他就会把注意力保持在观察和选购球鞋的活动中。

（3）监督和调节功能

监督和调节功能是指在某一时间内人们的注意力对活动有监督和调节作用，在认真从事某些工作的过程中，如果发现其注意力分配到其他事物上时，就会及时地进行调节。有人做事马虎、大意，或者总是走神和出错，实际上就是心理监督和调节机能不够完善的彰显。

3. 注意的分类

（1）无意注意

无意注意是指人们没有事先预定好目的地，不需要做意志努力，不由自主地指向某一对象所引起的注意。例如，顾客到书店买健身书籍时，他在寻找要买的一本书时，无意中被封面设计独特新奇的另一本书所吸引，从而引起对这本书的注意，这种注意就属于无意注意。

引起人们无意注意的原因，一方面是新奇的刺激物本身的特点所造成的，如设计独特新奇的画面、色彩鲜明、有动感的体育广告等，都容易引起无意注意；另一方面是与人们的生活、学习、工作直接相关的，能引起人们兴趣的事物容易成为无意注意的对象。

（2）有意注意

有意注意是指人们知觉预定的目的地，如果需要的话，还需要一定的努力。例如，消费者在嘈杂的体育商店里专心选择欲购买的商品。由于这种注意有一定的意志努力，所以即使目标很小，也能被你的视觉所捕捉。

（二）有关注意理论在体育产业营销活动中的应用

1. 发挥注意心理功能，引发购物需求

发挥注意的心理功能，以无意注意转为有意注意。客观刺激物鲜明、新奇、强烈的特点可引起购物者对它的有意注意，所以我们会看到越来越多的体育运动商品具有绚丽多彩的颜色、新颖的外形和多样化的功能。

2. 在体育场馆中开设多种体育服务项目，吸引体育消费者注意力

一方面，体育场可以建设高素质、高水平的体育运动项目，吸引消费者的注意力。同时加以宣传吸引球迷的注意，举办或承办高水平的体育赛事，以吸引观众，提高未来体育馆的知名度，为体育场的基础管理、规划采用更为科学的经验。另一方面，吸引投资者的注意，投资者的注意力可以赢得投资者的需要。在大型体育企业花费巨资做广告，以引起注意。不仅受到企业和社会的欢迎，获得无形资产，还可以起到广告宣传的效果，增加企业效益。

3. 在体育广告中发挥吸引购物者注意的功能

体育广告宣传要被购物者接受，必然要与他们的心理状态发生联系。一个好的设计理念，加上完美的广告方案，如果没有吸引消费者的眼球或是没有被重视，那所有的努力（包括广告的广告投入）就失去了意义。所以，成功的第一步是体育广告，通过广告吸引消费者的注意力，充分发挥吸引购物者注意的功能。

三、体育产业营销活动中的记忆和思维

记忆和思维是在感觉和知觉的基础上，形成的人的心理活动的高级阶段记忆，是心理活动高级阶段的基本条件。

（一）记忆

1. 记忆的概念

所谓记忆，是指人脑对过去经历的事情在大脑中的反映，是一切心理活动的基本条件。从营销心理学的角度来研究，记忆是顾客对过去经历过、感知过、思维过、体验过的事物的反映。消费者在每一次购买活动中，不仅需要新信息、新知识，还需要参考以往的情感体验对商品进行评价和判断，以帮助消费者做出正确的购物选择。例如，顾客曾在某一体育用品商店被一位热情的营业员接待过，并留下深刻的印象，进而对这个商店也产生好印象，以后还乐意到该商店去购物。

2. 记忆的分类

（1）根据记忆的内容划分

可分为形象记忆、逻辑记忆、情感记忆和运动记忆。一是形象记忆就是把感知过的事物的形象作为内容的记忆。例如，对体育商品形状体、大小、颜色的记忆等。二是逻辑记忆就是对事物各部分之间的相互联系及规律等逻辑思维过程作为内容的记忆。例如，对某种体育商品广告宣传方面的记忆。三是情感记忆就是把体验过的情绪和情感作为内容的记忆。例如，消费者对以前购物时受到营业员热情接待的喜悦心情的记忆。四是运动记忆就是把过去的活动过程和在购物的一些运动作为记忆内容保存下来。

（2）根据记忆保持的时间划分

可分为瞬间记忆、短时记忆、长时记忆。一是瞬时记忆也叫感觉记忆。在感觉后立刻产生，其特点是持续时间很短（0.25～2秒）、容量小，瞬息即逝（记忆的印象会很快弱化、衰减和遗忘）。二是短时记忆是指一分钟以内的记忆。三是长时记忆是指一分钟或者很多年的或者终身的记忆保持下来。与短时记忆相比，长时记忆的储存量比较大。其实，对短时记忆进行多次重复，短时记忆就会成为长时记忆。

营销心理学研究表明，如果记忆的材料以某种方式和购买者的目的相联系或能唤起其联系与想象，那么，遗忘就会缓慢，甚至长时间不会遗忘。因此，有效的体育商品的营销策略应有助于购物者发现对记忆有意义的模式，以便让消费者记住或容易回忆起营销者在体育广告中的宣传或者所推销的商品。

（二）遗忘

遗忘是指由于不及时重复或者由于其他学习任务的干扰而导致记忆中保持材料的丧失。或者说记忆的内容不能保持和再认或者提取时有困难，就是遗忘。

随着时间的推移，遗忘速率会逐渐减慢，通过试验发现，在特定的电视广告最初一次播放之后，如果不继续重复播放，只相隔几天，观看者记住它的百分数就下降一半以上。这说明抵制遗忘发展是多么重要。这条曲线很清楚地说明，已学会的信息绝不意味着都能牢固地保持下去。

在体育产业营销活动中，消费者虽然会看到许许多多的体育商品，听到形形色色的体育商品信息，但实际上，多数信息很快就会被遗忘，只有那些能够引起消费者特别注意的少数体育商品信息，才能保持在消费者的记忆中。强化消费者对体育商品信息记忆保持效果的最好办法，就是经营者通过反复的体育广告宣传多次重复产品信息，从而在消费者的潜意识中留下该商品的记忆。

（三）思维

1. 思维的概念

思维是人对客观现实的高级反映形式。间接反映出众所周知的客观事物的本质特征和规律性的联系。大脑对外界事物的信息进行复杂加工的过程就是思维的运作。在购买活动中，顾客要对所收集到的各种有关购买体育商品的信息进行分析、比较、综合、归纳和提炼，经过这个过程顾客才会做出是否购买某种体育商品的决策。顾客的这种对事物的一般属性及其内在联系在头脑中间接的、概括的反映就是思维，其反映的过程，就是思维过程。

2. 思维的特性

思维是心理发展的最高阶段，是大脑对客观事物之间内在联系的了解认知，作为一种形式反映，其主要特点是间接性和概括性。间接性的事物反映不是简单地重复所感知的材料，而是对感知材料的加工，通过抽象概括找出其内在联系的本质，从而间接地理解和把握那些没有感知过的或根本不可能直接感知的物体。思维的概括性表现在它把同种类的事物的公共属性提取在一起，变成间接性的认知。

3. 思维在顾客购买过程中的作用

顾客通过意识、感觉、知觉、记忆等为思维提供大量的素材，使心理活动上升到思维这样一个高级阶段。例如，顾客在逛体育商店的过程中，看到某体育商品外形美观大方、质量上乘、价格便宜等，这些反映可能是通过感知、记忆、联想而获得的，经过分析、综合、比较、抽象、概括等基本过程，为最后的消费行为和具体的方法提供了可能性。但是，每个顾客的思维活动都是有一定差异的。例如，有的客户有较强的独立思考能力，根据实际需求平衡优点和缺点，做出一个独立的购买决策。相反，有些客户缺乏独立思考能力，优柔寡断，易受外部因素影响，有种从众心理。人对客观事物、客观现实的认识，都是依照由低到高的认识规律，由简单到复杂、由低级到高级发展的。顾客对商品的认识活动，一般也是遵循这样的规律，体育商品的营销者应该能够敏锐地观察到不同顾客独特的思维过程，有的放矢地进行服务与引导，以期得到最佳的营销结果。

4. 思维对体育企业营销的影响

第一，思维的灵活性，是对体育营销的最后保障。柔性思维是原始思维方式、方案的假设，根据客观情况的变化结合自身的经验灵活地解决出现的问题，在能力上的表现就有变通性。

第二，快速地思考可以创造商业机会，转变思维是快速和灵活地在较短的时间内发现问题和解决问题的手段之一。在当前市场经济的激烈竞争中，谁具有敏捷的思维，善于分析和研究市场变化，并根据市场变化而随机应变，谁就能随时抓住难得的商机而快速发展，并产生较大的能量和社会财富。

第三，创造性的思维是企业革新变化的保障和制胜秘诀。创造性思维是指超越平常的思考和活动能力，能创造出新的观念、新的事物、新的产品能力。独特性和新颖性是创造性思维两个突出的特征。

四、体育产业营销活动中的学习

在体育市场交易活动中，有很多因素（如商品质量、价格及广告宣传等）都在不断地发生着变化。为了适应变化着的环境，中间商或消费者只有加强自身学习并不断地获取新的信息，才能做出有效的反应。通过学习能够形成对产品、商标的态度及其购买某种产品的倾向性和光顾某些商店的习惯等。总之，消费者对某种体育商品的购买或使用行为，不是与生俱来的本能，而是通过学习才掌握的。了解消费者是如何学习的以及如何应用所学习到的信息，对体育企业运用有效的市场策略，扩大其经营具有十分积极的意义。

（一）学习

1. 学习的定义及其要素

学习是由人们所产生的一种持久的行为变化过程的某种体验而来的。体验包括人们直接的实践活动和间接的观察、阅读及倾听。学习活动包括若干基本的成分或因素，即动机、体验、强化和重复，下面简要地解释这几个因素。

（1）动机

动机是人们从事一切活动的动力，包括学习在内，购物者在学习购买和使用产品的过程中，动力是重要的因素，但是，当购物者成功地获得预期的目标之后，学习动力就会减弱。成功是对学习活动的一种激励和奖赏，由此会激励购物者在类似的情景中做出同样有效的反应。

在体育产业营销活动中，经营者们都期望自己的产品能为广大中间商和消费者所喜爱。这种期望实际上就是要让中间商或消费者学会认识本企业的产品，并习得强烈的倾向性（动机）去推销和购买它。

（2）体验

由学习的定义可知，体验是持久行为变化的感知经验，并且必须达到足够的强度。在现实生活中，经销商、消费者对一些老品牌（耐克、阿迪达斯等运动产品）的学习会更好，因为对该品牌的产品具有深入的体验。相反，有些一次性的广播广告不容易引起学习效果，部分原因可能是给中间商或消费者的体验不够强烈。

（3）强化

在学习过程中，正强化与负强化是非常重要的因素。正强化的激励作用通过奖励完成。例如，一位消费者按照电视广告中介绍的体育商品特征到商店购买了此商品，通过使用发现该产品的特点与广告中介绍的完全相同，因而消费者感到很满意，这就是正强化。由此学习过程而获得的知识在后来的购物中仍然得到应用（重复购买）。负强化是通过惩罚学会回避某些东西或终止某些行为。例如，出现与上述例子相反的情况而使消费者感到不满意即为负强化，这一教训会使他学会谨慎小心（不再去购买那种体育商品），预防类似事件再次发生。

（4）重复

学习后人们行为发生的变化说明在记忆中存在着效果保持现象。这种效果尽管可能会长期地保留并影响着人们的行为，但是，一般而言，如果缺乏重复或重复不够是无法获得学习效果的。一般动机和体验越强烈，学习所需的重复数就越少。然而，重复的效果是有一定限度的，超过这个限度会让消费者乏味和厌倦。因此，企业在做体育广告时，一定要确保广告播放的频率和数量。

2. 学习的特点

（1）泛化

如果学习者对某个刺激会做出特定的反应，那么，当遇到同样的刺激时还会做出同样的反应，而遇到类似的刺激时会引起类似的反应，这种现象称为泛化（从原有刺激泛延到类似刺激）。

由于学习活动中会有泛化现象，一方面购物者不必对每一刺激都去学习做独特的反应；另一方面，也使某些体育商品经营者往往采用不正当的手段，在包装、商标、品牌等方面使产品类似于老字号的名牌产品，并指望消费者能将对名牌产品的好感泛延到自己的产品上去。

（2）分化

对刺激的泛化是指学习者对不同的刺激做出相同的反应，而对刺激的分化则是学习者对不同的刺激做出不同的反应。

在体育市场交易中，同类体育产品可能只有某些特征不同，购物者必须对此加以辨别。体育商品生产者或经营者常常需要考虑如何让购物者将自己的产品从众多同类产品中突出出来，既提高知名度，又防止其他产品与自己的优质品、名牌产品相混淆。

（3）学习率

除了完成最简单的任务，通常遵循一个共同的规则。

人们看营销广告后对产品信息的学习率也符合上述学习曲线。所以，一则体育广告要想在消费者心中建立起对商品的牢固印象，必须使体育广告播放达到一定的频率和次数。

（4）记忆

中间商或消费者可以通过在营销活动中的学习，即对一个个对象的注视，不断获取一些新的资讯，并使之存储在大脑中。闭上眼睛以后还会"看到"被注视对象映像的存在，这就是学习当中的"记忆"。

（5）遗忘

记忆要是不及时刺激重复，加上时间的遗忘和其他的事物干扰，就会致使保存的记忆材料丧失，就是学习的"遗忘"。

（二）有关学习理论在体育产业营销活动中的应用

1. 泛化与市场营销

由于购买者在学习中泛化现象的存在，商品生产厂家可使用"家族商标"的手段，让自己的商品在购买者心里产生认同感，如"李宁"系列运动产品等。特别值得注意的是，如果家族中某一产品质量低劣，可能会导致整个家族商标身败名裂。

2. 分化与市场营销

由于分化现象的存在，商品的营销者加强产品的特色、突出产品的名字和形状，加上颜色的变化以及经营者的包装设计和广告宣传等，都指向并围绕分化目标进行。可利用强大的广告宣传攻势和一切可能影响购买者的手段去提高产品的知名度，使自己的产品从同类产品中脱颖而出。例如，以某种产品名称来命名某一个社会上较有影响的大型活动、体育竞赛或命名运动队等，"上海申花""广州恒大""北京国安"等这些足球队的命名就是运用了这一理论。

3. 重复与市场营销

在中间商或消费者进行某种体育商品知识学习后，体育商品经营者应该创造并提供各种条件使他们对所学到的知识能够及时或多次地得到重复，增加刺激的次数可延时保持和减少遗忘，使得到的知识作为信息、存储于他们的记忆中，并转为长时记忆。

体育市场营销中的广告宣传需要多次重复。尽管初次广告也能给中间商或消费者提供许多信息，但毕竟不充分。要使他们达到应有的记忆量，必须有足够的重复次数。虽然消费者对同一体育广告反复视听多次后会感到很乏味，但体育广告的重复仍然是很必要的。否则，消费者对已经记忆的内容将很快遗忘。科学实验表明，重复可以增加中间商或消费者对产品的喜好和购买的意向。最好的方法是既重复广告的基本内容，又周期性地变化广告的形式，以保持中间商或消费者的兴趣。

4. 引导并鼓励中间商或消费者记忆后形成重复性购买

重复性购买也称为习惯性购买，是购买者在某种信念支配下，对某一体育商品或商店产生特殊信任和偏好并形成经常性消费行为。买方不仅是老客户，也是忠实的支持者，在社会有一定的示范和宣传作用，从而带动更多的消费者前来购买。

五、体育产业营销活动中的态度

中间商或消费者在熟悉、了解各种各样的体育产品信息的同时也会形成一定的态度。他们的态度直接地影响着是否发生或者发生什么样的购买行为。如果能够了解他们对体育商品的态度，商品经营者就有可能通过各种努力去强化购买者原有的积极态度，或者去改变他们原有的消极的甚至是反对的态度，从而促进购买行为的发生。

（一）态度

1. 态度的概念

态度是以一个特定的方式、人、事物或想法进行长期的评估以及情感和行为倾向。例如，中间商或消费者可能对甲产品持有积极态度，可是，由于同类乙产品在质量不低于甲的前提下价格明显低于甲，他们也可能转向购买乙产品。另外，体育产品的营销人员的态度对业务活动的影响也很大。认真地向消费者打招呼、认真地介绍商品、中肯地给予意见，会给消费者带来好感，亲切和友好的态度会融洽。恶劣的服务态度让消费者反感，破坏了市场人员和企业的形象，从而失去了体育企业在市场的机会。

2. 态度的结构

态度的结构主要包括：第一，态度的认知因素。认知因素表现为观察者对态度对象进行观察、探究，了解它的各方面特性。第二，态度的情感因素。情感的强度实质上决定了态度的强度，还可通过言语来表达感情。第三，态度的行为倾向性。行为倾向性因素实质上是购买的意向。购买意向是实际购买的前提，二者关系很密切。有了购买的倾向性才有可能转化为实际购买行为，所以常常可以通过对顾客外观行动和言语表达的观察来推断其购买的倾向性。

（二）态度的形成与改变

因为态度先于行为，又会导致行为，所以体育商品经营者们才会想方设法采用各种市场策略，诸如广告、商标、包装等，去影响购物者对产品的态度。影响顾客态度的情况有以下两种。一种情况是人们过去对该产品不熟悉，所以也就没有相关的知识和态度，这时体育商品经营者的任务是帮助顾客形成对该产品良好的态度。这就是态度的形成；另一种情况是人们对该体育商品已有某种不好的态度而不想购买，这就需要经营者促使顾客去改变原来不好的态度而形成良好的新态度，促使其购买。这就是态度的改变。

1. 态度的形成

（1）简单重复

研究表明，即便呈现给购买者的对象没有任何特殊价值，但是只要重复便可能使他们形成积极的态度。在现实生活中，人们发现熟悉的事物容易令人接受，而且往往比生疏的事物评价要高，即熟悉强化态度。所以，为了发展购买者对特定商标产品的积极态度，许多体育商品经营者不惜重金，每天在黄金时间段多次重复其广告。

（2）在观察中学习

购买者可以通过观察其他人的行为习得一种新的态度。具体来说，通过观察父母、朋友、街坊或者通过看广告中的人物来形成和发展态度。这种态度的习得方式实质上是建立在模仿、暗示和顺从的基础上的。体育广告策略制定者的目的就是要在广告上创造一种情境，让购买者的态度能够受到体育广告中人物的影响，从而不自觉地去模仿，以至达到"自我卷入"。

（3）信息加工方式

信息加工方式是把认知学习时的结果作为态度的形成。众多的商品在购买者面前需要进行比较和选择，即通过对有关商品信息掌握量的多少及可信度的判断，对它们产生不同的态度。一般来说，购买者对特定产品信息掌握得越多、可信度越大，就越可能对它产生强烈而积极的态度。

2. 态度的改变

人们对某一事物总会有一定的态度，如肯定或否定、积极或消极、好或坏等。但是，人们对某个事物的态度又可能会发生改变。态度的变化，指的是肯定性的否定、肯定性的变化（性质上的变化），同时包含两者之间的变化（量的变化）。实际生活中，人们对事物的态度在一定条件下是可以发生改变的。

在体育产业营销活动中，经营者的目的之一就是通过有效的营销策略，引导和促使购买者对自己的产品或劳务产生积极的态度，或使他们的态度由消极变成积极，由一般积极变为特别积极。要达到这一目标需要掌握以下几种相关的理论。

（1）协调理论

人们对现实的人和事物总是有着不同的态度。如果将不同态度的对象（如人与物）相结合，那么协调理论得出态度都是变化着的结论，即会发生一种综合的效果。假如一位你喜欢的体育明星穿着一件你讨厌的服装出场，这种情境会引起一种综合效果：你对原来这位体育明星的喜欢程度将会下降，而对你原来讨厌的那套服装将会变得不那么讨厌。从协调理论出发，一些经营人员常常利用名人的声誉去推销商品或劳务，通过大家对名人的积极态度进而转变成对某种商品或劳务的积极态度，起到"爱屋及乌"的效果。

（2）平衡理论

平衡理论认为人们会在三角关系中感知自己和外界的环境。这个三角关系由三个要素构成。这三种是肯定的三角关系，意味着平衡。也就是说，平衡理论认为仅仅靠三角关系保持平衡的状态，对购买者有比较稳定的态度。

总之，平衡理论认为，靠三角关系保持平衡的状态，对购买者会形成比较稳定的态度。在市场营销活动中，从平衡理论的角度来看，体育产品经营者希望消费者或中间商对某个产品保持不稳定的积极态度，就应尽力促使其所处的三角形处于平衡状态；若希望他们改变对某一产品的消极态度，则应尽力促使其所在的三角关系处于不平衡状态，即促使消费者对该产品的态度由消极转变为积极，进而发生购买行为。

（3）认知失谐理论

现在所感知的信息与认识的知识一致称为认知失调。人们对一个对象形成新的态度时，总想与原来的态度和价值观一致。如果能感知到购买者的新信息，但对其的理解、信念或态度不一致，那么要体验认知失调，从而引起态度的变化。

凡是合适和一致的认知因子（信息），被称为和谐因素；凡是二者不符合或不一致的认知因子（信息），被称为失谐因子。一般说来，失谐因子增加，不匹配程度越大，强大的压力使购物客人的态度不得不变更。通常失调程度的大小由以下三个要素决定：一是失谐因子与和谐因子所占的比例，二是认知因子的重要程度，第三是认知因子的重复性。

由认知失谐理论可知，要想使体育产品的中间商或消费者能够按照经营者的预期改变态度，在促销时就应该提示人们新产品的性能与原有产品有明显的不同，使消费者产生更大的失谐而改变原有的态度。要使这一策略获得成功，就需要有特别说服力的信息；否则，难以产生失谐的效果。

（三）有关态度理论在体育产业营销活动中的启示

一方面，在体育产业营销活动中，购买者对体育产品的态度与对体育产品的购买是两个不同的概念,但二者又有联系。对于体育商品的促销宣传,应抓住关键的态度特征,并以此来影响购买者的实际购买。同时,采取一定的措施,使体育产品的特点符合买方的评估标准,最后促使购买者对该产品形成积极的态度。另一方面,在体育产业营销活动中,购买者有时对某些体育产品评价不高,但并不意味着该产品的各种特性都不好。实际上,这种产品在个别属性上可能优于其他产品,只是购买者没有意识到这些特性的重要性。此时,经营者的策略就是设法去改变这些特征在购买者心中的地位。

当某种产品处于成熟阶段时,最有效的战略是增加产品的新特性,使购买者保持对该产品的积极态度。根据市场营销学中关于产品生命周期的理论,产品经过导入期、成长期、成熟期、衰退期、死亡期等多个阶段。成熟的产品意味着经济衰退的到来,为了保持积极的购买态度,作为经营者,产品应增加新的特色,使产品生命周期曲线再次出现峰值。

六、体育产业营销活动中的语言和行为

人们的外在心理表现主要在语言和行为上体现,所以了解消费者的心理是体育营销人员和与消费者之间进行沟通的重要方面。

（一）语言

1. 语言的概念

语言既是符号系统又是最重要的交际工具和思维工具。人类所有的交际活动几乎都离不开语言,营销活动更离不开语言,所以提高语言的交流水平可以促成商品交易。

2. 语言在体育商品营销活动中的重要作用

在体育商品营销活动中,与顾客建立良好的关系,除了要树立"顾客就是上帝"的营销理念之外,营销人员的服务技巧非常重要,而服务技巧的一个重要方面就是语言的表达能力和技巧。营业员主要通过口头语言,并辅以一定的态势语,通过二者的巧妙结合来与顾客沟通思想,联络感情,为顾客服务。俗话说:"良言一句三冬暖,恶语伤人六月寒。"营业员和蔼可亲的语言和热情周到的服务态度会留住很多顾客。相反,如果服务态度较差,语言运用不当,就会气跑顾客,直接影响营销的效果。

因此,具备较好的语言素养和表达能力,运用好语言技巧,对营销人员尤为重要。口头语言的影响,决定了服务品质、企业形象与体育用品商店的生存。

（二）行为

1. 行为的概念

顾客在消费某种商品时所有的活动都是外在的行为。行为是实现人们预定目标的必须过程,如果没有行为,人的所有的一切心理活动就都成了"空中楼阁"。

从心理学角度来说,大脑皮层的运动感觉细胞和运动细胞可以调节人的运动器官做出相应的行为。在整个运动系统中还有一种自我调节的反馈作用,这种作用会不断地调整自己的行为,使行为更准确、灵活,以适应现实的要求,人的消费行为也符合这样的规律。

2. 语言对行为的调节支配作用

语言对人的行为起着重要的调节支配作用。人类的行为基本都是在语言的参与下进行的，因为语言能够概括人的活动和行为。人一般在行动之前就应确定行为目的和行为计划，从而使行为具有明确的目的性和计划性。另外，人的语言能引起行为或者抑制行为。例如，当顾客对某品牌运动鞋提出异议时，营业员会立刻产生一系列的行为动作，尽量说明运动鞋各方面的优点，设法留住顾客。在从事各种实践活动时，人通常会根据对客观规律的认识，先在头脑中确定行为目的，再根据目的选择方法、组织行动，以达到预定的目的。

3. 行为的特性

人的行为特点通常包括主动性、因果性、目的性、持久性和可变性等。主动性是指一个人对自己的行为目的的正确性和重要性有充分的认识，尤其是清楚地意识到行为效果的社会意义。根据对客观现实发展规律的认识，自觉地、主动地确定行为目的，有步骤地组织自己的行动，以实现预期目的，正确发挥人的主观能动性。因果性是指一个人行为的真实动机和效果之间总会存在一种本质的联系。一般来说，有什么样的行为动机，就有什么样的结果。目的性是指人的意志行为总是在一定动机的激发下指向一定的目的。动机是激励人的行为达到一定目的的内在原因，而目的则是动机所指向的对象。

在体育商品营销活动中，营销人员和顾客总是根据商业经济活动、人的心理活动和社会环境等各种因素的影响而产生对客观现实的认识，去确定行为的目的，选择实现目的的方法，组织行动，最终达到预定的目的。持久性指的是人们为了实现既定目的而保持行动的充沛精力和坚韧毅力。毅力需要有坚持的决心和顽强的品质，在人们意识到行为的正确性和重要性之后，还必须做到持之以恒、坚持不懈，努力克服各种干扰，才能真正达到预定的目的。可变性指的是人们的行为是以随意动作为基础的。随意行为是指由意识指引的动作和行为。有了随意动作，人就可以按照一定的目的去组织、支配和控制、调节一系列的行为，从而实现预定目的。但人的行为的实现，既受客观规律制约，又受来自社会各种因素的干扰。随着人们对客观世界规律认识的加深以及情况的变化，人的行为也不得不随时进行纠正或调整。另外，由于自身内部和外界的干扰或者缺乏某种必要的设施和条件，也会使人的行为发生变化。因此，人的行为具有可变性的特点。

以笔者购买运动鞋的体验为例：陆续逛了几家运动鞋店后，来到一家知名品牌的运动鞋店。一进去就有一个令人愉快的声音传来，"欢迎来到商店买鞋，您是否要买一双鞋子，我来给你介绍一下。现在搞优惠又推出新款。"这样有礼貌又亲切的话很难让人拒绝，也并不反感。

在营业员的介绍下，很快可以找到心仪的鞋子。当提出能否再优惠时，营业员回答说："您先试试吧，如果不合适，再便宜您也不会要。"报了所穿鞋码后，营业员拿出一双鞋，微笑示意坐这里试试。试鞋子的过程中，营业员语气和行为给人一种舒适的感觉。决定要买这双运动鞋后，营业员又表示由于无法给打折，特赠送一双运动袜作为补偿。

由此可知，在体育商品营销活动中，顾客的购买活动一般都经过收集和获得信息阶段，选择

/69/

商品阶段，比较、评价和思索阶段，购买阶段。每一个阶段都有可能因为某些内在因素和外在因素的影响，使顾客改变其购买行为。因此，营业员应有较好的忍耐性，以宁静的态度和稳重的行为举止接待或说服顾客，以获取顾客的好感，促使他们购买行为的发生。

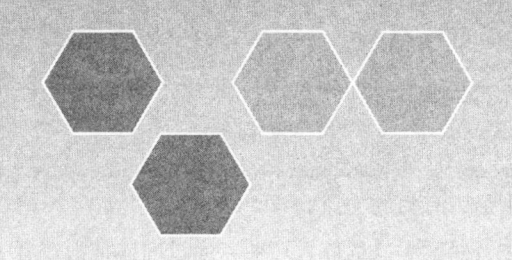

第七章　体育产业结构的优化与升级

第一节　体育产业结构的构成

一般来讲，体育产业结构具体是由行业结构、产品结构、就业结构以及消费结构构成的，本节就具体对体育产业结构的构成进行分析。

一、行业结构

产业的行业结构指的是国民经济中产业内部各生产行业之间，在社会再生产过程中相互联系、相互制约的比例关系与有机结合体。而体育产业的行业结构就是按照体育产品的各自生产、流通、交换、分配使用的过程中所形成的劳动形式与价值实现方式的不同而确定有机结合体。体育产业行业结构是体育产业结构的有机组成部分，它能够对体育产业的结构有一定程度的反映，即体育产品与相应服务在不同体育行业之间相互联系的流转过程与比例关系。行业结构的形成建立在社会分工与协作的基础上，因此体育产业的行业结构就是体育生产和服务的社会化、专业化、协作化相互作用和发展的结果。具体来讲，根据不同的划分依据可以将行业结构的构成进行不同的划分。

（一）按体育产品形成过程中的不同劳动形式与价值实现方式划分

体育产业内部的行业结构可分为两大门类：第一个门类为体育服务业，其体育产品为非实物产品，包括健身娱乐业、体育场地服务业、竞赛表演业等；第二个门类为体育用品业，其体育产品主要是实物产品，包括了体育用品制造业、体育用品销售业等。

在当前阶段，我国体育产业虽然得到了很大的发展，但是由于起点比较低，因此总体的发展水平仍然不够高，总体水平和人均水平与西方体育产业发达国家相比还存在着不小的差距。但是，我国经济发达地区与西方发达国家相比，其体育产业的差距正在不断缩小。

我国体育产业发展水平在不同的地区也存在着很大的差异，其中西部地区的体育产业明显落后于东部地区。例如，浙江、辽宁以体育用品为主，而四川、安徽则以体育服务业为主，并且以体育健身娱乐业占主导地位。

（二）从体育本质的角度划分

体育产业的行业结构还可分为职业体育产业、健康体育产业两大类。它们包含了前面所有体育产业的不同行业，是体育产业发展过程中最为有力的支撑。

职业体育产业是以职业体育俱乐部为主要经营形式的体育产业，通过向体育消费者（观众或者听众）提供以娱乐为主的体育产品（体育竞技活动）来获得相应报酬的一种经营活动。在职业体育中，运动员自身已经成为一种物化了的体育产品，已经完全被商品化，运动员自身的价值可以通过经济形式体现出来，而竞技水平是决定运动员自身价值的一个主要因素。对于职业俱乐部来讲，其经济报酬的获得主要是通过门票收入、转播费、体育广告费等形式，如欧洲的职业足球联赛就是非常成功的例子。在当前阶段，我国职业体育产业的状况可以说是喜忧参半。实际上，我国以职业体育俱乐部为代表的职业体育产业虽然数量众多，在质量方面却是非常低下，很多都是在政府的扶植下勉强发展。

健康体育产业是在社会经济进入高速发展的大环境下，以健康与体育有机结合形成的一种体育产业。作为健康体育产业的支撑，健康体育早已进入人们的日常生活，并且发展成为其中不可缺少的组成部分。健康体育的活动范围非常广泛，不仅包含锻炼身体、增强体质的目的，同时还包含休闲娱乐、陶冶情操的目的。我国的健康体育与竞技体育一样都经历了国家主导下的健康体育事业向社会健康体育福利的过渡，通过事业、福利、与产业发展并存的磨合，最终走向产业化的发展道路。如今，健康体育已经发展成为我国体育产业的一个重要支撑点。随着科学技术的不断发展以及社会经济、物质基础的不断提升，尤其是国际政治经济的不断变化，健康体育作为一种国家健康体育发展事业的政府行为将逐渐淡化，并且最终将会被社会健康体育福利事业完全代替，进入社会健康福利事业和健康体育产业同步协调发展的新时期。我国的健康体育产业已经形成不可动摇的产业地位，同时还拥有相应的健康体育消费群体。

二、产品结构

产品结构是体育产业内部结构中最基础、最广泛的层次。由于体育产品本身是各种经济资源的凝结形态，其结构的变化最终可以集中反映出体育产业的现时状况。从本质上来讲，体育产业的结构变动与转换是体育产品结构要素的变化，也就是体育产品的种类、规模、质量等结构变动的结果，因此体育产品结构的合理性是整个体育产业结构变化与发展趋势的出发点与重要突破口。

根据产品的物质形态来划分，体育产品结构包括有形结构与无形结构两种类型。其中，有形产品结构主要表现为体育产品的物化形式，如体育用品制造业、体育建筑业等提供的有形体育产品；无形产品结构主要表现为体育劳务形态，如体育竞赛表演业、体育培训业等提供的无形体育产品。

我国当下有形的体育产品基本上可以满足市场需求，其中一些产品还出现了供大于求的情况。例如，我国的体育服装产品在近年来实现了很大的发展，同时还打造出李宁、安踏等名牌产品。而除这些专业运动服装生产厂家之外，很多其他的大型服装厂家也生产运动服装，这就使得我国市场上体育服装产品的产出出现了一定程度的过剩，对于无形体育产品，即体育劳务，具体也可以划分为两类：一类是参与性的体育劳务产品，另一类是观赏性的体育劳务产品，下面就对其中的无形体育产品进行具体分析。

无形体育产品中的参与性体育劳务产品的生产者是体育场地服务业、体育健身娱乐业、体育康复保健业等。由于国家对体育各部门的管理各有侧重，对于这些部门的投入并不多，同时也没有太多的优惠发展政策，这就造成了参与性体育劳务产品产出较少，没有形成大的规模。在当前发展阶段，我国参与性体育劳务产品不能够很好地满足市场的客观需求，其中以体育场地服务业最为突出。

众所周知，体育场地设施是体育开展的物质基础。对于体育产业来说，它直接影响着人们的体育参与以及体育消费。从近二十年我国体育场地的新建情况来看，新建的各种体育场地的总数量相对于总的人口来说还是比较少，并不能够很好地满足人们对于体育场地的需求。与此同时，这些新建的体育场地功能较为单一，很多场地都不能够适应各种新兴体育项目的开展。由此可见，我国的体育场地服务业存在着严重的供不应求的局面。而正是由于我国当前这种参与性体育产品结构的不合理，才造成了我国相当一部分的体育锻炼者不能够在正规的体育运动训练场地进行体育锻炼，他们所进行的锻炼活动大多缺乏科学性。

与国内的发展情况相比，国外普通民众大多可以到大众体育俱乐部进行正规的体育锻炼，这也暴露出我国具有如此大的健身市场却缺乏基本的体育消费产品。无形体育产品中的另一类是观赏性体育劳务产品，其最大的生产者是体育竞赛表演业。而这里又可以划分为两类，即国际比赛表演业和国内比赛表演业。我国的国际重大比赛表演业如今已经初具规模，早在多年前中央电视台就已经开始对意大利足球甲级联赛进行转播，发展至今已经扩大到世界五大足球联赛等国际各大体育赛事的转播，涉及领域更加广泛。与此同时，我国的各大城市陆续开始申办世界性的重大体育赛事，这不仅有助于提升赛事举办地的国际知名度，同时还有利于把它们建设成为现代化的国际性大城市，而且这些赛事同样是重要的商机，通过挖掘能够对当地有关的经济消费带来巨大的经济效益。当前国外的比赛表演业发展得非常迅速，而国内比赛表演业的发展情况则相对不容乐观。国内举行的各种体育比赛，包括篮球、排球、足球等实行俱乐部制后举办的全国联赛，但是由于各种因素的制约与不足，这些联赛往往人气不足，这使得运动员在竞赛中生产出的体育产品并没有被充分消费。由于体育劳务无法被保存，体育竞赛表演过程中没有被消费的剩余体育产品即被浪费掉，经济效益也非常低下。国内比赛表演业与国际比赛表演业所存在的巨大差异值得我国体育工作者深思。

三、就业结构

就业结构是由劳动力结构与产业结构两个方面要素相结合所组成的一个可比性要素。

纵观世界各国经济发展的历史可以发现，劳动力这种资源与资本存在着很多共通之处：劳动力进入哪个产业、哪个产业就会得到一定程度的加强，同时也得到了自身发展的条件；如果不具备充足的劳动力，那么该产业就得不到很好的发展。但是，劳动力本身又具有很强的可塑性，不仅存在着质与量的区别，同时还有结构层次方面的不同之处，同等数量不同质量的劳动力对产业所产生的影响存在很大的不同。世界不同国家体育产业发展的不同状况也表明，劳动力的流向与结构的变化对于体育产业结构的调整与变化趋势起着很大的制约作用。

体育产业的就业结构与我国劳动力结构的特点之间存在着密切的关联。总的来看，我国劳动力结构的特点表现为供给量过大，就业率高，但是经济效率相对较低，且劳动力素质不高。劳动力素质低必然会对生产效率的提高造成很大的制约。从而会对我国整个就业结构产生很大影响。并且当前我国所实行的社会主义制度使就业人口在总的劳动供给人口中所占比例非常高，这必然会导致传统产业中劳动力相对过剩，而像体育产业这种新兴产业劳动力的供给相对不足。

随着体育产业对我国社会经济的贡献越来越大，我国从事体育产业的人员数量也在持续增加。而在发达国家，体育产业是服务业的重要组成部分，该产业能够为社会提供更多的就业机会。

我国体育产业的就业结构可以根据其行业结构划分为两大门类：一种门类是体育服务业人员，包括从事健身休闲业、体育场馆服务业等行业的人员；另一种门类是体育用品业人员，它包括体育用品制造业、体育用品销售业等行业的人员。目前，我国的体育产业还属于劳动密集型产业，特别是其中的体育用品制造业就业人数占了相当大的比例，而随着我国体育服务业的不断发展，必然会对增加社会就业产生很好的推动作用。近年来，我国的体育用品制造业实现了很好的发展，虽然大部分属于来料加工，但其工艺与质量水平已经有了很大程度的提升。

我国的体育产业就业结构同时也存在很大的地区性差异。当前，我国体育产业的就业结构与整个国家的就业结构是相适应的，主要集中于制造业，而不同地区的体育产业就业结构存在很大差距，这是由于我国体育产业地区发展不平衡的因素，各地区体育产业就业结构与该地区体育产业的行业结构相符合。

四、消费结构

在商品经济条件下，体育产业的消费结构是通过反映市场供求结构运行的价格结构表现出来的。消费结构是包含需求结构和供给结构、收入结构和价格结构的相互制约、相互联系的结构。从根本上来讲，实现体育资源的合理配置，从而实现体育产业结构的合理化，这样才能够更好地保证体育经济的持续增长。要想实现这一目标，首先应该使体育产品（有形产品与无形产品）的生产在结构方面应该满足社会对于体育的客观需求，从而满足整个体育消费结构的要求，如果不能够很好地结合大众的消费，那么体育生产也就失去了意义。

体育消费结构对于整个体育经济的增长和体育产业结构的成长是起着最终的决定作用。体育消费结构指的是社会生产的最终结果（一般用国民收入指标）的使用构成，它是社会经济活动的基本反映。

体育消费按其存在形式可以具体划分为物质性消费与劳务消费两种形式。体育物质性消费即体育实物消费，指的是人们在体育活动中对于体育器械、服装等方面的花费。体育劳务消费则是指人们在体育观赏、健身娱乐等方面的服务性花费。我国的体育消费结构不够科学合理，体育实物消费与体育劳务消费比例严重不协调，体育劳务消费明显低于体育实物消费。

对于体育劳务消费，还可以从满足人们不同层次体育需求的角度进行分析。由于人们的消费行为根本上是由其消费动机推动的，而消费动机的产生主要是由于人的某种消费需要以及人们的某种个人需求得不到很好满足时，它就会驱使人们去从事满足需要的消费行为活动，相应的消费动机也就应运而生。

人们所有这些消费需要可以划分为三个层次，即生存的需要、社会性需要以及成长的需要。同样，体育劳务消费也划分为三个层次。而人们参与体育活动的不同动机同样预示着人们在体育消费中存在各自不同的需求。例如，人们会为了和朋友交流、与家人接触或者陪伴自己的子女而从事一定的体育活动，这就表明人们进行体育活动是为了满足自我的社会性需求，同时也表明人们在体育消费中的社会性需要消费。

对体育劳务消费的再次划分，有利于反映和比较体育劳务消费水平。但需要注意的是，这种划分法排除了体育用品消费，即体育实物消费。这是因为体育实物消费很难明确它属于哪种需要。例如，体育消费者在购买体育器材时，在一开始可能是为了社会性需要，但是作为一种耐用产品，在以后时间消费者可能用所买的体育器材进行自身的体育锻炼活动，即演变成为一种生理需要。而体育劳务消费，可以按当时人们消费的不同动机进行具体区分。因此，我们可以将体育实物消费单独作为一类。与西方发达国家的体育消费结构相比较，我国目前还存在着很大的差距，因此需要加快与国际体育消费市场的接轨。

第二节　体育产业结构的演进分析

目前，经过一段时间的发展，我国体育产业逐步走上正轨，正朝着健康的方向发展。体育产业结构与以前相比也有了一定的完善和改进，但总体而言，与发达国家相比还存在着不小的差距，凸显出诸多问题。本章就重点对我国体育产业结构演进与发展中存在的问题进行深入细致的分析，力求找出原因所在，并采取具有针对性的措施促进我国体育产业结构的优化发展。

一、体育产业结构演进的组织机制

一般情况下，体育产业结构演进的机制有着自己独特的特点，主要分为两种形式，即自组织机制和他组织机制。

（一）自组织机制

在体育产业发展的过程中，体育产业结构的演进是一个循序渐进的动态过程，在生产力不断发展和各种先进技术的推动下，体育产业结构逐步由低级转向高级、内部各要素不断协调发展，进而形成一个庞大而复杂的整体。下面主要分析一下体育产业结构演进的自组织机制。

1.前提条件：开放性

体育产业作为一个大型系统，其内部结构非常复杂，一般来说，这一内部结构主要由八类多层级组成：体育健身娱乐业、体育竞技表演业、体育教育培训业、体育信息咨询业、体育经济人业、体育旅游业、体育保险也、体育用品设施业。这几个部分相互联系、相互影响、相互制约，形成了一定的关联效应。其中任何一个部门的发展都会对其他部门产生一定的影响。体育产业内部各组成部门之间的技术经济联系是经常性的，产业结构间的关联正是在经济联系的基础上形成的，实质上各部门之间的关联就是体育产业结构的自组织。

在体育产业发展的过程中，体育生产部门将各类体育产品和服务推向市场，从而满足体育消费者的各种需求，这就是体育生产的最终目的。体育生产最终目标的实现少不了对各种生产要素的依赖，而这些生产要素都需要在市场上购买。体育产品在生产的过程中，除了注意自身因素外，还需要从外界环境中及时获取可靠的信息，从而保证体育产品生产的顺利性。在体育生产的过程中，体育生产部门还必须具备一定的物质资源与信息，这是体育产业结构实现自组织演进的重要基础。

2. 直接诱因：远离平衡态

一般来说，体育产业整个系统具有一定的不平衡性特征，体育产业内部各要素之间存在着千差万别，每个要素都有自己独特的地位与作用。除此之外，体育产业系统中的子产业发展也呈现出不平衡的特性，相对于体育用品业来说，体育产业的核心产业，如体育竞赛表演业、体育健身娱乐业等发展比较缓慢，这是正常现象。随着现代科学技术的快速发展，大量的先进生产工具应用于体育用品制造业中，新兴的体育产品大量涌现，这极大地促进了新的产业结构的形成与发展。总体来说，体育产业各要素之间的发展是非平衡性的，存在着一定的差异，这是体育产业结构发展中的必然。

3. 内在依据：非线性作用

总体而言，体育产业是一个多层级的庞大的体系，在这一体系中，体育产业内部各要素之间相互作用，相互影响，呈现出非线性发展的趋势，体育产业内部各要素间的技术联系是其存在非线性作用的内在原因。

具体来说，技术因素通过发挥以下功能来促进体育产业形成非线性作用。第一，现代科学技术的快速发展提高了社会生产力，从而促进了新的产业分工的形成；第二，现代科学技术的发展提高了劳动生产力，劳动生产力的提高在很大程度上促进了劳动力的转移，体育产业结构也便得到相应的变动与发展；第三，现代科学技术的发展能在很大程度上起到重要的刺激作用，促使人们的需求结构发生变化，在这样的形势下，体育产业结构受需求结构变化的影响，也会发生相应的变动；第四，现代科学技术的快速发展在带给新兴产业活力的同时，也加速了原有产业的改造与发展，促进体育产业中的生产结构逐步得到优化与升级；第五，现代科学技术的快速发展能在很大程度上提高一个国家的国际竞争力，并推动国家对外贸易的发展，进而直接导致体育产业结构发生较大的变化。

在体育产业结构不断演进与发展的过程中，体育产业结构之所以能够得到快速发展，并呈现出复杂性的特点，其主要内在原因就是非线性作用，同时这也是体育产业结构自组织演化的终极目标与动力。

4.触发器：涨落

在一段时间里，体育产业结构能保持一定的稳定性，其内部各要素之间的关系也相对稳定。但从局部来看，体育产业内部的波动则是经常性的，不时地发生各种变化。例如，在体育产业内部各部门之间，各种产业要素不断流动，促使体育产业产值发生一定的波动。如果体育产业产值的涨落只是一种发展状态，而且不会影响体育产业结构的稳定时，这种状态就是体育产业结构演变与发展的微涨落。

需要注意的是，微涨落不会打破原先的体育产业结构。但是，有些涨落会在一定的条件下促使原有的产业结构发生一定的改变，这种改变我们称之为巨涨落。一般来说，当出现巨涨落时，之前的体育产业结构模式会发生较大的变化，新的结构也会相应出现。

通常情况下，只有当体育产业结构失去了原有的稳定性，并建立了新的结构后，才算是体育产业结构的一次演进与发展。涨落在体育产业结构演进与发展的过程中发挥着非常重要的作用。

（二）他组织机制

在体育产业发展的过程中，体育产业结构的演进与发展是一个控制的过程。在他组织角度下，国家采取必要的措施与手段对体育产业结构进行合理的调整，从而实现结构和组织的合理优化。在体育产业结构演进与发展的过程中，只有通过政府的宏观调控，才能更好地实现体育产业结构演进的他组织机制。

在政府的宏观调控下，体育产业结构不断得到演进与发展。国家政府部门通过运用各种经济手段、产业政策等来实现体育产业资源的合理配置，对体育产业结构进行必要的调整与优化，从而促进体育产业的健康发展。

总体而言，在体育产业结构演进与发展的过程中，政府的宏观调控作用主要体现在以下几个方面：第一，政府采取一定的措施和手段，制定体育产业发展的目标、重点和规模等，把握体育产业结构演进与发展的趋势，为体育产业的发展指明道路；第二，政府通过运用各种经济手段和产业政策，鼓励与保护相关体育产业的发展，有时为了保证政策的顺利实施，还采取强制措施规范体育产业的发展，这为体育产业结构的优化与升级提供了可靠的保障；第三，政府通过运用各种产业政策，在很大程度上促进了现代竞争微观基础的形成，这对体育产业市场供需关系能产生良好的协调作用，从而为体育产业结构的演进与发展奠定良好的基础；第四，政府通过自身公益功能的发挥，为体育产业的发展营造了一个健康的社会环境，从而促使体育产业结构优化升级目标得以顺利实现。

二、我国体育产业结构演进的阶段划分

体育产业结构不是一成不变的，而是处于不断变化发展中的。对体育产业结构演进阶段的研究能找出其中的客观规律，从而更好地采取针对性措施与手段促进体育产业的发展。

(一)体育产业结构演进的阶段

从长远来看,体育产业结构是不断演进与变化着的,即从低级阶段向高级阶段演进。在从低级阶段向高级阶段演进的过程中,体育产业一般都经历以下几个阶段。

1. 体育产业结构合理化阶段

体育产业结构合理化是指通过一定的结构调整,增强体育产业内部各部门的协调能力和合作能力。在体育产业发展的过程中,要想促进体育产业结构的优化发展,首先就要结合体育产业的发展实际对失衡的产业结构进行合理化调整。需要调整的方面主要包括体育产业各部门的协调问题、体育产业的供给与需求问题、体育产业结构效应问题等。总体来说,体育产业结构是否合理主要取决于体育产业释放的整体能效是否大于各部门能效之和。如果体育产业各部门间的协作能力越好,就越能释放出强大的效能,体育产业结构也就越合理。因此,在这一阶段中,首先要做的就是消除体育产业内部结构中的各种不平衡现象,释放体育产业的效能。

2. 体育产业结构高度化阶段

体育产业结构的高度化是指国民经济发展重心由第一产业向第二、第三产业逐步演进、劳动密集型产业向资本密集型产业逐步演进、初级产品的制造向高附加值产品制造逐步演进与发展。因此,体育产业结构高度化指的就是体育产业结构的重心由劳动密集型部门向体育服务业演进。总体而言,判断体育产业结构是否步入高度化阶段的一个重要标志就是看是否拥有与本阶段体育产业相适应的主导产业和支柱产业。

3. 体育产业结构优化阶段

可以说,体育产业结构优化是体育产业结构演进的最终方向,也是体育产业发展的较高阶段。总体而言,体育产业结构优化是体育产业高度化发展的动态过程,在这个过程中,体育产业结构逐步优化和升级,达到最佳状态。

综上所述,以上体育产业结构演进的三个阶段之间是互相影响和互相联系的。其中体育产业结构的合理化是前提;体育产业结构的高度化是必经阶段;体育产业结构的优化是最终目标。而且大量的研究与事实表明,体育产业结构的优化调整主要包括三个方面的内容:第一个方面是政府的干预。政府通过制定各种有利于体育产业结构调整的政策来干预体育产业的供给和需求结构,促进体育产业的合理化发展;第二个方面是市场的自我调节,充分发挥市场的自我调节作用,从而实现资源的优化配置;第三个方面是发挥企业的主体地位,依据当前的发展实际调整企业的行为。这三个方面密切合作,共同发挥效用,能有效地促进体育产业结构的优化升级。

随着社会经济的不断发展,体育产业结构逐渐由低级阶段向高级阶段演进。体育产业结构在演进与发展的过程中通过与环境资源的交换,产生了一系列的动态变化,整个体育产业规模不断扩大,向更高层次发展。在体育产业结构由低级向高级阶段发展的过程中,体育产业结构逐步达到合理化状态,从而发生质的飞跃,促使体育产业以较快的速度增长,这就是体育产业结构演进与发展的基本规律。在体育产业结构演进与发展的过程中,体育产业中各部门不断分化,规模不断扩大，资源配置效率不断提高，这些都是体育产业由低级阶段向高级阶段演变的重要标志。总之，体育产业结构的这种演变规律，为体育产业结构的优化升级提供了良好的路径。

（二）体育产业结构演进的趋势

1. 软化

随着现代社会的不断发展，体育产业结构也逐渐呈现出软化的趋势。在早期阶段，体育产业以提供实物产品为主，相对而言，体育服务产品所占的比例很小，产业软化率非常低。而伴随着社会经济的逐步发展，人们物质生活水平的不断提高，人们的需求层次逐步升级，体育产业开始得到快速发展。在体育产业发展的这一阶段中，体育本体产业获得了迅速的发展，并带动了体育其他相关产业的发展，如体育经纪业、体育传媒业、体育广告业、体育彩票业等。在这样的形势下，体育用品制造业的地位不断下降，体育服务业的地位不断上升，这是体育产业结构优化升级的表现之一。

2. 合理化

在体育产业发展的过程中，体育产业结构的合理化是体育产业向更高阶段发展的重要标志。在资源既定的条件下，体育产业内部各要素之间能实现资源的最优配置，产生良好的经济效益，从而获得快速的发展。总体而言，体育产业结构演进的合理化主要体现在三个方面：一是各种体育资源在部门间得到合理的配置；二是体育产业能够根据需求结构变动状态调整资源配置；三是体育产业发展的各类体育产品的总供给与总需求实现动态平衡。

3. 高度化

体育产业结构的高度化发展也是体育产业结构演进的一个重要趋势。在现代社会背景下，现代科学技术的快速发展推动了大量高新技术产业的发展，这就成为引领体育产业结构高度化发展的重要力量。在现代社会条件下，技术密集型和知识密集型产业得到了迅速的发展，体育科技成为体育产业结构升级的核心技术，体育产业结构逐步迈向高度化发展阶段。

4. 高效化

在新的时代背景下，体育产业结构开始向着高效化的方向发展，对此体育产业结构开始做出相应的调整，体育产业的经济效益也逐步显现出来。总体来说，体育产业结构的高效化使体育产业内部各要素之间合理利用各种资源，从而实现经济效益和社会效益的最大化，二者缺一不可。总之，体育产业结构在演进过程中所做出的合理调整，能产生较高的结构效益，从而推动体育产业的进一步发展。

5. 区域结构协调化

体育产业结构演进过程中的区域结构协调化是指地区层次的产业结构实现合理化、高效化和高度化，不同地区的体育资源有自身的特色，通过地区间的资源沟通与利用，能使体育资源得到充分的利用，从而满足体育产业结构调整与发展的要求，进而实现体育产业的科学化发展。

三、我国体育产业结构的现状及问题

当前,虽然我国的体育产业获得快速的发展,积累了一定的经验,总体而言在很多方面还存在着一定的缺陷,其中体育产业结构还不健全和不够完善就是一个重要的方面。

(一)我国体育产业结构的现状

1. 所有制结构

(1)我国体育产业呈现出多种所有制并存、非公有制经济占主体的格局

与我国国情相符的是,我国的体育产业建立在单一国有资本结构基础之上,公有制经济占主体地位。近年来,随着体育全球化和经济一体化的进行,体育产业也出现了多种所有制并存的局面,国家、集体、个体企业等多种主体逐步进入体育产业领域,成为推动体育产业发展的重要力量。

(2)外商和港澳台投资比例较大。

在现代社会发展的背景下,经济一体化、经济全球化的趋势逐渐加强,境外资本以及港澳台资本开始大量介入我国体育产业领域,这些企业也成为推动我国体育产业发展的重要力量。

2. 行业机构

(1)体育培训业和体育中介是当前最具发展潜力的行业

近年来,我国体育产业的发展升上了一个新的台阶,体育产业中的各个行业都有着不错的增长速度,其中体育中介业和体育培训业的增长速度最快,成为整个体育产业中最具发展潜力的行业。

(2)体育用品业是当前发展势能最大的行业

与发达国家相比,我国的体育产业发展还处于一个低级阶段。在最初的阶段,体育产业的发展都是从体育用品业的出现开始的,目前体育用品业在我国体育产业中也占着非常大的比例,虽然近年来我国体育服务业得到了迅速的发展,体育用品业的发展势头有所减缓,但总体而言,体育用品业仍然是我国体育产业中所占比例最大、发展势能最大的行业。

3. 组织结构

(1)体育产业组织结构关系水平低

依据产业发展的基本规律,产业生产的规模越大,生产效率就越高,社会化的程度也越高,该产业组织的内部构成有机性就越强,组织越严密,组织之间的联系和制约就越复杂和强化。

受我国传统观念和意识的影响,我国现行的体育管理体制依然存在着官办不分、政事不分及政企不分的现象,这在一定程度上制约着我国体育产业结构的优化与升级。目前,总体来看我国体育产业各门类行业协会都是在政府体育部门指导或授权下开展各种工作,缺乏自主权,不能根据自身的具体实际开展各种活动。在这样的形势下,虽然有一部分体育企业得到一定的发展,但是大多数企业并未得到良好的投资回报,难以形成规模效应。

总之,目前我国的体育产业组织结构关系水平还处于一个低级阶段,组织结构比较松散,严重影响着体育组织生产效率与结构效率,迫切需要进一步的改革与发展。

（2）体育产业组织与产业外组织的结构关系

发展到现在，在发达国家，体育产业已成为其国民经济体系中的重点产业。体育产业内涵丰富，产业内部各种组织互动关系比较频繁，对各个行业的发展都能起到重要的联动作用。但就目前我国体育产业而言，我国体育产业的发展还存在着诸多问题，如发展基础不牢靠、可持续发展能力不强、欠缺有力的发展政策等，这些都需要我国政府相关部门采取必要的手段和措施加以解决，以建立和形成一个良好的发展模式。

4. 区域结构

（1）呈现显著的东、中、西部梯度发展格局

目前，我国体育产业呈现出显著的东部、中部、西部梯度发展的格局。总体来看，我国各区域体育产业还处于一个低级发展的阶段，区域间体育产业部门的合作还不够密切，难以产生有效的化学反应。

（2）呈现明显的城、乡发展差异格局

目前，我国的体育产业在区域结构上呈现出明显的城、乡发展差异。城市体育市场与农村体育市场的发展差距较大，在经济落后的农村地区，体育产业尚处于萌芽阶段，规模很小，这极大地制约着我国体育产业的发展。

5. 层次结构

（1）各层次比例严重失调

一般来说，在我国体育产业体系中，体育产业的核心层主要包括体育组织管理活动、体育场馆管理活动、体育健身休闲活动；外围层主要包括体育中介活动和其他体育活动；体育相关产业层主要包括体育用品、服装鞋帽制造与销售以及体育建筑活动。发展到现在，我国体育产业各层次虽然在数量上有所增加，但质量却参差不齐，比例严重失调。

（2）各层次之间关联性效应不明显，无法形成完整的体育产业链

目前来看，在我国整个体育产业结构体系中，体育产业核心层的后向关联最大，其发展在很大程度上决定了体育产业外围层与体育产业相关产业层的进一步发展；而体育产业外围层与体育产业相关产业层的前向关联最大，为体育产业核心层提供重要的物质基础和保障。截至目前，我国体育产业结构仍然处于一个低级发展阶段，其发展主要依赖于下游产业的体育相关产业层，体育产业的发展没有形成一个完整的产业链，各部门间的联动关系比较弱，需要今后着重发展。

6. 市场结构

在产业发展的初期，大量资本涌入其中，大多数小企业共存，形成了一定的市场结构；发展到一定阶段，进而形成中小企业为主的市场格局；而到了成熟阶段，则形成以大企业为主、中小企业并存的垄断竞争格局；再到衰退阶段，是少量大企业的寡头竞争市场结构。近年来，我国社会经济得到了快速的发展，社会也比较稳定，得益于此，我国体育产业中的各个行业也得到了快速发展，一些体育行业获得了比以往更加宽松的发展环境与充分的市场竞争，已经进入了行业市

场结构的成熟阶段。而另外一些体育产业或行业，受自身条件的限制没有得到迅速的发展以致停滞不前，这说明我国体育产业的发展还很不均衡，体育产业结构很不完善，需要今后大力发展。

7. 产品结构

目前，与发达国家相比，我国的体育产业处于落后的局面，总体来看，我国的体育产业产品结构技术水平不高，产品附加价值不高，产品的结构效应也难以起到有效的作用。而一个良好的体育产品结构对体育产业相关行业与部门的发展起到重要的推动作用，这也正是促使体育产业能成为许多经济发达国家国民经济体系中的支柱产业的重要原因。以体育赛事产品为例，其生产技术经济联系的直接相关要素有体育场馆、运动器材、体育经纪公司、参赛运动员及现场观众等；其衍生产品主要包括赛事冠名、场地广告、赛事转播、门票等有形与无形产品，所涉及的范围非常广泛，可以说一个良好的体育产品结构能起到良好的联动作用，对体育产业的长远发展是非常有利的。

目前来看，我国体育产业的核心产业供给不足，存在着结构不合理与结构效应水平低的现象，这严重制约和影响着我国体育产业的健康发展。

（二）我国体育产业结构存在的问题

1. 我国体育外部产值对 GDP 贡献小

与国外发达国家相比，我国体育产业总产值还处于一个比较低的水平，在整个国民经济中所占比例较小，对国民经济的推动作用还很小，严重落后于发达国家。但是这也从另一个方面说明了我国体育产业有着较大的提升与发展空间，发展潜力巨大，我国体育产业相关部门应该意识到这一点，加强体育产业结构的优化升级，促进我国体育产业的大发展。

2. 体育本体产业发展相对缓慢

在整个体育产业发展的过程中，体育服务业是其核心行业，而体育用品业则是体育产业的外围行业。一般情况下，一个产业核心行业的发展水平在很大程度上决定着其外围行业的发展水平，而目前我国体育产业核心行业的发展严重滞后于外围行业的发展，今后需要扭转这种局面。

总体而言，目前我国大部分体育产业都存在着核心行业滞后的问题，虽然我国的体育服务业近几年呈逐年上升趋势，但与体育用品业等外围产业相比，其上升的幅度还较小，与发达国家相比存在着较大的差距。这种情况，一方面反映出我国成为全球性的体育用品生产加工基地，体育产业的发展处于整个产业链的下端；另一方面也反映出我国体育产业的整体发展水平还比较低，拥有巨大的发展潜力。

3. 体育用品业竞争力较弱

发展到现在，我国已经成为世界体育用品制造中心，占世界 65% 以上的体育用品生产份额。但总体来看，目前我国的体育用品业主要以来料加工和劳动密集型产品为主，大都处于产业价值链低端环节，缺乏上游研发、设计等环节，缺乏自己的著名品牌。国内大量企业盲目进入，大多数企业管理不善，欠缺技术创新和研发能力，没有形成一个良性竞争的环境，其发展受到一定的阻碍。

4. 缺乏调整体育产业结构的优惠政策

在体育产业发展的过程中，产业政策对其发展能起到重要的推动作用，这在发达国家已经被证明了。因此，我国体育相关部门也要借鉴发达国家的先进经验，制定一系列有利于体育产业发展的优惠政策以满足体育产业发展的需要。同时，政府应制定相关的税收政策，对体育产业给予一定的扶持，建立一个完整、规范、统一的税收政策激励体系，激励体育产业不断向前发展。目前来看，我国体育产业政策的缺失直接导致了产业投资结构的单一，制约了我国体育产业的进一步发展。

5. 东、中、西、部体育产业结构发展差距大

目前，我国社会呈现出鲜明的二元结构，城乡差距、东西部差距较大，体育产业也相应地呈现出明显的二元结构。在东部，尤其是沿海地区，体育产业发展比较迅速，吸引了大量的投资，形成了一定的产业规模；而西部地区，由于经济发展落后，资源不足等原因，体育产业的发展尚未形成一定的规模。因此，如何缩小二者之间的差距就成为一个值得研究的课题。

6. 缺乏高素质的体育人才

体育产业的发展离不开人才，人才竞争是体育产业发展的重要动力。在体育产业体系中，体育产业的发展既需要精通体育知识的专业性体育人才，又需要熟悉市场的经营管理人员。目前在我国从事体育产业的主要是两类人：一是原先就在体育系统工作的人，如体育官员、运动员、教练员等，它们具有从事体育工作的经验，但欠缺体育理论知识；二是商人，它们对商业有很强的嗅觉，知道体育产业利润丰厚，但对体育所具有的特殊性认识不清。在国内，只能说有从事体育竞技比赛训练的管理人才和体育组织的行政管理人才，而最缺乏的是体育产业的高级管理经营人才。

（三）导致我国体育产业结构现状的原因

1. 有效需求不足

有效需求是指有消费愿望，又有实际支付能力的需求。而体育市场中的有效需求，除了要有消费愿望、实际的支付能力，还必须具有必要的技能储备以及消费空间。也就是说，一个人的体育消费只有在有钱、有闲、有愿望、有技能、有消费空间五个要素都具备的条件下，才能真正发生或者说才能持续发生；否则，即使发生也只是偶尔的尝试性消费，而不是长期的、固定的、习惯性消费。从我国居民实际情况看，同时具备五要素的人群总量并不大，体育消费的有效需求并没有出现人们所期待的快速增长态势。

2. 管理体制障碍

体育产业之所以迟迟未能得到良好发展，一个重要的原因是来自管理体制上的障碍。北京大学经济学院院长刘伟教授提出，体育要产业化在经济体制上需要两个逻辑：一个事物要产业化，而不是事业化，资源的配置应当市场化。如果产业化、资源配置的方式市场化、行为主体就要企业化，这三个东西逻辑上是一致的。一个事物要事业化，它的配置方式就不是市场化而是行政化，要求行为单位主体不是企业化，是单位化，这三个东西是捆在一起的，产业化、市场化、企业化是一个逻辑，如果要产业化，就不可能在行政网络里。否则一是长不大，再有就是出现腐败的情况。一贯的体育制度非但不能促使体育产业快速发展，而且还对体育产业产生了较大束缚，使得体育产业成为腐败滋生的"温床"。目前，体育腐败主要集中在审批、选派不透明，权力寻租空间大；弄虚作假，亵渎体育精神；赛事经营"猫腻"多，成为利益输送窗口等方面。在长期计划经济体制下形成的体育管理体制和运行机制，错误地把体育事业看成单纯的公益事业，只能由政府来提供和包办，排斥市场和经营，走了一条与国情国力不相符的发展道路。这样的体制和机制安排是着眼于以满足政府需求为主而不是满足大众多样化、个性化体育需求的体制。这不利于体育产业的培育和发展。

国家把体育作为福利性的社会事业来办，只能由政府来提供和包办，排斥市场和经营，导致体育产品难以进入市场，体育领域生产活动及生产要素处于垄断状态，体育市场的主体难以确定，市场处于封闭状态，因此也形成了具有"刚性"的体育结构，不能及时生产出大众所需的体育产品，造成体育产品供给与需求的矛盾。体育公共产品的供给与维护并未形成良性的互补关系，而是存在着多种形态的扭曲及错位。在传统思维的作用下，基础设施行业产品通常被认为只能由政府机构来提供，在这种情况下，这些行业和部门往往就会通过"游说"而获得"行政性垄断地位。由于过高的进入门槛，其他的民间经济力量即使有进入的能力，也不会有进入的权利，于是此类公共产品就只能长期处于供给有限、效率较低的状态。这一方面造成了政府单一的供给能力与人民群众不断增长的参与性健身需求矛盾日益突出；另一方面也制约了各类体育市场的培育和发展。政府体育主管部门的职能高度集中，办事过多，管理过少，单项运动协会、群众性体育社团的作用被淡化，社会办体育的热情受抑制。管理体制不顺、经营机制不活，对体育经营单位以单一的行政型管理为主。分散经营，各自为政，追求小而全，缺乏整体观念和规模效益，市场秩序混乱。这样的体制和机制安排是着眼于以满足政府需求为主而不是满足大众多样化、个性化体育需求的体制。这不利于体育产业的培育和发展，更不利于体育产业结构的优化。

3. 缺乏扶持政策

经济政策是加快经济发展的根本保证。周叔莲在《中国经济的两个根本转变》代序中指出："以结构优化为例，目前我国产业结构难以优化的根本原因仍然是体制问题，由于多数国有企业还未成为真正的市场主体，同时普遍缺乏活力，市场机制难以发挥作用，宏观调控也往往达不到预期目标，因而资源难以在产业间合理配置。"市场主体的经济行为需要政策规范，生产要素的配置和重组需要政策导向，经营者的投资积极性需要政策调动。宏观上缺乏明确有力的体育产业发展规划和产业政策，即使有了产业发展规划和政策，也缺乏应有的配套政策和实践手段。中华人民共和国成立以来，各个时期指导产业发展的政策仅仅停留在粗线条的口头与原则上，缺少科学的理论依据，没有完整的措施与手段，也没有具体的实施方案和定量要求，有的时期提出的原则与口号还有明显的片面性。由于市场机制很不完善，政府在制定产业政策时主要凭人的主观决断,即使决策者完全立足于社会整体与长远利益,也仍然存在着主观与客观相脱离的可能。在这种情况下,政府的优化选择能力并不可靠,从而导致资源配置不合理和产业结构非良性化和非优化以及调整困难。

体育产业作为朝阳产业需要政策的引导、扶持发展。尤其是在体育产业还未充分形成的情况下,需要政府引导、培育。同教育、文化等产业相比,目前国家缺乏对发展作为朝阳产业本应享受优惠扶持政策的体育产业的各种优惠政策。由于缺乏宽松的经济环境和条件,产业发展初期没有扶持保护政策,启动相当困难,这一发展态势使得投资回报率不高,影响了社会资本的投入。在美、英等体育经济发达国家,政府为扶持本国体育经济的发展,都相应地在政策上做出倾斜。对体育部门举办的体育赛事、体育组织接受的捐赠和体育场馆的经营收入,不同程度地减免税收;企业出资赞助体育比赛,可以计入生产成本或做广告支出;修建体育场馆可以享受土地征用的优惠政策和低息贷款等。而我国在这方面的扶持力度还远远不够,同教育、文化等产业相比,体育产业在政策优惠方面却受到"冷遇"。由于缺乏宽松的经济环境和条件,产业发展初期没有扶持保护政策,启动相当困难,这一发展态势使得投资回报率不高,影响了社会资本的投入。目前,体育企业不仅没有享受优惠政策,而且部分企业还实际上承担着过重的税费。

4. 政策执行不力

各级政府指定的科学合理的体育产业结构政策没有有力执行,影响到体育产业结构的优化。体育产业政策执行不力,导致产业政策在优化体育产业结构时效果不佳。已有的体育产业政策或因政策触及执行主体的切身利益而导致执行主体选择性、替换性执行;或因执行需要不同部门之间的协调时,体育部门无法得到其他部门的支持而导致无力执行。选择式执行是指一些地方政府、单位对上级政策指令或命令进行过滤,"断章取义,为我所用",选择对自身有利的规定执行,形成在执行中见了"黄灯"赶快走、见了"红灯"绕道走的行为模式,导致政策无法得到贯彻落实。替换性执行是当需要执行的政策与负责执行的机关、部门存在利益冲突时,执行机关就有可能制定与上级机关公共政策表面相一致,实质相违背的执行措施,"有利的就执行,不利的就变形",妨碍了产业政策的正确实施。

5. 政府过度干预

我国是直接从封建农耕经济改造建立起社会主义高度集中的计划经济,再转变为社会主义市场经济体制的,我国的市场机制仍存诸多不完善。我国的体育事业在各级政府的大力支持下取得了长足的发展,随着市场经济的发展,体育市场的经营活动必然要遵循市场规律去运作。目前,政府行为在推进体育产业良性发展的同时,也带来了一些负面影响。这表现在,政府部门仍不愿意放手让社会去办一些大型赛事,而是自己出面加以经营,从而影响了社会办体育的积极性,同时又给体育执法带来了一定的困难。政府体育主管部门的职能高度集中,办事过多,管理过少,单项运动协会、群众性体育社团的作用被淡化,社会办体育的热情受抑制。这样的体制和机制安排是着眼于以满足政府需求为主而不是满足大众多样化、个性化体育需求的体制,这不利于体育产业的培育和发展。

6. 无形资产流失

体育无形资产是指存在于体育运动中的、具有体育特质、受特定主体控制、不具有实物形态、能持续地为所有者经营并带来经济效益的资产,其最显著特点是不具有物质形态,包括了各级各类体育竞赛表演活动的举办权和经营权、注册商标特许经营权、吉祥物、广告、明星肖像权、纪念品、赞助和捐赠、电视转播权等。这一市场在我国的开发仍处于低水平,存在大量空白地带。据统计,我国60多万个未有效开发的体育场馆尚待商家挖掘。在开发运作上,与发达国家相比存在一定的差距,经营开发渠道单一和短期行为现象严重,导致我国体育无形资产大量流失。体育无形资产的市场开发,对应的经济活动多为处于体育产业核心地位的体育赛事活动,这一资源的流失影响了体育产业服务业的市场规模。

7. 商业运作水平不高

在体育产业发展的过程中,人才是极为关键的因素。一般情况下,人力资源的数量决定着承接体育产业转移的规模,人力资源的素质决定着体育产业结构层次的高低。很长一段时间以来,受我国传统社会和经济体制的影响,我国没有重视体育经营管理人才的培养,致使缺少大量了解国际体育产业流程、开发体育商机的人才,尤其是缺乏中高级的体育经营管理人才。这对于我国体育产业的发展是非常不利的。很多运动项目管理者在管理上出现了许多漏洞,导致经营不善,国有资产流失。除此之外,受行政垄断的影响,投资者对体育产业投资的积极性不高,并且存在一定的盲目性。当某项体育运动获利较高时,众商家一哄而上,造成了重复建设、规划不合理等多种不合理现象。目前,有相当一部分的体育经营者大都是退役运动员、教练员、下岗待业人员,他们拥有丰富的体育工作经验,但欠缺对体育市场的了解,无法准确把握体育产业发展的规律,因此政府在这些方面要给予必要的指导和培训。目前来看,政府在体育领域中没有充分发挥好自己的效用,体育产业市场行为比较混乱,体育市场缺乏合理、正当的竞争。目前,职业体育经理人在我国体育企业中所占的比例还非常低,由过去的知名运动员或球队领队担任俱乐部总经理的现象还相当普遍。这些半路出家的经营管理者,比较缺乏经济、法律等方面的知识,客观上限制了体育产业的发展。而专门从事体育的经营者对体育的了解甚少,缺乏横向联系,导致我国体育产业商业化水平低,这也成为制约我国体育产业发展的瓶颈和障碍。因此,要想促进我国体育产业的发展,就必须大力提高其商业化运作水平。

8. 投融资机制不完善

在市场经济发展条件下,筹集资金已成为我国体育事业发展的重要手段。但是目前由于我国投资机制的缺乏和投资政策的错位等原因,致使我国资本市场运作水平不高,投资机制比较单一。很多投资者都面临着两个极端:投资于银行,收益太低;投资于证券,风险太高,这种状况不容乐观。因此,要想促进我国体育产业的发展就必须建立一个完善的投融资机制,确保体育产业的顺利发展。

（四）影响我国体育产业结构演进的因素分析

在体育产业结构演进的过程中，会受到多种因素的影响和限制，其中一些因素会起到决定性作用。体育产业在一个国家国民经济中所占的地位如何，体育产业的内部结构如何，直接受到多种因素的影响。因此，对影响我国体育产业结构演进的因素进行分析是非常有必要的。

1. 需求结构因素

在整个体育产业发展的过程中，需求结构是影响其产业发展的重要因素。一般来说，社会对体育用品和体育服务的需求就是体育需求，而体育产业对其他产业产出的需求并不属于体育需求的范畴。在需求结构的引导下，体育产业中的各个生产部门进行工作输出体育产品，来满足广大体育消费者的需求，这一过程使得体育产业各部门得到了合理的分布，从而逐渐形成了一个相对完善的体育产业结构。总之，在体育产业发展的过程中，体育产业生产部门的各种生产活动都会受需求结构的引导，产业结构必然会随着需求结构的变动而变动。

一般来说，人的需求主要有生存需求、享受需求和发展需求三大类。在这三大类基本需求中，生存需求是满足生理需要的需求，处于最低层次，而享受需求和发展需求则是满足人作为社会人实现自我价值的需要，是一种高层次需求。在人与社会发展的过程中，人的需求是随着时代与环境的变化而不断变化的，总是由低级向高级转变。在社会生产力比较低下的年代，生存与生活需求成为人们最重要的需求，温饱问题以及对物质消费品的低级需求成为人们的日常生活追求。而随着社会经济水平的不断提高，人们在解决了温饱问题后，对物质消费品的需求呈逐渐下降趋势，而转向对服务消费品的需求，这是社会经济发展的必然。

在现代社会背景下，体育运动能满足人们的多种需求，如健康需求、娱乐需求、休闲需求等。正是由于体育运动能顺应人们消费需求结构的改变，体育产业才得到了快速的发展，体育产业结构也因此得到了优化与升级。

2. 供给结构因素

在体育产业中，体育供给结构是指社会对体育产业需求的满足程度。一般来说，体育产业结构的转变是以供给结构为前提的，供给结构在很大程度上影响和制约着体育产业结构的发展与转变。在体育产业发展的过程中，各种自然、物质、技术等条件都在其中发挥着重要的作用，而这些资源则需要由社会提供，在这样的形势下，体育产业的供给结构也便形成了。

（1）体育产业的发展需要物质资本积累

体育产业的发展离不开重要的物质基础，这些物质基础主要包括体育场地设施、设备等方面，而兴建体育场馆、购置体育设备等则需要大量的资本积累，只有拥有了充足的物质资本，才有能力开展兴建体育场馆的工作，才有能力购置各种体育设施设备。在社会发展的过程中，只有社会经济得到发展，人们才有充足的资金投入休闲娱乐、体育运动之中，这样才能为体育产业的发展营造一个良好的环境。

（2）体育产业的发展需要人力资本积累

体育产业的发展除了需要充足的资本积累外，还需要必要的人力资本积累。如拥有高水平运动员的运动队，其竞技水平就越高，观赏性也越强，也就越能激发人们观看体育赛事的热情，从而为体育产业的发展奠定良好的基础。总之，竞技体育运动的发展离不开具有高素质的人力资源，要想通过体育运动来创造产业价值，就要培养出大量的高水平人力资源。

（3）体育产业的发展离不开现代科学技术

发展到现在，随着现代科学技术的快速发展，体育运动设施、体育器材等也变得越来越智能化，这对于推动体育娱乐产业的发展具有重要的作用。将现代科学技术运用于体育场馆、体育设施中，不仅能极大地提高竞技运动水平，同时还能提高体育赛事的观赏性，促进体育赛事产业的发展。由此可见，体育产业的发展离不开现代科学技术，现代科学技术为体育产业的发展提供了重要的技术保障。

3.贸易结构因素

国际体育用品和体育服务的进出口结构就是所谓的体育贸易结构，也就是体育产业的国际贸易结构。发展到今天，随着全球经济的一体化发展，体育的发展也突破了诸多限制，打破了国与国之间的壁垒，世界各国人民可以共同交流、互通有无。在这样的背景下，世界各国之间的沟通与交流逐渐加强。国家之间的空间距离因为体育运动而日益缩短，人们足不出户就可以在家欣赏各种体育赛事，如NBA、欧冠联赛等；一些体育用品品牌也因为体育资源的全球化而享誉世界，如耐克、阿迪达斯等。除此之外，教练员、运动员、裁判员的跨国流动也离不开体育资源的全球化影响。

体育产业结构不是一成不变的，受体育用品和体育服务不断流动的影响，体育产业的供给与需求结构也发生着不断变化。在体育产业进出口结构中，体育产业的供给结构能够从体育用品及服务的进口中体现出来，体育产业的需求结构能够通过体育用品及体育服务的出口中反映出来。因此，体育用品及体育服务的进出口结构会随着体育用品与服务的变化而发生变动，而体育产业供需结构又会随体育用品和体育服务的变动而变动，体育产业结构也因此发生变动。所以说，体育产业国际贸易的发展在很大程度上推动了体育产业的发展。

4.社会结构因素

在社会发展的过程中，社会经济结构还会受到社会其他结构的影响，作为社会经济结构的一个重要组成部分，体育产业结构的变动同样也会受到一定程度的影响。社会结构中的人口结构、文化结构等都会对整个社会的供需结构产生重要的影响，从而影响体育产业结构的变动，下面就做具体的研究与分析。

（1）人口结构

一般来说，社会劳动力结构是以人口结构为基础而形成的，而人力资源供给结构的形成又离不开社会劳动力结构。因此说，人口结构的发展变化会对体育产业结构的变动造成非常重要的影响。除此之外，人口年龄结构、文化结构等都属于人口结构的范畴，不同年龄段、不同文化层次的人其消费需求也各有差异，所以，人口结构也会对社会需求结构造成一定的影响，进而对产业结构产生影响。在现代社会背景下，人们的体育需求不断增加，这极大地促进了体育竞赛表演业的发展；而随着全民健身运动的发展，在我国老龄化社会背景下，老年人的健身需求也日益增长，这对于体育用品业、体育健身业的发展也具有重要的推动作用。

（2）文化结构

文化结构的内涵比较丰富，主要包括民族文化特征、文化教育水平、科学发展水平等内容。大量的研究与事实表明，一个国家或地区的文化结构会对产业结构的变动产生直接或间接的影响。在体育产业发展的过程中，体育产业能为社会大众提供各种体育服务，而在现代社会背景下，由于社会文化结构不同，人们的素质水平以及对文化的需求等都存在着较大的差异，因此人们对体育产品和体育服务也会有不同层次的需求，这就引起了体育产业结构的不断变动。

（3）阶层结构和城乡结构

在现代社会条件下，整个社会的收入分配格局都能在社会阶层结构和城乡结构中得到明显的体现，这两种结构会在一定程度上影响社会需求结构，进而影响体育产业结构。

通常情况下，经济条件较高，处于社会阶层上层的人群都比较重视体育消费，因此城市社会较高阶层成为体育消费的主要人群。如果一个国家的社会阶层结构和城乡结构发生某种程度的变化，就一定会对收入分配状况造成一定的影响，进而影响整个社会的需求结构，在此情形下，体育产业结构也会发生一定的变动。

（五）发达国家体育产业结构的演进及对我国的启示

经过长时间的发展，发达国家的体育产业结构得到了极大的优化和升级，可以说体育产业已走上了高度发展的阶段，通过对发达国家体育产业演进的研究能为我国提供一定的经验和借鉴，从而促进我国体育产业结构的进一步优化。

1. 发达国家体育产业结构演进的特点

（1）产业规模大，产值高

一般来说，发展至今天，发达国家的体育产业已进入了一个快速发展的阶段，其规模和产值都上升到了一个较高的层面。如美国的体育产业产值的增长率超过同期国内生产总值的增长率；英国政府从体育产业中得到的税收相当于其投资的5倍；日本的体育市场消费位居世界第二位。这充分说明发达国家体育产业的规模较大、产值较高，拥有良好的发展势头。

（2）产业结构合理，主导产业地位突出，相关产业发展迅速

发展到现在，发达国家的体育产业结构已基本走向完善，已形成了一个相对完善的结构体系，这一体系的内容既包括体育服务、劳务产品的生产和经营，也包括与体育相关的物质产品的生产和经营。其中，体育健身休闲产业和职业体育产业在整个体育产业中占主要地位，引领和促进着其他相关产业的发展。在美国，据统计，体育健身休闲产业的收入非常靠前，其他发达国家的体

育健身休闲产业发展水平也处于领先地位。可以说，体育健身休闲产业是体育产业内部结构中最具发展潜力、最能体现自身价值的行业部门。在体育健身休闲产业的推动下，其他部门得到了共同而迅速的发展。

此外，发达国家的职业体育产业也发展得相当火爆。美国的NBA、英国的足球超级联赛、日本的棒球联赛等都取得了较大的成功。

在体育产业发达国家，体育用品业的比例虽然有一定的降低，但是体育用品业仍然是一个非常重要的部门，整个体育用品消费占据了体育生产总值相当大的一个比例。据调查研究发现，体育产业发达国家，普遍都拥有自己的知名体育品牌，如美国的耐克、德国的阿迪达斯、日本的美津浓等，这些品牌都为本国带来了丰厚的利润。在经济一体化的背景下，这些品牌逐渐形成跨国公司，发展规模越来越大。

除此之外，发达国家体育产业的发展还突出体现在对其他相关体育产业的带动上。高度发达的体育产业还带动了体育传媒业、体育赞助业、体育经纪业等行业的发展，这不仅促进了整个体育产业的大发展，甚至也为国民经济的发展提供了重要的动力。

（3）政府大力扶持，法律法规健全

发达国家的体育产业也不是一时一日得到快速发展的，也是经历了一个艰苦的过程。通过对发达国家体育产业结构的研究发现，发达国家体育产业的发展都离不开政府的大力扶持。在很早以前，发达国家就意识到体育产业对本国经济和社会发展的促进作用，因此，政府普遍实施一系列优惠措施来推动和鼓励本国体育产业的发展。另外，发达国家的政府部门也制定了大量有利于本国体育产业发展的政策与法律，为体育产业的发展提供可靠的法律保障。这也是发达国家体育产业结构优化与升级的重要保证。如美国政府颁布的《反垄断法》《税法》《版权法》、英国政府颁布的《社区体育发展计划》、日本政府颁布的《关于增进国民健康和体力的对策》《关于普及振兴体育的基本方策》等都对本国体育产业的发展起到了关键性作用。

（4）拥有完善的管理体制

发达国家的体育产业之所以能够取得成功，其中一个非常重要的原因就是他们都建立和形成了一套比较完善的管理体制和经济运行机制。依据发展模式分类，发达国家的体育产业管理体制主要分为市场主导型和政府参与型两种。其中美国和英国采用的是前一种模式，日本则采用的是后一种模式。虽然他们采用的发展模式不同，但是通过结合自己的国情和实际，设计出一套有利于自己发展的管理体制和运行机制，一样都取得了极大的成功。

2. 发达国家体育产业结构演进对我国的启示

（1）加大政府投入力度，为体育产业的发展提供必要的政策支持

在发达国家体育产业发展的过程中，一系列发展的经验表明，政府在推动体育产业发展的过程中起着极为重要的作用。目前，受各种主客观因素的影响，我国的体育产业受到不应有的限制和制约。这种发展状态对我国体育产业结构的优化和体育产业体系的形成是非常不利的。因此，

我国应向体育产业发达国家汲取先进经验，并结合具体国情建立和形成一套相对完善的体育产业结构体系和政策体系，从而为我国体育产业结构的演进与发展提供一个良好的环境。

（2）加强法制化建设，建立健全体育市场管理的相关法规

发展至今，发达国家都建立了一套相对完善的体育产业法律法规体系，与之相比，中国的体育产业却欠缺法律法规的约束。这对于体育产业的健康发展是非常不利的。因此，加强体育产业的法制化建设，规范体育市场的管理与发展关系着我国体育产业能否健康发展。可以说，只有形成一个健全的体育产业法律法规体系，我国体育产业的发展才有法可依，体育产业结构才能得到优化升级，体育产业才能得到长远的发展。

（3）着力培育高素质专业人才

21世纪最宝贵的是人才，人才是一个国家各方面事业发展最为宝贵的资源，发达国家的体育产业之所以获得了高度化的发展，其中一个非常重要的因素就是他们拥有一大批高素质的体育产业专业人才。据调查研究发现，美国、英国和日本历来都非常重视体育专业人才的培养，普遍开设与体育产业密切相关的专业来传授专业课程，这为体育产业的发展培养出了不同层次的从业人才。

与发达国家相比，目前中国体育产业专业人才显得非常匮乏。体育人才资源配置不合理，制约着体育产业的进一步发展，这是当前中国体育产业发展中亟待解决的问题。因此，我国应该汲取发达国家的先进经验，逐步建立和形成一套完善的人才培养模式，促进我国体育产业结构的优化升级，进而推动我国体育产业的快速发展。

总体而言，发达国家的体育产业在产业规模、结构分布、政策扶持等方面都获得了均衡的发展，其体育产业结构已经非常完善。我国的体育产业要想扭转如今这种落后的局面，就要吸收与借鉴这些发达国家的先进经验，加大体育产业投入力度，制定相关的法律法规、培养大量的体育专业人才，努力促进体育产业结构的优化升级，推动我国体育产业的快速发展。

第三节　体育产业结构的优化路径

体育产业处在不断的发展之中，要想实现体育产业经济效益的最大化，需要积极调整体育产业结构，实现体育产业结构的优化。笔者对我国体育产业结构优化的基本理论进行了探讨，分析了我国体育产业结构优化的政策环境，并在此基础上提出了相应的体育产业结构优化的策略。

一、体育产业结构优化的内涵

所谓体育产业结构优化，其主要是指，在保证资源配置最优化和实现经济效益最大化的前提下，通过对体育产业结构进行积极调整，使得各组成部分之间协调发展，满足社会发展的需求。体育产业结构包括两方面的主要内容：其一，产业结构的合理化发展；其二，产业结构的高度化发展。我国体育产业的发展起步相对较晚，体育产业发展相对较为滞后，并且所有制结构不合理，

区域发展也有很大的不平衡。近年来，随着奥运会的举办，人们的体育意识逐渐得到了发展，体育产业得到了极大的发展。健身娱乐业、竞赛表演业、体育彩票业、体育中介业、体育旅游业、体育媒体业、体育保险等行业都得到了一定的发展，并促进了我国体育产业的优化调整。随着人们生活水平的提高，体育热情的高涨，以及民间投资的投入，体育产业的所有制结构进一步优化调整，体育产业将得到进一步的发展。

（一）合理化

产业结构合理化思想在古典经济中就有相应的体现，其理论核心就是要调整产业之间的比例，从而促进产业的协调发展。产业结构的合理化发展就是经济增长的客观条件，如果产业结构不合理，必然会在一定程度上限制产业的整体发展。如今，社会化大生产下，产业与产业之间、产业内部各要素之间逐渐形成了一种密切的联系，彼此之间会产生相互影响。资源配置结构为基础的产业结构往往在很大程度上影响着经济效益。合理的产业结构能够使各方面的技术和资源等得到良好的组合，从而促使各个产业都能够获得一定的结构效益，避免恶性竞争和资源的浪费。如果现有的技术和资源总量是一定的，那么通过协调各部门之间关系，实现技术和资源的优化组合，使得产业结构比以前更加合理，会促进经济获得新的增长。学者们对于产业结构优化具有不同的理解，其定义也具有一定的不同。通过对我国学者的观点进行总结分析，可将其定义归纳为如下几方面：

1. 产业结构协调论

这一观点认为产业结构合理化的工作重心为产业之间结构的协调，通过产业结构的调整，实现各行业的协调发展，并满足经济社会发展的需求。

2. 产业结构功能论

这一观点以产业结构的功能强弱来对产业结构的合理化进行研究。这一观点认为，产业结构合理化是不断改善结构效益的产业结构优化过程，这一过程使得产业间形成较高的聚合质量。

3. 产业结构动态均衡论

产业结构动态均衡论认为，产业结构的合理化是一个动态的发展过程，注重产业素质与结构之间的均衡，产业结构的合理化最终促进了产业结构的动态均衡和产业素质的提高。

4. 产业资源配置论

产业资源配置论将产业结构看作一种资源的转换器，合理化是对资源的配置和利用等进行的结构优化。这一观点认为，体育产业结构的优化调整是在一定的消费和资源条件下，实现资源在产业间的合理配置和有效利用。

体育产业结构合理化是对体育产业进行调整，使其从不合理走向合理的过程。具体而言，其是在一定的经济发展战略目标的指导下，以现有的经济资源为基础，对体育产业各部门之间资源配置的优化，以及对产业部门之间发展的协调，通过这些调整，能够实现良好的经济效益。产业结构的合理化使得资源配置在部门之间形成良好的比例关系，并且随着经济的发展和需求结构的变化，其也会进行相应的调整。通过产业结构的合理化，其最终实现了需求与供给的动态平衡。具体而言，产业结构的合理化使得体育产业各部门之间的相对低位、产出能力、联系方式、产业布局等方面都实现了协调。

总而言之，体育产业结构的合理化能够使消费需求得到满足，并且实现了需求与供给的动态平衡；同时，产业结构的合理化也实现了地区产业布局的合理化发展。

（二）高度化

产业结构的高度化是产业结构从低级向高级发展的过程，这也是产业结构发展的重要趋势。产业结构的高度化发展实质上是科学技术的发展和分工逐步细化的结果，在发展过程中，产业结构逐渐向集约化、高附加值、高技术等方面发展，实现了资源的高效利用。需要注意的是，体育产业结构的高度化是一个相对的概念。产业结构的发展是永不停息的，在不同的经济社会发展阶段，其具有相应的时代特点。例如，与发达国家相比，第三世界国家的经济发展水平相对较低，其产业结构的高度化发展可能从发达国家的角度来看，仍然是相对较低的水平。具体而言，体育产业的高度化发展具有以下几方面的内涵。

1. 产业高附加值化

所谓产业高附加值化，即为提高产品的剩余价值，通过赋予产品相应的文化、品牌和技术方面的优势，从而实现这一目标。产业高附加值化使得产业能够获得高额的利润。

2. 产业高技术化

产业的高技术化即为积极采用先进的技术，不仅是生产方面的技术，还包括管理方面的先进技术。通过这一方式能够使得体育产业的运行效率提高，从而最终提高产出能力。

3. 产业高集约化

集约化发展要求产业发展过程中，各产业部门之间由分散的小规模到合作、集中的大规模生产。通过产业高集约化，使得经济发展实现规模效益。

4. 产业高加工化

产业高加工化即为提高加工的深度，深化专业分工，由劳动密集型向资金密集型、技术密集型转变，逐步升级初级产品制造，上升为中间产品和最终产品的生产。

产业结构的高度化是一个相对的概念，但是其发展需要一定的经济社会条件，并不是在任何阶段都可以实现的。产业的高度化发展需要经济技术水平较高，基础设施相对较为完善，具有发达的原材料工业。产业结构的高度化发展是经济发展的结果，同时其反过来也促进经济的发展。通过体育产业结构的高度化发展，使得相关的资源能够得到高效利用，在节省资源的同时，实现较高的经济效益。

体育产业结构高度化发展以产业结构的合理化为重要基础，在此基础上才能够实现体育产业整体的提升。随着产业结构的合理化，经济效益不断提高，从而推动了产业结构的高度化发展。体育产业结构的优化发展，正是合理化和高度化的统一。

二、体育产业结构优化的目标与原则

（一）体育产业结构优化的目标

具体而言，体育产业结构的优化发展应实现如下几方面的目标。

1. 体育产业可持续发展

体育产业结构优化的重要目标之一就是促进体育产业的可持续发展，实现体育产业再生产的延续，使其在国民经济中保持合理的比例。通过体育产业结构优化，能够使得各个部门之间保持合理的比例，从而使得体育产业整体得到良好的发展。如果不能形成产业内部的良好互动，难以实现体育产业整体的健康运行。

2. 结构合理化和高度化

我们知道，体育产业结构的优化就是要实现体育产业结构的合理化和高度化发展，这是体育产业结构优化的基本内涵。产业结构的优化发展重要目标之一就是合理调整产业内部的联系和比例，并促进其由低级向高级发展。

3. 具备核心竞争力

体育产业结构优化发展过程中，应使得体育产业建立相应的竞争优势，积极进行战略性调整，推动其长远发展。在体育产业结构优化调整过程中，应积极促进体育产业生产效率的提高，提升体育产品的技术含量，树立相应的品牌，在国际竞争中树立自身的优势。

4. 供需动态平衡

产业结构优化调整的重要目标之一就是实现总需求与总供给的动态平衡。经济社会处在不断的发展中，人们的体育需求也在不断发生变化，体育产业结构的优化就是积极进行供给的调整，不断满足人们的需求。

5. 区域协调发展

我国经济社会的发展具有一定的不平衡性，东西部发展水平具有明显的差距。体育产业结构的优化调整应注重区域协调发展，促进各地区体育产业结构的优化发展，实现经济的共同发展。在产业结构优化调整时，应积极促进地区体育资源的优化配置，实现地区体育产业的协调发展。

（二）体育产业结构优化的原则

1. 整体性原则

产业系统中的整体性原则，要求体现系统整体功能大于部分功能的简单相加。体育产业系统是产业内各种要素之间相互依存、相互关联、相互制约、相互影响而组成的具有特定功能的聚合体。体育产业的发展不是孤立的，重点促进关联强度大的产业的发展，可以带动相关产业的发展。体育产业结构优化的整体性原则，要求体现体育产业系统的整体功能大于部分功能的简单相加，必须有效配置各类资源，促进体育产业内部构成之间的协调发展，产生系统聚合效应。既要适应市场需求，又要注意内部构成之间的相互衔接，密切配合，协调发展，以发挥出体育产业结构的整体协调功能。

2. 层次性原则

结构层级的不同，表明在整个系统中的地位、作用不同，但彼此之间又都有内在联系。体育产业结构是多种因素共同作用的结果，其形成受到诸多因素的制约。因此，在不同的发展阶段，会出现不同的层次。体育产业结构层级体系的划分，可以从不同侧面揭示体育产业结构系统特征，有助于我们更深入地了解和研究体育产业结构的现状和发展变化的趋势。在调整优化体育产业结构的过程中，不仅要把握好处于系统较高层级的要素构成，更重要的是利用好较高层级要素对较低层级要素组合的决定功能。

3. 动态性原则

体育产业结构的优化是一个动态过程。体育产业结构优化是一个相对的概念，不是指体育产业结构水平的绝对高低，而是在实现体育经济效益最优的目标下，根据某地区的地理环境、资源条件、经济发展阶段、科学技术水平、人口规模等特点，通过体育产业结构的调整，使之达到与上述条件相适应的各产业协调发展的状况。

4. 开放性原则

一个系统应具有开放性，这样才能够实现自身的不断发展。所谓系统的开放性特征，是指一个远离平衡状态的开放系统，在它同外界进行能量的交换过程中，会引起系统内部要素结构的变化，并导致要素间的关联关系重新组合。系统要素的这种变动程度是不对等的，某要素的变动，可以决定系统行为的某一参变量变化达到一定临界值而发生突变，使整个系统由原来的较无序状态，走向新的有序状态。这种新的有序结构一旦形成，还需要增加同外界物质和能量的交换才能维持，并逐步形成一种排除外界干扰的"抗干扰力"，从而保持一定的稳定性。

5. 效益性原则

市场经济的发展，对资源配置的基础性作用越来越明显。它不但要求资源获得最佳的配置、最优的组合利用，还要求产业结构处于最佳效益的发展状态。因而体育产业结构的调整要以资源最佳配置、最佳结构效益为原则，加强政策扶持与引导，坚持经济效益和社会效益并重。优化体育产业结构必须坚持为经济社会发展服务，向群众提供健康有益的体育服务产品，满足各类群体多元化的体育需求。

三、促进我国体育产业结构优化的产业集群研究

（一）产业结构分布与产业集群

随着经济社会的发展，分工也越来越细致。劳动分工形成了专业化的生产部门。劳动力的分工和专业化能够促进生产效率的提高。然而，由于地区发展的不平衡性，生产要素在空间的分布具有一定的不均衡性。劳动力分工和专业化的发展所产生的效益还要取决于相应的生产区位，具有良好的生产区位，则能够在资源、生产成本、运输成本、行业互联等方面具有优势。

1. 分工、产业集群与产业结构演进

劳动力的分工和专业化在一定程度上提高了生产效率，但是分工也会增加相应的交易费用，

如运输成本、信息失真风险等。企业在发展过程中，为了自身利益的发展，往往会本能地聚集在一起。随着社会分工的加深，这一分工单位逐渐向统一区位聚集，从而形成了既相互合作，又相互竞争的关系。处于其中的企业专业化生产技能利用的效率会明显高于单个企业自身完成全部生产的方式。这就使得更多的企业向这一区域聚集。随着专业化的不断发展，最终形成了相应的产业集群。

产业集群内部，各企业面临着同样的社会文化环境，从而避免了由于知识和经验等方面的不足而造成的交易费用。同时，在同一区域内，其空间相对集中，这减少了交通方面的交易费用。另外，集群内部是一种分工网络关系，有利于各方面信息的收集和传播，避免了信息不对称而产生的各项交易成本；集群内部良好的信息沟通，还使得企业较为注重树立自身良好的信誉度，降低道德风险产生的交易费用。

总言之，通过进行产业集群，能够使得各方面的交易费用得到一定程度的降低，具有提高交易效率的优势。因此，在产业结构发展过程中，会逐渐形成空间的聚集，最终形成产业集群。

2. 产业集聚与扩散

产业集聚是分工和专业化发展的产物，然而当发展到一定程度之后，产业集聚就会出现扩散的趋势，向其他地区进行扩散，从而在其带动下，实现地区和国家产业的成熟和发展。

产业发生扩散的原因是多方面的。当产业集群过度聚集时，很多生产要素的供给就会由于达到最大限度而出现短缺，这就导致了产业集群节约交易费用的优势逐渐消失。例如，在一些一线城市中，产业的聚集造成了田地成本、交通成本、用电成本等的上涨。

如果产业聚集超过了地区所能够承受的产业规模的最大限度，就会使得产业向着其他地区急性扩散，并且逐渐形成新的产业空间分布结构。在产业集群扩散过程中，生产理念、生产技术和生产方式等方面也会一同迁移到其他地区，从而促进新一轮分工的进行，促进这一地区的发展。总言之，产业聚集和扩散的发展过程中，形成了一个国家和地区的产业结构。

3. 产业集群促进我国产业结构优化

我国经济发展呈现出东西部发展的不平衡性，体育产业的区域发展也呈现这一特点。东部沿海地区集聚了体育产业发展的各方面要素，如劳动力、技术、资本、消费市场等方面。在企业开展市场活动时，为了追求利润的最大化，其必然向东部沿海地区聚集。现阶段，我国体育产业表现出向着发达地区聚集的状态。现阶段，我国应积极采取有效的干预措施，加快体育产业向区域快速集聚，促进体育产业集群的形成。在体育产业集群的发展过程中，应积极进行创新，提升产业内部的交易效率，推动体育产业结构的优化升级。

（二）产业集群形成的机制

瑞典经济学家缪尔达尔提出了"回流效应"和"扩散效应"理论。所谓回流效应，是指各方面的生产要素在边际报酬差异的作用下，会从不发达地区流向发达地区，从而使得不发达地区的生产要素减少，降低该地区的发展速度。所谓扩散效应则是指，当一个地区的经济发展到一定水平时，各方面的生产要素会在一定程度上出现向不发达地区流动的现象。区位因素对于工业分布具有重要的吸引作用，在地理或是经济因素的决定下，形成了相应的企业集聚。由于企业的聚集可以节约一定的成本，从而吸引了更多企业的到来。

21世纪以来，经济社会的发展出现了深刻的变化，区位因素有了更多的内涵，其逐渐将文化因素、政府行为等方面包含进来。现代意义上的区位因素是指，某一地区相对于其他区域在某特定产业的生产经营上带来优势的因素。具有一定的区位优势，则能够降低相应产业交易费用。产业的区域聚集产生相应的集聚优势，能够产生一定的"回流效应"，从而最终形成一定的产业集群。

（三）我国体育产业集群的形成机制

产业集聚的初期阶段，区域因素具有导向作用，在政府和市场等方面的推动下，产业向某个区域聚集。在产业聚集的后期，产业集聚因素的作用进一步发挥，产业聚集体作为一个整体而发挥着良好的驱动作用。

当市场环境不发生剧烈变化时，政府、市场和产业聚集体驱动这三个方面都发挥着相应的作用，同时政府的推动作用最为显著。政府通过市场体制改革来促进市场作用的发挥，还通过相应的平台建设来增进产业聚集体内部的竞争与合作程度。

1. 产业集群的形成方式及我国体育产业集群形成方式的选择

我国体育产业集群的形成有三种方式，即为自发形成、强制培育形成以及引导培育形成。在发展中国家，由于市场机制不健全、信息不对称等方面因素的限制，使得自发形成的产业集群相对较少。政府强制培育的产业群体对于政府管理效率和信息收集处理等方面具有较高的要求，因此纯粹由政府强制培育的产业群体也相对较少。因此，在现实中，大多数产业群体都是由引导培育形成的。

我国地域广阔，由于地理、历史等多方面的原因，使得很多地区经济的发展具有一定的不平衡性。现阶段，中国特色社会主义市场经济已经确立，但是由于发展时间较短，市场机制有待进一步完善和发展。现阶段，我国体育资源的市场化程度相对较低，市场主体之间的信息不对称现象较为严重。市场在资源配置中往往起不到应有的作用，这就需要政府给予一定的干预，这样才能够促进经济的健康发展。

现阶段，体育产业发展过程中，政府掌握了更多的信息和资源，政府在产业集群的形成过程中发挥了重要作用。根据产业集群形成的机制，产业的集聚主要是降低了某些方面的交易费用。当市场发挥不出应有的调节作用时，政府通过适当的政策引导，通过降低水、电、用地等方面的成本，从而形成产业的聚集。我国在很长一段时间内，很多地区都在政府的组织下积极进行招商引资，通过给予相应的优惠政策，从而实现产业的聚集。

2. 政府行为因素对我国体育产业集群形成的影响

政府行为因素对于体育产业聚集具有重要的影响。调查显示，在政府行为因素中，地方发体育产业的规划及配套支持政策对于体育用品制造业的集群具有极为重要的影响。

地区的产业规划及政策规定了地区产业结构调整的大方向,具有积极的指导意义。国家层面的产业规划对各地区的作用则是相对较为平等的,通常是在具有一定的产业基础的地方批准建立相应的体育产业基地,推动体育产业集群的形成。

地方政府为了促进经济的发展,会积极进行基础配套设施的建设,并且会有相关方面的一些优惠政策,提供相应的信息平台,促进企业之间的沟通与交流。这些措施能够在一定程度上降低生产交易费用,促进产业集聚的进一步发展。

但是过于依赖政府的优惠政策扶持也会产生相应的问题,具体而言,表现在两方面。其一,政策上的趋同性使得经济发达地区与不发达地区出现一定的差距,不利于不发达地区的发展。例如,发达地区的政府实力较强,能够给予更多的优惠政策。这无疑阻碍了经济不发达地区企业集聚的形成。其二,很多地区的政府只注重短期的税收收益,而缺乏相应的监管措施,从而不利于产业集群的长期发展。如果监管不力,可能会造成各种资源的浪费。为了实现产业集群的健康发展,应建立和完善相应的监管措施。

(四)产业集群的影响因素

不同的体育产业类型,其各方面影响因素的重要性会有所不同。

1. 影响体育服务类产业集群形成的因素分析

服务类产品具有一定的特殊性,其生产和消费是同步进行的,生产、交换和消费具有同一性特点。体育企业提供的服务地点一般在消费地,其产业集群也在消费地形成,受到生产和消费的双重影响。因此,其对外部经济、文化环境等方面具有较强的依赖性。服务类体育产业集群在形成过程中,除了受到政府行为的影响之外,服务消费地的各方面外部因素对其具有重要影响,其依赖于该地区的经济、文化和整体实力的增强。

完善的信息平台和完善的法律制度能够避免信息不对称和道德风险等带来的交易成本的增加。而且,区域内各生产部门之间的合作程度越高,产业集群的发展越快。因此,"区域内是否有完善的信息平台""区域体育产品生产部门之间的合作程度""体育市场管理相关法律完善程度"是其重要的影响因素。区域原有的产业基础是产业优势地区,在自发聚集的基础上给予相应的政策推进,则能够实现该地区产业集群的发展。体育服务业集群形成过程中,生产与消费同时进行,这就使得体育消费偏好对其具有重要的影响。因此,"区域内的体育传统"是其集群形成的重要影响因素。另外,我国体育服务业市场化发展程度不高,因此进入壁垒不利于产业集群的形成。

商业发达的地区,各方面的发展较为成熟,有利于产业的集群。因此"区域内商业的发展程度"和"区域内融资环境"是其重要的影响方面。体育服务企业的内部因素,如"区域内体育企业的经营管理能力"和"体育企业员工的素质"等方面,对于企业发展具有极为重要的影响,因此其也是影响体育服务产业集群形成的重要因素。

2. 影响体育用品制造业集群形成的因素分析

体育产品制造产业一般在生产所在地进行集聚，一个大的生产企业可能会分出多个专业生产部门。随着分工的专业化发展，企业可能会根据市场的变化来选择相应的生产产业经营地。影响体育用品制造业集群形成的各项因素中，生产要素、技术创新和物流业的发展等因素影响极大。

体育用品制造业集群形成过程中，很多影响因素都与体育服务业集群形成的影响因素类似。对于其相同之处，在此不再赘述。

随着国内体育消费水平和经济的发展，人们的体育需求不断增长，从而刺激了体育用品市场规模的不断扩大，推进了体育用品制造业集群的形成。体育产品制造业对于"区域内土地、劳动力、水电气成本"等依赖性较强，这些成本的降低，必然会吸引一些追求更多利益的企业向这一地区聚集。另外，技术因素在体育用品制造业集群形成中具有重要的影响，并且随着现代物流业的发展，劳动力、自然资源等方面的竞争优势消失，企业的集聚更加注重技术创新因素。而区域内产业集中度较高，并且有一些大型企业时，大型企业的技术创新形成一定的外部效应，吸引一些小的企业参与进来。

需要注意的是，在我国，"区域内国际知名体育用品企业设立的代工企业数量"这一因素也对体育产品制造业的集群具有重要的影响。我国现阶段的很多知名体育产品生产企业大都是从做代工开始的。很多企业在这一过程中逐渐掌握了相应的生产技术，逐渐发展壮大。代工企业较多的区域，逐渐转型成为产业集群。

四、我国体育产业结构优化的路径与策略

（一）体育产业结构优化的路径

体育产业结构的发展过程中，会出现一些问题，影响体育产业的健康发展。产业结构不合理和产业结构发展水平较低是其重要的两方面问题。因此，体育产业结构优化升级是促进体育产业健康发展的重要手段。

具体而言，体育产业结构全面优化升级路径如下。第一，积极通过宣传、教育等手段来推动体育人口数量的增加，促进人们体育消费习惯的形成。第二，积极进行体制改革，促进相应法律法规的完善，促进体育核心产业的发展，发挥核心产业的辐射作用。通过进行体育产业的体制改革，积极发挥市场的资源配置作用，推动体育产业供需的协调发展，还应注重体育交易产业的发展，增强体育产业之间的关联程度，提升产业之间的联系。第三，促进体育产业空间布局的合理化，地方政府应发挥积极作用，推动体育产业集群的形成。第四，在体育需求和体育供给的双重作用下，扩大体育市场规模，并进一步增强交易效率，促进体育产业结构合理化和高度化，最后实现体育产业结构的全面优化升级。

（二）推动我国体育产业结构优化的对策

1. 克服陈旧观念的路径依赖，实现非正式制度创新

非正式制度即为人们在长期的社会交往中形成的，并得到社会认可的约定俗成的共同恪守的

行为准则，在非正式制度中，意识形态处于核心地位。良好的经济秩序不仅依赖完善的法律法规，还需要具有相应的非正式制度的约束作用。

在我国经济社会发展过程中，应积极进行非正式制度的创新，积极转变思想观念，为体育产业结构的优化发展扫清道路。体育产业是国民经济的重要部门，发展体育产业对于国民经济具有重要的促进作用。要想实现我国体育产业结构的优化创新，首先需要积极转变思想观念，重视体育运动在推动人们的身心健康发展方面的重要作用。同时，还应积极转变消费观念，促进体育消费的增加。

2. 对体育产业主导产业审慎选择

在经济发展过程中，市场规律和政府行为是市场调节的两个重要方面。在市场经济体制下，市场规律的调节机制在资源配置中发挥了基础性作用。同时，市场具有盲目性，很多时候市场并不能发挥其应有的调节作用，这就需要政府行为的积极干预。在市场发挥基础性资源配置作用的基础上，政府积极进行的宏观调控，能够实现经济的健康发展。

在体育产业结构优化发展过程中，同样需要政府和市场都发挥其应有的作用。将市场机制与政府行为结合在一起，在遵循市场规律的基础上，加强对体育产业政策和措施的制定和实施，这样才能够促进我国体育产业结构的优化发展。

在体育产业发展过程中，政府应发挥其积极的引导作用，积极制定相应的政策，进行科学的规划和引导，积极进行监督，促进体育主导产业的审慎选择。一般将体育主导产业定位为健身娱乐业、竞赛表演业、体育培训业，政府要重点对这些产业的发展予以政策扶持，促进其快速发展。优化这些体育产业结构，可以使各个产业之间的发展产生密切的联系，使其互为基础、相互依托。通过发展这些主导产业，可以起到如下几方面的效果。首先，发展主导产业，能够拉动其他相关体育产业的发展，如体育用品制造业、销售业等，进而使体育主导产业的回顾效应得到充分的发挥。其次，发展主导产业，能够推动体育场馆经营、体育组织、体育传媒、体育彩票、体育中介的发展，进而促进体育主导产业前瞻效应的充分发挥。最后，发展主导产业，能够促进周边餐饮、会展、旅游、通信、房地产等行业的发展，进而促进体育主导产业旁侧效应的充分发挥。

作为体育产业的主导产业，体育竞赛表演、体育健身娱乐、体育技能培训不但扩散效应较强，而且结构转换效应也较为突出，能够相互依托、相互促进。随着生活水平的提高，人们的健身意识与观念逐渐增强，对体育的需求也日益多元，并通过参与体育技能培训来对体育活动技能进行掌握，这就能够对体育健身娱乐业的发展起到一定的推动作用。人们在参与体育运动的过程中，也会关注一些自己喜欢项目的赛事，这又能够推动体育竞赛表演业的快速发展。同样的道理，人们关注自己喜欢项目的赛事后，对该项目的兴趣也更加提高了，而且产生了学习该项目技能的强烈要求，并通过参与技能培训来获得技能，这对体育技能培训业、体育健身娱乐业的发展同样具有积极的促进作用。

体育技能培训业、健身娱乐业、竞赛表演业作为体育产业的核心产业，能够发挥关联链式效应，对体育产业行业的整体发展产生一定的拉动效能。这些产业的发展对中间需求的扩张又会产生强有力的刺激作用，如推动大型体育赛事的举办，促进城市体育设施建设。城市基础设施建设对于城市整体功能的扩展也有积极的影响。此外，体育核心产业的发展也能够促进人们体育价值意识与观念的强化，意识与观念的发展能够有效地促进实践的发展，体育经济增长与体育产业结构的优化也有了很大的希望。

3. 大力促进体育主导产业的发展

（1）增加社会先行资本和投资率

为了使体育主导产业能够充分发挥自身的扩散效应，需要大幅地进行社会先行改变，即为体育产业结构的升级积累一定的社会先行资本。要促进生产性投资率的提高，促进积累在国民收入中比例的提高，最好可以超过10%。体育主导产业之所以能够形成，其先导和基础就是投资，投资在体育产业结构优化中发挥着一定的导向功能。

发展体育产业，要依托体育公共产品和服务，因此政府要加大力度来建设体育产品与体育服务，通过对多元体育产品的提供，来促进有效供给的不断丰富，从而对有效需求进行激活，使大众消费需求得以满足。此外，还应以消费者的需求差别为依据来细分体育产品市场，并在此基础上对目标市场加以选择，进而对与体育目标顾客相适应的体育项目进行选择，对与目标顾客相适应的价格水平进行制定，以目标顾客的体育需求特征为依据来展开促销，从而优化体育产品结构。国家要对扩张性政策积极加以实行，并从总量上着手，对各类企业研发新产品进行鼓励，使其通过这一措施来促进体育需求的增加。在体育基础设施方面，政府要先进行科学论证，然后加大投资力度，同时对社会力量进行积极组织，以市场机制为依据来促进闲置场馆的运营，最大化地提高公共支出的效应，从而为推动体育产业的发展创造良好的基础条件。

（2）确保市场需求的充足性

体育主导产业的形成与发展还需要依赖充足的市场需求。所以，要从增加体育消费着手来优化体育产业结构，在发展体育经济的过程中，要将扩大体育消费作为一个重要的拉动力量。应对体育发展战略进行大力调整，将群众体育与竞技体育的关系协调好，从政策与资金上大力扶持群众体育的发展，对健康的体育生活方式加以积极引导；促进与群众消费能力向适应的准经营性体育项目的大力发展，将公共场地和学校、企事业单位的体育设施有偿地向社会开放，对低成本的体育指导中心、健身俱乐部等进行建立。扩大市场需求具体从以下几方面着手。

其一，对各类体育市场积极开发。

其二，适应各类体育市场。业界内人士以消费者的需求差别为依据细分总体市场，进而对适宜的目标市场、体育项目进行选择，对价格水平进行合理制定，积极开展促销活动。

其三，转变居民消费观念。对人们的经济预期进行正确引导，促进边际消费倾向的增加，通过深化改革使未来的不确定性降低，对风险加以规避，这有利于促进即期消费进一步扩大。体育消费不是说要投入多少资金来进行消费，关键是要对居民的体育消费观念与意识进行引导，使居

/101/

民建立"花钱买健康"的思想,在此基础上对"体育,让生活更美好"这一新主题进行确立,对"健身就是素质、品位、发展机会、生活质量"等新观念进行树立。在对居民体育消费观念进行引导的过程中,要加强对居民体育消费动机的激发。通过促进最终消费需求的增长来对中间需求进行拉动,从而有力地发展体育主导产业。

4. 积极推动多方面的改革

(1) 进行配套经济体制改革

有效的体育产业政策对于体育产业结构优化有着积极的作用,是体育产业结构变动的外在动因。然而中国的政策在制定上没有制度化、法律化,且重制定、轻执行的现象屡见不鲜,要扭转现阶段中国体育产业结构失衡的问题,需要政府部门为体育产业的发展创造良好的政策环境,通过制定优惠政策来鼓励与支持体育产业健康快速的发展。产业结构升级的实现在很大程度上取决于制度基础的建立。

我国政府应从如下几方面积极开展工作:首先,要加大对体育产业的政策支持力度,政府在落实和完善体育产业发展的现有政策的基础上,根据产业的发展情况随时出台新的政策及配套措施。在条件成熟时,将促进体育产业发展纳入法制化轨道。其次,体育服务业发展滞后是中国体育产业结构失衡的主要体现。因此,要把促进体育服务业发展作为发展体育产业的首要任务,从政策方面采取切实的措施加以推进。再次,加大对体育产业的资金支持力度。政府应发挥示范效应,积极调动促进体育产业发展的引导资金,运用补助、贴息、参股等方式吸引社会资金投入。最后,加强体育产业的统计制度。具体的措施包括建立健全体育产业的统计制度和跟踪监测、预测分析制度,准确把握体育产业的发展走势,有利于发现和解决体育产业发展过程中的问题,以达到产业结构优化和升级的终极目标。

(2) 管理体制改革

在我国体育产业体制改革过程中,应尤为注重政府管理体制的规范,促进管办分离,形成政企分开的管理体制。长期以来,体育被认为是一种公益事业,而其产业功能长期被忽视。这就致使体育产业在发展过程中忽视了经济利益,其经济价值并没有得到应有的开发。

长期以来,我国注重竞技体育的发展,举国体制发挥了重要的作用。体育产业的管理也以政府为主体,从而形成了政企不分的状态。体育产业在发展过程中,都由政府进行管理和运营。随着经济的发展,社会力量参与体育运动的积极性被严重削弱,这一状况逐渐阻碍了体育产业的发展。

在体育产业发展过程中,要打破现有体制的束缚,进行管理体制的改革。现阶段,我国应尽快进行去行政化管理,将政府的管理上升为宏观管理,而将企业的具体运营管理交给社会,政府切实负责其引导和监督职能。只有这样,才能够进一步发挥社会主义市场经济体制在资源配置中的作用,为体育产业结构的优化提供良好的发展环境。总而言之,首先应明确政府的职责,明确政府和企业之间的分工,划分好相应的责任和义务关系,协调好相应的利益分配,促进体育产业的市场化运营与管理。

（3）打破户籍制度，加快城市化进程

为了便于人口和社会等方面的管理，我国实行户籍政策。而随着城市化的发展，我国户籍政策的弊端逐渐显露。因此，近年来很多学者都积极倡导进行户籍体制改革。

现阶段，我国实行城乡二元户籍制度，农业人口转变为城市人口的进程受到户籍制度的限制。城市化水平的提高能够在一定程度上促进体育产业的发展。要想实现体育产业发展，就需要积极推动城市化进程，积极消除政策和体制方面的阻碍，推动城乡户籍的统一管理制度。

（4）制定创新策略

制定创新策略主要从以下几方面着手进行。

首先，要想尽快实现体育产业结构的优化，就必须对新的科技加以运用，通过自主创新能力的提高来调整产业结构。在优化体育产业结构的过程中，技术进步是主要推动力和有力的技术保障，利用新科技，可以使产业结构性矛盾问题得到有效解决，可以促进体育产业结构的高度与合理发展。现阶段，我国在创造新科技时，需要促进投入总量的增加，对研发支出结构进行合理调整，促进科技研发资金使用率的提高。因此，我们要对扶持政策加以明确制定，大力实施品牌战略。对于大型体育企业，要鼓励其增加投入来研发新技术，从技术、产品及营销手段等方面实现全面的创新，促进我国体育用品业自主创新能力的提高。

其次，将价值链尽量拉长，开展创新性的服务，具体从产品设计、品牌销售、供应链管理、售后服务等方面着手，以促进产品附加价值的提高和盈利的增加。

再次，大力建设体育用品标准体系，积极推行体育产品质量监管和认证工作，促进我国体育产品在国际市场中竞争力的提高，对体育用品世界品牌进行全面打造。

最后，积极培养人才。我国体育产业的发展水平一定程度上取决于体育产业人力资源的数量与质量，因此，我们需要对体育产业相关人才的培养重视起来，对与我国体育产业化发展需要相适应的高水平专业人才进行科学培养。

（5）进行技术创新

创新是经济社会发展的不竭动力。尤其是科技创新，对于经济增长具有极大的贡献。一些发达国家在发展过程中，已经将高新技术逐渐融入体育产业之中。与之相比，我国仍然相对较为落后。

近年来，随着低成本竞争优势的丧失，增强自主创新能力、培养自主品牌成为体育产业的必然选择。提高企业的自主创新能力，加快技术创新体系建设，并积极吸收全球创新成果，这样才能够使我国体育产业在激烈的国际市场竞争中取得优势。

5. 对区域产业结构进行统筹优化

（1）发挥区域间互补的整体优势和综合比较优势

我国是发展中国家，地域广袤，不同地区除了自然条件有很大的差异外，经济基础和体育发展也处于不同的水平。这就要求我们要以实际为依据，对区域体育产业结构进行合理的调整与规划，既要将不同区域的比较优势充分发挥出来，又要对各区域的竞争优势加以创造。具体从以下

几方面着手。

首先，对各区域的优势资源进行充分的挖掘与利用，将地区优势资源与民族体育特点结合起来开发优势民族传统体育项目，对优先发展的产业部门进行合理选择，通过优先发展优势产业来对其他体育产业的发展产生积极的影响，对体育产业的特有品牌进行打造，促进优势互补、各具特色的区域体育经济的形成，促进各区域体育产业市场竞争实力的增强。

其次，重点在西部发展体育旅游业，充分利用体育旅游资源，推动体育旅游这一核心产业的发展，进而发挥主导产业的辐射效应。

最后，对中西部体育产业基地建设予以扶持，将中西部地区的体育资源充分利用起来，对体育产业布局进行合理规划，促进竞争合力的形成和体育产业的快速发展，使不同区域间体育产业发展水平的差异逐步缩小，实现协调发展的目标。

（2）加强对统一开放、竞争有序的区域市场体系的建立

我国城乡之间、区域之间在经济方面存在着很大的差距，对统一市场进行分割的体制障碍、对市场要素自由流动进行制约的体制障碍等是造成这些差距产生的主要原因。所以，我们要继续加大体制改革力度，对科学有效的区域发展政策进行制定，将区域间的分割状态逐步打破，将地区壁垒彻底消除，促进大市场调节机制不断完善。在对效率最大化原则加以遵循的基础上，使各种生产要素在市场信号的指导下自由流动于不同区域，实现资源的合理配置。只有如此，各地区体育产业的发展才能趋于协调。

（3）推动产业集群化发展

产业聚集是经济发展中的一种现象，是一种市场行为。通过进行产业集群化发展，能够实现体育产业之间的合作发展，实现体育交易成本的降低，实现规模经济效应。通过相应体育产业部门的相互合作，能够获得相应的竞争优势，促进产业竞争力的提升。因此，在体育产业发展过程中，应积极利用产业的集聚机制，积极促进体育产业集群的形成和发展，这对于现阶段我国体育产业的发展具有重要意义。具体而言，应注意以下几方面。

其一，通过解构产业链条创造竞争优势。产业形式多样，不同的产业具有不同的产业链，并且相应的产业链是相对较为完整的，这些完善的产业链构成了相应的产业市场。体育产业也具有相应的产业链，只是现阶段我国体育产业发挥水平相对较低，产业链相对不完善，有待进一步发展。在发展相应的区域优势与产业时，不必要形成完整的产业链条，可将一些优势环节作为区域体育产业的发展方向。通过优势产业的发展，能够形成良好的产业发展环境，从而最终实现体育产业的集群化发展。区域优势体育产业可以与现有其他优势行业形成空间集聚，利用产业集聚形成的行业间的高度关联性与互补性，借助相关产业的发展培育体育产业的竞争力。例如，体育用品制造业的产业竞争力不仅在于自身的发展壮大，更要利用产业集聚区相关产业带来的集聚效应。在产业布局上，促进区域优势体育产业与具有明显优势和较强优势相关产业的集聚，促使优势产业形成产业链，培育产业集群。

其二，培育核心产业形成产业集聚。要培育产业的竞争力需要一批有较强核心竞争力的体育企业，形成分工协作、共同发展的格局，带动区域优势体育产业的形成。此外，可以通过体育品牌的拓展化经营带动相关产业发展。

其三，培育体育产业基地，打造产业集群。体育产业集群化发展是体育产业提升竞争力的重要手段。通过设立相应的产业基地，积极推行相应的优惠政策和措施，能够促进企业组织的集聚和发展，形成集群式的经济体。在体育产业发展过程中，可借鉴我国晋江体育产业基地发展的经验。

第八章 体育产业支持体系的创新及发展

第一节 投资与融资支持体系的建构

中国体育产业投融资活动总是客观地依赖一定的体制和制度。所谓体育产业投融资体制，是关于体育产业资金的融通、投入、运作与监管等活动的制度安排，是各种关联要素有机结合的系统结构。它是体育产业投融资政策与制度组织化的体现。而体育产业投融资政策是指关于体育产业投资、融资、补偿等政策与法规的总称，包括体育产业投资主体结构与分工安排、融资渠道的开辟与规定以及投资补偿与分摊等。这就是说，体育产业投融资政策是一个综合性概念，它可分解成投资政策、融资政策与补偿政策。体育产业投融资体制与政策是两个关系极为密切的概念。体育产业投融资体制虽然重在体育产业投融资的主体结构安排与制度规范上，也包含了政策成分，二者在政策制度规范上是相重叠的。体育产业投融资政策则重在既定的投融资体制背景下，对体育产业投融资活动做出的具体规定。因此，体育产业投融资政策的具体落实离不开特定的体育产业投融资体制背景。要深入研究体育产业投融资体制，就必须对相关的体育产业投融资政策及环境展开研究。体育产业投融资依赖的政策环境是指维持体育产业投融资体制有效运转所需要的来自政府调节体育产业经济和体育产业投融资活动的政策供给环境，具体包括政府供给的体育产业投融资政策与环境、税收政策、产业政策等。由此可见，体育产业投融资体制属于体育经济范畴，其运行构成了国民经济中的体育经济行为。

一、中国体育产业投融资体制的构成框架

中国体育产业投融资体制的运行机理是关于组成体育产业投融资体制的各构成要素及其运行中相互关系的总和。因此，它包括中国体育产业投融资体制的构成框架和运行机制两个方面的内容。

我国体育产业投融资体制是由授信主体（资金的供应者）、融资与投资主体（受信主体，即资金的需求者）、投资项目以及政府管理部门及其规定的政策、制度、法规构成的有机运行的系统框架。

授信主体就是资金盈余部门，是融资过程中的资金供应者。多数情况下，项目的融资者也是项目的投资者，投融资主体实际上是指相同的一个组织或个人，投资主体在自有资本缺乏的情况下，就会变成融资主体，形成对外资金的需求者，在金融市场上通过借贷或发行体育股票、体育

第八章 体育产业支持体系的创新及发展

产业债券等形式进行项目的资金融通，成为接受信用的主体（受信主体）。市场经济体制下，资金供应者通常有居民、银行等金融机构、企业和政府，他们通过购买体育股票、体育产业债券或直接提供信贷对融资主体提供信用、融出资金。在项目预期利益的驱动下，融资主体就会变成投资主体对项目进行投资，投资是投资主体单方面的体育经济行为，但授信主体（如银行）为了防范融出资金的风险，通常要对投资项目和投资结构进行充分的考察评估，只有在项目可行、有技术管理和收益保障后才会向融资主体融出资金。

无论是授信主体，或是投融资主体，还是投资项目，它们都离不开一定的管理和制度约束。为了规范体育产业市场投融资秩序，政府有关部门必须向体育产业投融资市场的投资与融资行为出台一定的政策与制度，并责成有关行政管理部门和市场自律部门进行规范管理，以保证体育产业投融资行为有序地进行和投融资项目在国家体育产业政策指引下得到健康成长，并以此推进体育产业投融资体制的不断完善和体育经济的持续发展。由此可见，授信主体、投融资主体、投资项目、监管主体以及政策制度和构成的运行关系总和便形成了我国体育产业投融资体制的基本框架。

二、体育产业投融资体系的多元化方式

当前，我国体育产业发展存在的突出问题资金短缺、经费不足已经越来越影响到体育产业本身的生存和发展，多方位拓宽资金筹集的融资渠道必然摆到了我们的面前。因此，加快我国体育产业多元化投融资体制的发展成为亟待解决的问题。

目前，我国体育产业资金来源主要有三个方面：国家、地方政府和国企，渠道比较单一。绝大多数体育产业投资来自政府部门，这是我国体育发展的历史遗留问题。传统意义上的体育产业实际上是一个垄断产业，国家及政府机构之所以为其拨款，是因为受政府垄断经营，缺少合理的竞争机制。例如，足球产业，虽然相对其他体育产业社会关注度高，有较大的市场，再加上世界杯效应，曾经是发展得较好的体育产业之一。但足球产业发展需要大量的资金，光靠政府拨款远远不够，产业本身没有自己的融资渠道，没有稳定的投资保障，于是只能依靠企业赞助。但是国企和上市公司会从自己的效益出发来决定对足球产业的投入，随时有可能因为市场环境恶化或效益不好退出足球产业市场，于是就发生了延边足球队没有赞助商、辽宁和深圳等足球队球员拿不到工资等现象。

我国体育产业发展所需要的资金除了争取中央政府投入外，还有很大缺口需要我国各地区自己解决。因此，在积极探索建立社会主义市场经济体制下体育产业投融资活动新体系的同时，必须拓展和创新投融资思路，特别是对于我国西部一些发展相对滞后的省份来说，要大胆地冲破传统观念，建立一种新的体育产业投融资理念，在使传统融资途径继续发挥其作用的同时，要超常规地大胆设想和尝试新的融资方式，实现筹融资活动的跳跃式发展。主要的投融资方式有以下六种。

（一）体育产业股权融资

在国外，证券市场股权融资是体育产业融资的重要方式。在证券市场上，体育产业的企业可以通过发行体育股票的方式筹集资金。目前在深沪两市众多上市公司中，只有中体产业一家体育

公司。虽然由于上市资格的限制，主板股票市场能否成为中国体育产业起飞的发动机现在还不容乐观，但是有一点是可以明确的，即上市以后，通过市场的监督机制，企业行为得以规范，现代企业运营制度得以确立，从而达到使体育产业真正产业化的目的。

（二）体育产业债券融资

企业债券，也称公司债券，是企业依照法定程序发行、约定，在一定期限内还本付息的有价证券。企业发行债券融资有利于提高企业在社会上的知名度，加强社会对企业的监督，促进企业改善经营管理；体育债券筹资成本较低，资金使用期限较长，资金来源更加稳定。在其他国家体育产业的发展中，利用体育债券融资是常见的一种融资方式，例如，国际足联曾公开发行债券，所筹集资金用于确保每届世界杯赛的前期开销；美国发行体育债券为NBA球队筹集体育场馆的修建资金。目前我国的企业债券发行规模很小，只有诸如铁路、电力、三峡等3A级的企业才有资格发行，体育产业通过发行债券融资将是中国体育产业市场化融资的必然选择。

（三）体育产业基金融资

有别于财政、银行、股市的融资手段，体育基金是伴随体育产业发展起来的带有行业色彩的准金融机构。通过向社会公众和企业事业单位发行基金受益凭证，募集资金。开放性基金的受益凭证不能上市，也无须上市，所以它不仅不会加剧股市资金供给不足的压力，而且可以避免投资基金的受益凭证在二级市场上被投机炒作，充分发挥其为体育产业融资、促进体育存量资产盘活和广泛开展资本营运的应有功能。

（四）商业银行贷款融资

国际商业银行贷款的提供方式有两种：一种是小额贷款，由一家商业银行独自贷款；另一种是金额较大由几家甚至几十家商业银行组成银团贷款，又称"辛迪加贷款"。为了分散贷款风险，数额较大的贷款，大多采用后一种做法。

（五）体育赞助融资

体育赞助是一种新兴的经济行为，其遵循市场经济的一般规律，以优化资源配置为目标，把企业和体育组织者或参与者连接起来，使两者的现有资源进行进一步的优化和重新配置以达到双赢之目的。体育赞助自从出现以来不断被各类企业加以利用并完善，发展至今，体育赞助在体育市场上占据了相当重要的位置，使日趋壮大的体育事业加快了规范化和市场化的步伐。

（六）体育彩票融资

体育彩票作为一种高效率的融资手段已经为目前全国上下的"体彩热"所证明。西方人把体育彩票看作"无痛税收""微笑纳税"。同样，我国的体育彩票事业也是潜力巨大。实践表明，发行体育专项彩票开展博彩活动，既有利于增加体育消费，也有利于增加投资，吸引社会游资，支持体育发展。如足球彩票，除了融资以外，还有利于刺激体育消费，培育体育市场。同时，把发行专项彩票制度化，通过法律保障体系的建设来规范体育彩票的经营，使得体彩在中国体育产业发展的洪流中茁壮成长。

为了加大投融资支持力度，拓宽体育产业发展资金来源的渠道，政府可以通过安排补助资金等方式促进体育产业发展。支持有条件的体育企业进入资本市场融资，通过发行债券、股票，以及项目融资、资产重组、股权置换等方式筹措发展资金。积极鼓励民间和境外资本投资体育产业，兴建体育设施。鼓励金融机构适应体育产业发展需要，开发新产品，开拓新业务。鼓励社会力量捐资设立体育类基金会，鼓励境内外组织与个人向基金会提供捐赠和资助。通过借鉴国外发达国家体育产业多元化投融资体制及其法规和政策理论与实践研究成功的经验，对于进一步推动中国体育产业多元化投融资的快速发展具有重要的现实意义。

三、中国体育产业投融资活动现状及问题

（一）中国体育产业投融资的现状

随着体育事业从公益型向产业型、从计划经济型向市场经济型、从国家主导型向社会主导型的转变，近年来体育产业资本的来源正朝着多元化方向发展。首先，在企业上市方面，体育企业集资方式呈现多样化。以中华体育教育基金会为主要机构的中国体育基金市场，正在建立起来并刚刚开始投入运作；在股权融资风险投资方面，目前中国足球、篮球俱乐部很多都是通过和大企业、大公司联姻，寻求风险投资的注入作为主要融资手段，并逐渐成为中国体育产业除国家投入以外的主要融资方式。其次，体育彩票也成功筹集了大量资金。中国体育产业巨大的发展空间已吸引了国内外资本的投入，包括各国的证券基金、银行和保险等金融机构，但从资本进入的速度和规模来看，仍然具有速度慢、规模小的特点。中国体育产业前100名的国有或国有控股体育企业，40%以上已经开始体育产业资本市场投融资运作，一大批体育企业通过资本市场投融资运作筹集的资金迅速增加，它们发展成了国内知名的体育企业。部分体育企业不仅具备了现代企业的形式和内涵，而且在融资能力和科技创新方面，也具备了更高层次的参与国际竞争的能力。中国社会投资办体育的形式发展很快，涌现出了一批符合现代体育产业制度的知名体育俱乐部、体育企业和体育集团投资公司。

（二）中国体育产业资本市场投融资存在的问题

1. 中国体育产业投入水平低

第一，中国体育产业在整个国民经济结构中所占比例小。中国的体育产业在国民经济结构中的比重较低。

第二，相对于不断增长的体育需求和体育消费水平而言，体育产业的投入水平偏低。随着经济的快速发展，人们对体育的消费需求也将增加，体育投入的规模远远满足不了人们这一需求。

第三，在竞技体育"举国体制"下，相对重点项目而言，非重点项目和群体体育投入水平低。群众体育是体育事业的一个重要方面。在政府主导的投资体制中，体育行政部门虽然在精神上十分支持群众体育的发展，却不会把本已紧张的资金投入跨部门、跨系统、收效慢的群体体育上，所以，对群体体育的发展而言，资金仍非常短缺。

2.体育产业投融资体制不完善

第一,缺乏体育投融资的市场体制。中国在深化经济体制改革的过程中,体育投融资方面发生了积极的变化,为发展体育事业筹集了巨额资金,但同时也应看到,中国还没有完全建立起体育投融资的市场机制。在许多体育投融资活动中,政府仍然扮演着主体角色,并且在体育投融资的法制化进程中,也没有建立起制度化的投融资制度,在体育投融资渠道上缺乏创新。

第二,缺乏长期稳定的体育产业发展优惠政策。在中国,体育产业是朝阳产业,一般讲,在产业发展的起飞阶段,需要政府给予必要的优惠政策。但是,当前对发展体育产业而言,既缺乏财政支持,又没有税收优惠政策。

第三,没有形成完善的社会和政府的监督、约束机制。虽然政府管制过多,但更多地陷入具体事项的管理当中,没有建立起完善的投融资项目、渠道以及对其的监督约束机制。

3.体育产业融资困难

第一,企业融资需求大,供给不足。国内大多数体育企业正处于成长的初期阶段,在其发展过程中,必须源源不断地获得资金注入,保持经济上的良性循环,才能求得生存和发展。但在资金供给方面,由于体育产业处于发展阶段,高投入、低产出,投资风险大,回报率低甚至没有回报,使许多财团和大企业不愿意持续投资于体育产业;另外,体育产业缺乏为本行业发展提供资金支持的体育产业投资基金和投资公司。诸多方面的原因加剧了体育产业资金供给的不足。

第二,融资渠道狭窄,以企业和财团的资金来源为主。国家财政资金、银行信贷资金、非银行融资等融资渠道对于体育企业都是封闭的。体育企业可行的融资渠道只有其他非体育企业资金和体育企业自留资金两种。由于融资渠道狭窄,并且自身盈利能力差,因此,体育企业很容易陷入财务危机,走向破产的边缘。

第三,融资方式单一,主要以企业集团风险投资为主。由于中国资本市场规制较严,目前很大一部分体育企业无法从资本市场融资。现实中,体育企业主要是吸收直接投资,通过企业集团的风险投资来实现融资。融资方式单一的必然后果是融资的低效率和高风险,在一定程度上导致了体育企业短期目标与长远发展的矛盾。

第四,融资结构不合理,以股权融资为主。所谓融资结构是指企业通过不同渠道筹措资金的有机组合以及各种资金所占比例。大多数体育企业集团的风险投资数额较大,应付费用和账款数额很少,两者比例相差很大。

四、构建适合中国国情的体育产业投融资体系

中国体育产业投资体制是由授信主体、融资主体、项目投资与政府管理部门及其规章制度、法规构成的有机运行的系统。合理的体育产业投融资体制有助于提高资本积累和配置效率,将资本由效率低的部门转移至效率高的部门,提高资本的边际产出率,并带动其他生产要素的流动,实现经济结构的转换和升级。如果体育产业投资体制不合理,体育经济发展又落后,体育产业投资体制与体育经济发展之间的内在矛盾就会表现出来。在落后地区,体育产业资本市场尚未形成,

资本再生能力差，资金必然短缺。造成这种结果的根源在于体育产业投资体制欠合理，无力吸收外资，无法提高体育产业资本市场积累与配置效率，这导致了体育产业投资体制与体育经济发展之间的恶性循环。根据中国国情和经济结构的现实情况以及中国体育产业的发展现状，构建中国体育产业投融资体系应从以下几方面考虑。

（一）完善中国体育产业财政投融资体系

财政投融资是指政府为实现一定的产业和财政目标，通过国家信用的方式把社会上各种闲散资金集中起来，统一由政府财政部门掌握管理，根据经济和社会发展需要，在不以盈利为直接目的的前提下，采用各种贷款的方式，支持企业或事业单位发展生产和事业的一种资金活动。对发展仍处于初级阶段的大多数体育企业来说，自身积累有限，应探索多种外源融资渠道；同时，由于在体育产业的投融资中存在市场失灵现象，又决定了必须有适当的政府干预。财政投融资是体育产业发展的物质基础和基本保障。因此，中国应按照体育产业市场经济财政投融资的基本定位和全新理念，加快体育产业财政投融资体制的改革，完善体育产业财政投融资机制的构建，以促进体育产业财政投融资运作功能的最终实现。具体来说应做好以下工作：完善体育产业财政投融资出资人制度；通过立法规范体育产业财政投融资定位；建立包括财政投融资的体育产业财政预算；建立投资资本与信贷决策互为制衡的决策机制；大力发展体育产业财政信用；加快制定财政支持体育产业发展的投融资政策。

（二）发展中国体育投融资资本市场

资本市场是长期资金市场，是证券融资和经营一年以上的资金借贷和证券交易的场所，也称中长期资金市场。体育产业资本市场投融资是把与体育产业相关的固定资本和流动资本、自由资本和借入资本、股权资本和债券资本以及无形资产变为可以经营的价值资本，通过资本市场运营优化体育产业资源，以达到盘活体育产业资产存量的目的，主要有债券融资、股权融资、产业融资等方式。作为一种较高层次的投融资经营，资本市场投融资对于体育企业追求利润最大化、扩大市场份额、形成规模经济、降低风险、实现体育产业资源优化配置等具有重要作用。

要大力发展中国体育产业股权融资市场。在国际上，证券市场股权融资是体育产业融资方式的重要方式。快速发展中国的体育产业，需要借鉴发达国家利用证券市场促进体育产业发展的经验和办法，借助证券市场发行体育产业债券，同时，还必须依靠市场机制的作用，借助民间资本来发展中国的体育事业。建立多层次的体育产业债券市场体系，运用现代通信技术和计算机网络构建新的交易系统，解决中国体育产业债券流通渠道问题。与此同时，大力培育体育机构投资者，增加体育产业债券的数量和品种。

（三）培育中国体育产业投融资中的风险投资

体育产业风险投资是由专业投资机构在自担风险的前提下，通过科学评估和严格筛选，向未来有发展前景的新创项目或市值被低估的公司、产品注入资本，并运用科学的管理方式增加体育产业风险资本的附加值。体育产业风险投资这种独具特色的资本运营方式从融入资金、多股创业，到通过企业上市等途径回收全部资本的运营过程，始终都处于高风险中，为此，我们要创造良好的内外部环境以确保其成功运作。

1. 政府对于自己的角色要有一个全新的定位

政府要建立健全体育产业风险投融资体系，支持民间风险投资，并为体育产业风险投资提供税收等各种优惠政策，以及为体育企业建立补贴制度，以此促进体育产业风险投资的发展。

2. 要建立健全体育产业风险投资信息披露机制

为改善中国体育产业风险投资的环境，调动投资者参与风险投资的积极性，必须建立和健全中国体育产业风险的信息披露机制，以增加投资者对体育产业风险投资的信心。

3. 要继续完善体育产业风险资本的退出机制

所谓"退出机制"是指风险投资机构在其所投资的企业发展相对成熟以后，将所投入的资金由股权形式转化为资金形态。建立良好的退出机制，除了增加投资者的投资信心以外，更重要的是资本循环在一个体育企业才能完成，资本增值才能得到实现，体育产业才能借助自身创造的资金有更好的发展。

（四）构建体育产业投融资体系的政策保障

1. 发展基金的设立

政府设立体育产业发展基金，为体育产业的运作积累资本。对于发展位于初级阶段、各方面还不够成熟的体育产业，政府资金的注入是必不可少的。如何使有限的资金发挥最大的经济效用，是解决体育产业在资金紧张的情况下快速发展的关键。在这个过程中，政府不仅要对其注入资金，更重要的是通过政府的投入引导更多的社会资金进入体育产业，使社会资金在体育产业发展中充分发挥作用。成立体育产业发展基金，是实现这一职能的一种较好的方式。在基金的运作管理上要强调市场机制的作用，适当减少政府干预。

2. 投融资环境的改善

政府要建立和完善相关的法律法规和政策制度，以规范和保护体育产业投融资活动，保护投资者的权利与利益，增加社会资金注入的信心。同时，应建立健全严格的资金使用法律法规，提高体育产业财政信用和周转资金的使用效率。另外，要加强各种中介机构的培育和规范，完善体育产业投融资的服务体系，为体育产业投融资提供便捷高效的通道。要完善体育产业投融资的信用担保体系，解决体育产业投资的资信问题，确保投融资的良好实现。

3. 多层次市场的构建

政府要努力建立多层次的体育产业投融资市场，实现体育产业投融资的规范化、全面化。多层次的投融资市场，能够更好地为不同发展阶段和不同发展规模的体育产业服务。与此同时，提高投融资市场工作人员的素质，提高办事效率，减少投融资不必要的额外成本的发生，为体育产业提供良好的投融资环境。

第二节 体育产业人力资源支持体系的延展

当前,我国体育产业的发展速度越来越快,产业内部分工与协作也越来越精细,这一发展趋势要求不断优化体育产业人才结构,吸引和发掘更优质的人才,使其为体育产业的进一步发展做出自己的贡献。然而,当前我国体育产业人力资源的总体状况并不乐观,问题重重,因此要加强开发与培养,提高体育产业人力资源的专业素养,使其成为真正服务于体育事业的优秀人才。

一、体育产业人力资源解读

(一)人力资源

一个国家和地区中,所有具备体力劳动能力和智力劳动能力的人总称为人力资源。这一概念说明人力资源包含两个重要因素:一是数量;二是质量。

(二)体育人力资源

在竞技体育、社会体育、学校体育等各个体育领域内进行体育劳动与智力劳动的人总称为体育人力资源。体育人才资源的范围要比体育人力资源小,专指体育人力资源中表现优秀的那部分资源。

从体育人力资源的概念来看,我国培养体育人力资源,主要是为了服务于竞技体育,这会影响体育的产业化、市场化发展,也会影响体育的经济功能的发挥。有关学者认为,体育商务人才数量缺乏且质量低下是我国加入世贸组织后给体育产业发展带来的最大挑战。在计划经济时期,我国体育事业按照福利模式发展,而且持续了很长时间,这严重影响了我国体育人才的培养。虽然中华人民共和国成立至今我国培养的体育人才不少,但总体来看人才结构单一,以运动技能型人才为主,经营与管理方面的人才非常少,可见体育产业人力资源的开发与培养并未得到重视。

(三)体育产业人力资源

体育产业人力资源指的是可以将各种管理技术应用于体育经济活动的体育人力资源。体育产业人力资源是将体育资源转化为生产力的重要载体。

21世纪是知识经济时代,是信息技术时代,在这一时代背景下,人才是国家、民族、企业生存与发展的基本动力。从这一角度来看,体育产业的升级、优化及发展离不开体育产业人力资源,在体育改革和体育产业的全面发展进程中,体育产业人力资源是非常重要的中坚力量。我国在发展体育产业的过程中,需要完成体育资源向生产力的转化,这就需要大量专业、优秀且具有创新性的体育产业人力资源参与其中。在我国体育产业快速发展的今天,对相当数量、多种规格的体育产业人才有迫切的需求,只有体育产业专业人才才能担负起繁荣我国体育产业事业的重任。

然而,目前我国体育产业人力资源十分缺乏,尤其是缺乏管理方面的体育人才,高级人才更是寥寥无几,这是制约我国体育产业发展的重要瓶颈,因此我国各有关部门应该将体育产业人才开发的工作重视起来，为我国体育产业的发展培养优秀的中坚力量。

（四）体育产业人力资源的结构

从我国体育产业发展的需要来看，可以将体育产业人力资源的结构划分为三类，分别是体育组织的行政管理人才、体育产业经济管理人才以及体育产业教育人才。其中体育产业经济管理人才又包括经济人才、法律人才及经营管理人才。

二、体育产业人力资源培养的模式

培养体育产业人力资源不仅是实施体育产业发展战略的需要，更是我国体育事业和时代发展的需要。因此，我们必须全面重视体育产业人力资源的培养问题，深入分析与科学构建体育产业人力资源的培养模式，下面主要就体育产业人力资源培养模式的内容与构建这两个问题进行分析与研究。

（一）体育产业人力资源培养模式的内容

体育产业人力资源培养模式主要包括以下三个方面的内容。

1. 培养目标

从体育产业人力资源培养模式的结构来看，居于第一位的是培养目标，对体育产业人力资源进行培养，构建人力资源知识结构体系等都需要以明确的培养目标为依据。体育产业各领域人才的基本工作状态能够通过这类资源的培养目标中反映出来，因此在制定培养目标时，要注意准确描述相关人力资源的工作领域和工作内容，从而使体育产业人才的培养方向能够明确下来。

培养目标的设定要避免浅显，应不断深化，体育产业人力资源培养目标的深化主要体现在培养规格上，即明确指出体育产业各领域人力资源应该具备的知识、素质与能力。培养目标与培养规格之间的关系非常密切，只有先对培养目标进行明确，才能对各领域人力资源应具备的基本规格有一个大概的了解。

2. 课程设置

在体育产业人力资源培养模式的整个系统结构中，课程设置起着纽带的作用。人才培养这个问题首先要明确的是对什么样的人才进行培养，然后是探讨怎样按照这个目标培养人才，即用什么方式培养。在这两个环节之间，起连接与纽带作用的主要是课程设置。

体育产业人力资源的基本知识、素质及能力可以通过课程设置反映出来。培养者采用什么方式对人力资源进行培养，主要是看课程设置情况，在对具体的培养方式进行选用时，需以课程设置情况、培养目标以及培养规格为依据，这样选出来的培养方式才更具有实效性，更能取得良好的培养效果。

在课程设置环节，不要简单罗列体育产业人力资源需学习的课程，要注意对相关配套措施的采用，并分析教学方式以及相关教材问题。此外，在对课程设置方案进行制定的过程中，要注意随时根据体育产业的发展情况和体育产业市场对人才的需求结构来调整方案，避免以一成不变的方案来应对不断变化的外界环境。随着课程设置方案的调整，具体的培养内容与方法也相应地有

第八章 体育产业支持体系的创新及发展

所更新，对体育产业不同领域的人才资源采取不同的方法进行培养，只有注意到培养的针对性，才能有效提高培养效果。

3. 培养方式

体育产业人力资源培养模式的最外在表现就是培养方式，对于培养机构而言，在培养体育人力资源过程中需要面临的实际操作性问题涉及办学方式、培养途径、培养层次、考评方式、师资队伍建设等，对这些问题进行处理时，首要原则就是要有利于体育产业人力资源培养目标的实现，能够使培养出来的人才符合培养规格，只有在这一原则基础上设计培养方式，才能确保人才培养工作的顺利有效开展，也才能促进课程质量的提高。

（二）体育产业人力资源培养模式的构建

我国体育产业人力资源培养模式的构建流程，总体上是要从培养目标、课程设置以及培养途径三个方面着手进行的。

1. 明确培养目标

对体育产业人力资源进行培养，就是培养体育领域及相关领域的专门人才，概括来说，就是体育产业理论型人才和体育产业应用型人才。在对不同类型的体育产业人力资源进行培养时，都要先设定培养目标，关于这一点，体育产业专业的学生和用人单位持不同的观点。另外，不同地域的体育产业发展现状不同，所以有关体育产业人才培养目标的看法也有一定的不同，这是现阶段我国在体育产业人力资源培养方面存在的主要问题。

在对体育产业人力资源的培养目标进行制定的过程中，需全面考虑国家与地方的发展需要，尤其是经济方面的发展需要，同时也要对体育产业发展对相关人才的需求进行分析，以此为基础和前提来进行目标设定是比较合理的。此外，在设定目标的过程中，人力资源培养机构的自身条件也是需要考虑的一个因素，这样制定出来的目标才有实现的可能。体育产业人力资源的培养方向、发展目标等受资源培养类型与层次的影响，对各项培养工作进行开展也应以培养类型与层次为基本依据，因此培养类型和层次的定位必须准确。

相关培养机构在对体育产业人力资源培养模式进行构建时，需树立科学正确的办学思想，明确自身的定位，这是办学工作开展的前提。而要想实现自身的正确定位，实现人才培养目标与发展目标，就需要对社会需求进行科学分析，从而与外界环境保持一致。在对人力资源培养方向及专业方向进行设置时，需对区域经济社会发展对人才的需求进行充分的考虑，对区域经济社会的发展趋向及时加以了解，并以区域体育产业的发展情况为依据来对培养目标进行适时与合理的调整。

培养规格是培养目标深化的表现，知识、能力和素质等是体育产业人力资源培养规格的几个主要方面。在具体的规格设定中，需注意以下几点。

第一，思想道德素质、职业道德素质、身心素质始终都是体育产业人力资源的基本素质，有关行业对此十分重视，并一直都将此作为强调的重点，所以这是体育产业人力资源必须达到的基本规格要求。

第二，高技能的人才始终是体育产业发展所需的重要人才之一，在应对财务、营销、生产研发、经纪、赞助及法律等方面的工作时，高技能的人才能够从容且高质量地完成。但这类人才并不是只拥有高技能就可以了，还需掌握更广泛的知识，否则难以在自己的领域内获得更高水平的发展。

第三，在体育产业人力资源培养规格的相关要求中，有关行业高度认可的知识要求主要体现在自然科学知识与人文社会科学知识上，这说明全面型的人才才是时代所需的人才，如果体育产业人力资源只是单一的技能型人才，就难以满足体育产业的发展需求。

第四，在人力资源能力结构中，管理能力占据着非常重要的地位，因此用人单位很重视体育产业人力资源的管理能力。对于体育产业人才而言，掌握一定的管理能力是非常必要的，因为当前体育产业的很多工作都是团队共同完成的，具备一定的管理能力有利于提高团队的整体协作与工作能力。同样基于此背景，体育产业的发展还对相关人力资源的社交能力提出了很高的要求，因此在培养规格的制定中也要注意这一方面的能力。

第五，21世纪是信息时代，这就对体育产业人力资源的信息获取、分析及处理能力提出了较高的要求，只有具备这几方面的信息能力，才能够更准确有效地完成各项工作。

在对体育产业人力资源培养规格进行明确时，应详细了解与深入分析社会需求，即在贯彻社会需求导向原则的基础上进行明确。在对不同类型人力资源的培养规格进行明确时，必须与市场需求保持协调一致。就目前来看，面向第一线的应用型人才是现阶段我国体育产业市场所需的一类重要人才，理论基础知识丰富、技能水平较高是对应用型人才的基本要求。在贯彻社会需求导向原则的同时，还要注意对通才教育的不断强化。不同类型体育产业人力资源应满足不同的规格要求，所以要有针对性地制定培养规格。然而，不管是什么类型的人才，人才素质的基本结构是没有区分的，是相同的，因此强化通才教育很有必要，通过通才教育来培养人力资源的基础知识素养和综合能力，从而为其今后的发展奠定良好的基础。通才教育不但能够对人力资源的基础知识素养进行培养，还能够培养人力资源的能力，特别是知识应用能力和技术应用能力，在生产、服务及管理中运用这些能力具有重大的意义。最后还需强调创新能力的培养，体育产业人力资源在掌握基本知识、具备基本能力后，还需重点对其创新能力进行培养，这是其可持续发展的关键性能力，也是其处理难题和工作的有力武器。

2. 科学进行课程设置

体育产业人力资源培养机构必须明确一点，即不存在一成不变的课程设置方案，因为体育产业在逐渐发展，体育产业市场对人才的需求在日益变化，这就需要不断调整课程方案，调整培养内容与方法，如果不及时调整，培养出来的人力资源很难适应社会发展，很容易被社会淘汰。此外，不同地区的体育产业发展情况不同，体育产业不同领域的发展特点不同，因此要对不同的体育产业人才进行培养，这也是要求合理调整课程设置方案的主要原因所在。可见，体育产业的发展现状、市场需求、不同区域与领域的发展情况等都是调整课程设置的主要依据。

体育产业人力资源需要学习的课程知识主要有计算机、外语、科学研究方法、经济学、管理学、统计学、会计学、高等数学、法学、体育产业概论、市场营销学、俱乐部管理等。在进行课程设置时，要依据一定的标准对课程的类型进行划分，一般将这方面的课程划分为以下几种类型。

（1）公共课

不管是体育产业哪个领域的人力资源都必须学习公共课程知识，虽然这一类型的课程与体育产业的关系并不是很密切，但是其能够对体育产业人力资源的基本素质进行培养，能够为人力资源学习其他课程奠定基础。

（2）基础课

体育产业不同领域的人力资源都要对与本专业相关的基础理论知识和基本技能进行学习。

（3）专业基础课

体育产业人力资源在这一课程中需重点学习专业知识和专业技能。

（4）必修课

体育产业各个领域的人力资源必须学习的课程就是必修课，开设该课程是培养人力资源的根本保障。

（5）选修课

体育学生在了解自身需要的基础上可对一些非必修课的课程进行选择性学习。当前，体育专业的大学生在选择选修课方面表现出了浓厚的兴趣，学生多方面的课程知识有利于学生的全面发展，也有利于其在体育产业领域更好地发挥自己的作用，充分实现自我价值。

3. 丰富培养途径

当前，体育产业对相关人才的需求量很大，而且对相关人才的质量、类型等都提出了很高的要求，这就需要人才培养机构采取多元的有效方法来开展培养工作。然而，当前我国在培养体育产业人力资源方面所采用的方式比较单一，即主要依托学校教育进行培养，虽然这一培养方式取得了很大的成果，但如果单单依靠这一途径，是很难满足体育产业发展需求的。因此，我们应不断开拓新的培养途径，采取多元化的模式与方法来对体育人才进行培养，从而充分满足体育产业市场发展对人才的需求。

三、体育产业人力资源培养对策

（一）加强政府统筹协调，对良好的政策环境进行营造

企业等用人单位是体育产业人力资源的需求方，需求方一般对本单位需要的人才提出的要求非常高，也很严格，但从当前来看，这些用人单位并没有在人才培养方面投入一定的资源，这就严重影响了其自身的发展。面对这一情况，必须加强政府的统筹协调，发挥政府的宏观调控功能，对产、学、研合作的良好政策环境和执行环境进行营造，从政策上大力支持人才培养，并鼓励企业、高校和科研单位发挥自己的优势与作用，共同为体育产业人力资源的发展而努力。

（二）通过学校教育对体育产业人力资源进行全面培养

学校教育是当前我国体育产业人力资源培养的主要方式，学校在具体的人才培养过程中，需注意以下几点。

第一，学校是体育产业人力资源的重要供给方之一，其应以体育产业市场需求为依据来对人才培养的具体目标进行制定，从而培养与市场需求相符的人才。

第二，学校应加强体育产业课程专业建设，增设新课程，以全面培养体育产业各个领域的人才。

第三，学校在培养体育产业人才的过程中，要特别注意对学生的信息能力、社交能力、管理能力以及创新能力进行培养，这样才能使学生真正成为服务于体育产业的重要人才。

第四，在对体育生产研发人才、管理人才等进行培养时，需加强学历教育，这在我国已经是一种新的人才培养趋势了，所以学校应顺应这一趋势，科学建设资格认证制度与在职培训制度。

第五，学校应随着体育产业的发展而加强体育产业课程的教学改革，以全面促进课程质量的优化与提高，从而大力提升体育产业人力资源的培养效果。

第六，学校在对人才进行考量与评价时，采取的主要方式就是考试，在这一方面，学校应不断丰富考试内容，改革考试形式，促进考试质量的提高。

第七，高校在对体育人才进行培养时，所采取的学制主要是学分制，其得到了有关部门的认可，但在运用这一学制的过程中，应注意与学时制相结合。

第八，学校应特别重视对应用型体育产业人才的培养，在开展专业教育的同时鼓励学生通过选修课来学习更多的知识，从而促进其全面发展。

第九，高校是培养体育产业人才的主要机构，其中既有综合性大学，又有体育院校，不同类型的高校在人才培养方面发挥的作用不同，二者应加强沟通与协调，发挥自身的优势，对高质量的专业人才进行全面培养。

第十，当前，我国体育产业人力资源供求关系紧张，呈现出供不应求的局面，对此，学校应积极开设就业指导与职业生涯管理课程，以帮助学生对用人单位对人才的需求情况进行了解，帮助学生规划自己的职业，这对供需方矛盾的缓解具有非常重要的作用。

（三）借鉴国外在体育产业人力资源培养方面的经验

通过调查国外培养体育产业人力资源的情况后了解到，国外在人才培养方面呈现出了几方面的特征：依据市场需求培养人才；在人才教育中提高规范化要求；同时开展理论与实践教学，且在选用教学内容时贯彻与时俱进的原则。

国外在培养体育产业人才方面所呈现出来的这些特征对我国具有很好的借鉴作用，积极主动地学习国外的成功经验和科学培养方法，对国外体育产业人力资源培养模式的规律进行全面掌握，有益于我国科学构建体育产业人力资源的培养模式，并有利于该模式的顺利实施。具体来说，我国可借鉴的先进经验有以下两个方面。

其一，要立足我国国情来构建体育产业人力资源培养模式，并依据我国实际情况对该模式进行改革与完善。我们要清楚地认识到,唯一正确且普遍适用各国的道路是不存在的,如果不在立足我国国情的基础上随意借鉴他国的做法,必然会带来严重的后果。

其二,高校要科学制订并严格实施教育培训计划,这在体育产业人力资源的培养中非常重要。如果高校不注重这一点,没有对人力资源培养模式进行科学构建,就难以向用人单位提供满足市场需求且能够推动体育产业发展的专业人才,这样高校在人才培养方面的影响力也会降低。因此,高校应积极制订人才教育与培养计划,科学构建培养模式,努力向社会提供更多更优质的人才,这样高校教育的价值才能体现出来。

四、体育产业人力资源开发策略

我国体育相关企业中员工、管理层的发展情况以及绩效改进情况能够在一定程度上反映出我国体育产业人力资源的开发状况,下面进行详细分析。

(一)体育产业企业员工的开发现状

体育产业人力资源队伍中,数量最多的资源群体就是相关企业中的员工。体育产业人力资源的开发程度与水平可以从体育企业员工的发展状况中直接反映出来。要了解体育产业企业员工的开发与发展现状,就应该对其在企业中的基础培训、技能培训情况进行调查。为了获得这方面的相关信息,我们特对38家体育产业企业进行了走访与调查,调查结果与分析如下。

1. 企业员工基础培训情况

从企业员工第一天去企业上班开始,就应该对其进行开发,初次开发主要就是对其进行教育与培训,使其对企业的文化、理念、规范要求等进行了解,并接受企业的这些基本情况。本质上来说,这也是企业员工的组织社会化过程。为了使新员工能够对企业和岗位情况有所了解,使其在新的工作环境中快速适应,企业需对各种培训教育活动进行开展,如入职培训、角色定位培训等。

(1)入职培训

通过调查发现,我国很多体育企业对员工的基础培训都不是很重视,调查的38家企业中,针对新员工开展入职培训活动的企业只有11家,占到28.7%,这些企业开展培训活动主要是为了使员工对本企业的理念、文化、工作程序等尽快了解;没有对新员工进行入职培训的企业有27家,占到71.3%。

(2)角色定位培训

除入职培训外,角色定位培训也是促进员工组织社会化的主要手段,对新员工进行角色定位培训,主要是为了使新员工了解本企业的组织结构和自己的岗位职责。

2. 企业员工专业技能培训情况

(1)培训次数

企业在对员工进行培训的过程中,专业技能是重点培训内容,不同企业对员工专业技能进行培训的次数不同,这反映出不同企业在这一方面的重视程度不同。

经过进一步调查了解到，每年对员工专业技能培训次数达到5次的企业主要是健身娱乐业的企业，这说明我国很重视健身娱乐业的发展。

（2）培训方法

在体育企业对员工进行培训的过程中，培训方法至关重要，这对最终的培训效果有直接的影响。当前，我国许多体育企业采用的培训方法都比较单一陈旧，以基于教室情景的培训方法为主，如讲授法、讨论法等，有些企业也结合采用了一些比较新颖的方法进行培训，如游戏法、仿真模拟法等。但是，企业很少用与多媒体、网络技术相结合的方法来进行专业技能培训。

3. 员工外部培训情况

体育企业在进行人力资源的开发过程中，不仅要从企业内部出发，通过开展一些活动来对员工进行培训，还应鼓励与支持员工接受外部培训，即让员工到高校及社会相关培训机构进行深造，这样员工才能对专业技能有进一步的掌握，员工的专业能力和素质才能得到全面提高，也才能更好地发挥自己的作用与价值。

虽然企业员工进行外部培训的比例并不高，但是经过进一步的调查了解到，对于员工进入高校或其他培训机构参与专业技能培训的行为，企业是很支持的，也是鼓励的，很多企业都认为这是促进员工职业修养提高的一个重要途径。

（二）体育产业企业管理层的开发现状

在体育产业人力资源开发过程中，要特别重视对管理层的开发。从最初出现工商企业开始，选拔、培养和培训管理人员就备受企业重视。管理者在一定程度上掌握了企业的未来，在市场竞争日趋激烈的今天，企业的成败往往取决于管理人员的素质，对企业而言，最重要、最宝贵的人才莫过于管理人才了。相对来说，我国体育产业管理方面的人力资源是比较稀缺的，企业只有不断对管理者进行充分的开发与培养，才能提高本企业的竞争力，才能在激烈的市场竞争中占据一席之地。

1. 管理层专业背景情况

当前，我国体育产业领域中，很多企业的工作人员，特别是中高层管理人员都缺乏体育专业背景，也就是非体育产业的相关专业出身，如体育学专业、体育经营管理专业等。体育场馆业中的一些管理者以前学的是工学专业；体育旅游业中的一些管理者以前学的是史学专业；体育用品销售业中的一些管理者以前学的是理学专业，这种情况非常普遍。总之，体育产业企业的管理层中，专业科班出身的人很少，跨专业的人很多。

2. 企业管理培训情况

体育产业企业在对管理人员进行开发的过程中，经常采用的一种方法就是管理培训。企业的管理培训一般以脱岗培训开发为主，即接受培训的管理人员可以在企业内部设立的培训中心进行学习，进而使自己的管理能力与领导才能达到更高的水平。

第八章 体育产业支持体系的创新及发展

（三）体育产业企业的绩效改进状况

体育产业企业要想使员工个人和整个组织的绩效有所提高，进而深入开展人力资源开发工作，就应该对企业绩效管理系统进行构建，并有效开展绩效管理工作。绩效管理这个工作非常复杂，而且是一个长期的过程，在体育产业人力资源开发中，有些员工知识面较窄，技能水平也不高，这就容易引发绩效管理问题。此外，管理者或组织本身也是引发绩效管理问题的主要因素，如管理者对员工的激励不足、企业组织环境较差等。下面主要就从企业激励制度情况和员工反馈途径两方面来对我国体育产业企业的绩效改进状况进行分析。

1. 企业激励制度情况

企业是否注重对员工的激励，采用什么方法对员工进行激励，都会直接影响员工工作的积极性和工作热情的维持。现在，员工选择企业时，除了考虑薪酬外，还会对企业的工作环境、自己事业的前途等进行考虑，因此，如果企业仅仅通过物质对员工进行激励，是很难满足员工发展需求的。

通过调查我国体育产业相关企业的激励制度情况后了解到，激励手段单一的问题在很多企业中都普遍存在，大部分企业只是通过物质手段对员工进行激励，如增加薪酬、给予好的福利等，选择这两种物质激励方式的企业占大多数；通过为员工提供培训机会和升职空间的方式来对员工进行激励的企业并不多，这样就难以使员工的工作积极性维持较长时间。

2. 员工反馈途径

在体育产业人力资源开发与管理中，要特别注重员工与领导层的沟通与交流，注重员工的意见反馈，这对管理效果的提高非常有利。企业如果可以对员工的反馈途径进行充分的改善，那么就可以对企业人力资源的潜力进行最大限度的挖掘，同时能够促进企业生产率的提高和发展目标的实现。

通过对我国体育产业部分企业中员工的反馈方式进行调查后了解到，企业在人力资源的开发与管理中，没有高度重视员工与管理层的沟通及交流，定期进行员工意见调查反馈的企业并不多，很多企业都不关心员工的意见。与体育产业企业相比而言，体育事业单位对员工的反馈就很重视了，员工可以通过局长信箱、网络等途径进行信息反馈，这也是体育事业单位在人力资源开发与管理方面能够取得良好效果的主要原因。

（四）体育产业人力资源开发的问题分析

1. 投入不足，企业对员工培训与发展不重视

人力资本存量积累到一定程度就形成了人才资源，在当前投资，在未来取得收益是人才资源开发的显著特点。对于企业而言，提高员工的劳动生产率是其对员工进行培训的最终收益。但是，通过调查后了解到，我国体育产业领域的相关企业在人力资源开发方面缺乏一定的资金投入，没有充分重视对相关专业人才的培养，也不注重员工的长远发展。此外，通过访谈还了解到，企业大都只给领导阶层提供培训机会，对基层人员的培训提供机会不多，漠视基层员工在企业中的地

位，因此导致基层员工的培训意愿和需求得不到满足。造成这些问题的一个主要原因是人才开发与管理观念落后，很多企业的领导者都普遍认为体育产业的发展与基层人员关系不密切，所以对基层工作者的要求比较低，认为投入大量的资金来培养基层工作人员是没有必要的，甚至是浪费的，这一传统落后的观念导致企业不注重对人才培训体系的构建与完善。

体育产业发达国家的企业十分注重对员工的开发与培养，在培训员工方面呈现出明显的系统性、连续性和针对性特征，因而也取得了良好的培训效果。但我国的体育企业之所以对员工进行培训，主要是为了应急，不重视系统地、连续地培养员工。因为培训不系统，没有整体的规划，所以效果也不理想。此外，企业在对员工进行培训的过程中，重点对专业知识和技能展开培训，而对思维、心理的培训没有予以一定的重视。知识培训是为了拓展员工的知识面，更新员工的知识库，技能培训是为了强化员工的专业技能，思维培训是为了促进员工思维的创新，心理培训是为了提高员工的心理素质，如果只重视知识与技能的培养，而忽视后两者的培养，会影响员工的全面发展。从培训方法来看，课堂培训是主要方式，其他形式的培养途径很少采用，这就使得员工在参与培训的过程中表现出一定的被动性。

2. 人力资源管理开发体系还未完善

当前，我国在体育产业人力资源开发方面存在的一个明显缺陷就是人力资源开发体制不够完善，管理开发体系不够健全。对管理人员进行选拔、培养历来都受到了体育产业企业的重视，因为企业领导者清楚地知道，随着市场竞争的不断激烈，管理者在企业中的地位越来越重要，可以说，企业能否在市场竞争中立于不败之地，并长期占据优势地位，一定程度上取决于管理者这一最宝贵的人力资源。构建体育产业人力资源管理开发体系需要从三个方面进行，即管理教育、管理技能培养和在职体验开发。但是通过调查与分析可知，我国体育产业中很多企业都未建立科学合理的人才管理开发体系，已经建立好管理开发体系的企业存在着体系不够完善、操作不规范等问题，这就严重制约了体育产业人力资源的开发与培养效果。

3. 外围环境存在一定的问题

（1）市场成熟度低

现阶段，我国体育产业人力资源市场的成熟度较低，科学健全的人力资源开发市场体系还未得到建立，人才市场中普遍存在着人才区域所有、单位所有、部门所有等不良现象，且严重缺乏高素质人才。要想使体育产业人才的聪明才智得到充分发挥，需先保证其可以在人才市场中自由流动，但是目前我国体育产业人力资本流动的成本比较高，甚至超过了预期的收益，这就导致人才不愿也不敢流动的问题发生。

（2）相关法律体系不健全

对体育产业人力资源进行开发，要先确保有一个良好的法律环境，即建立健全劳动法律、法规，并加大这些相关法律的执行力度。劳动法不仅对企业的利益进行保护，也对基层员工的利益进行保护。当前，员工跳槽现象在我国体育企业中普遍存在，而企业的法律环境不健全是导致这一问题出现的主要原因之一，如果员工在一个企业中的培训、薪酬等需求得不到政策上的保障，就会产生跳槽的念头。

（3）社会保障体系不够完善

在人员流动过程中，普遍有风险性问题存在，社会保障可以在一定程度上控制该风险，只有风险降低了，体育人才才愿意也才敢在市场中流动，但目前我国还没有建立起完善的社会保障体系，现存的社会保障体系还存在很多不足之处。现阶段，我国体育产业仍处于起步发展时期，现存的社会保障制度难以使体育企业发展的需要得到满足，也难以满足员工的发展需求，因此体育产业人力资源开发的效率就会受到很大的影响。

（五）加强体育产业人力资源开发的策略

1. 以高校为主体，对多层级的教育开发体系进行构建

（1）按体育产业人才规格对高等教育课程进行设置

体育产业的发展情况决定了体育产业人力资源必须达到的最基本要求是，对体育的独特性有所掌握，懂得如何运用体育平台来进行市场经营与管理。随着体育产业的不断发展，其需要越来越多元的人才，特别是复合型人才，即要求体育人才能够具备多方面的能力。体育产业的发展要求体育产业人力资源能够"一专多能"，这是对其知识结构的基本要求，意思是体育人才不仅要对体育产业基础理论知识和市场经营管理能力进行掌握，又要对其他相关专业的知识有一定程度的了解，这样才能与社会发展的需求相符，才能顺应体育产业的发展趋势。所以，高校在对体育产业课程进行设置时，可分四个层次进行设置，即公共基础课程、体育产业专业基础课程、体育产业专业核心课程、职业迁移模块选修课程。

（2）加强实践教学

高校在体育产业课程教学中，必须加强实践教学，适当增加实践教学的比例，从而促进大学生实践运用能力的提高。实践教学体系包括课内实践教学和课外实践教学两个部分。

在课内实践教学过程中，授课教师应多采用启发式的模式来展开教学，从而有效地启发学生的思维与创造力。此外，学校也应随时关注体育产业的热点问题，并针对相关问题组织讲座，以此来达到与时俱进的教学要求。

课外实践教学主要包括两个方面的内容：专业实习和社会调查。在专业实习方面，高校应对相对稳定的专业实习基地进行建设，教导学生如何在体育产业经营管理实践中灵活运用所学专业知识，从而促进大学生分析与解决问题能力的不断提高。在社会调查方面，授课老师应先对调研目标和计划进行制定与明确，然后给学生分配调研任务，学生在调研过程中，必须到体育产业相关公司中做深入的调查与研究，最后要将调研报告交给教师。通过调研，学生要能够对所调查公司中的一些实际问题进行解决与处理。

2. 以企业为主体，为体育产业人力资源开发营造良好的微观环境

体育产业的重要载体就是相关企业，因此对体育产业人力资源的开发离不开企业的参与。

（1）对人才招聘录用体系进行科学制定

在体育产业人力资源开发与管理的过程中，最基本的工作就是招聘与录用员工，此外，配置与使用人力资源的前提也是招聘录用，只有先做好这一工作，才能建设企业人才队伍，才能为企业的长远发展提供人力保障。可以说，企业的成败与招聘工作有直接的关系。

企业对招聘录用体系进行科学建立，有利于更有效地开展人力资源开发与管理工作。针对当前我国体育产业人力资源的开发现状，在对招聘录用体系进行构建的过程中，需做好三个方面的工作：详细且深入地分析人员净需求分析与员工职务；高效开展人才招聘、选拔和录用的工作；对已录用的新员工做好培训工作。

（2）对科学的人才培训体系进行构建

体育产业企业在对员工培训体系进行构建时，需重点从以下三个方面着手进行。

其一，立足整个过程。立足全过程就是从员工进入企业第一天开始到其离职或退休的整个过程中，始终都要贯穿企业培训。

其二，多样化的培训形式。企业在对员工进行培训时，应采取多样化的培训形式，在开展内部培训的过程中不能忽视外部培训的重要性；在"请进来"的同时也要鼓励员工"走出去"，为员工提供外出培训与学习的机会。

其三，突出培训重点。在对体育产业人力资源进行培训的过程中，必须结合企业经营的实际情况突出重点，一般来说，体育产业经营管理类的人力资源是重点培训对象。

3.以政府为主体，科学构建体育产业人力资源流动体系

（1）对人力资源的流动制度进行完善

在市场经济背景下，只有明晰劳动力产权，实现劳动行为的主体化，才能促进人力资源的市场化和社会化发展。对此，我国政府可从以下几方面来对人力资源的流动制度进行完善：从宏观上对人力资源的流动进行调控，制定相应的调控政策和管理条例；加强对流动人员档案的建立和管理，并严格规范每项工作的程序；对兼职制度做进一步的规范，促进内部管理效率的提高；为了解除流动人员的后顾之忧，可适当调整社会保险制度，使社会保险能够更加统一。

（2）加强法制建设

在加强体育产业人力资源法制建设的过程中需做好两点：其一，建立有关人力资源的招聘、流动、辞退等法规，并加以完善。这有利于企业更好地进行人力资源的优化配置，也有利于使企业的合法权益受到保障。其二，对体育产业人力资源市场行为严格加以规范，促进体育产业人力资源交流机构及中介服务机构的健康有序发展。

五、体育产业人力资源管理的创新与发展机制

（一）我国体育产业人力资源管理现状

1.体育产业人力资源规模不足、层次错位

通过调查现阶段我国体育产业领域的从业人员的综合素质后发现，这些工作人员的综合素较

之前有了很大程度的提升，且还在继续提升，因此有关行业也在不断提高准入门槛，有些用人单位对从业人员的学历做了明确要求。我国很多体育院校都设置了社会体育指导和管理专业，而且招生规模也很大，从招生情况来看，这一专业是广受学生欢迎的。体育院校之所以对体育管理类课程进行开设，主要是为了迎合市场需求，但是从这一专业毕业的学生面临一个很严重的问题，就是就业前景和自己的就业意愿产生了冲突，而且有关用人单位的准入门槛也很高，这就影响了毕业生的就业，激化了就业矛盾。此外，当前我国运动员退役后转业的情况也很普遍，退役运动员一般都是去事业单位做一些管理方面的工作，因为与之前的职业联系不紧密，所以存在明显的专业错位问题。

2. 体育产业人力资源的增长呈现粗放态势

目前，不管是文化产业、娱乐产业，还是体育产业，从业人员在数量上的提升速度非常显著，而且总体来看，受教育程度也有了一定程度的提高。然而，受管理缺位的影响，与其他产业相比而言，体育产业中从业人员的受教育程度并未有明显的提升，整体上受教育水平较低。虽然体育产业内的从业人员中，大专及以上学历的从业人员数量在不断增加，比例也有所提升，但初中及以下学历的从业人员数量也在大幅增加，而且增速要快于大专以上学历从业者，这就从整体上拉低了体育产业人力资源受教育的程度。我们应严肃面对这一问题，避免体育产业人力资源的受教育程度继续下滑。

3. 体育产业人力资源分布不平衡

我国体育产业人力资源数量少，而且在各地区的分布也不均衡，个别地区之间的差距非常明显，这是受管理长期缺位影响的结果。总体来看，我国体育产业人力资源分布较多的地区有北京、上海、广东、山东等，这些地区不仅体育人才多，而且很注重对人才的培养与管理，并且取得了良好的培养效果。宁夏、西藏、青海、重庆等地区的体育产业人力资源严重缺乏，而且这些地区也不注重对体育人力资源的培养与开发，因此不管是人才的数量，还是质量，与其他省份相比都存在着明显的差距。需要注意的是，之所以体育产业人力资源在地区分布上如此不均衡，主要是受各地区经济发展水平的影响，因为我国区域经济发展就存在着明显的失衡问题，所以就导致了人才分布的不平衡。

（二）体育产业人力资源管理中存在问题的成因

1. 管理观念较为传统

很多人都认为体育属于公益事业，与经济部门的联系并不密切，而且这种观念长期存在。受这种错误认识的影响，在体育产业领域内工作的人员存在着数量相对不足、受教育程度比较低的问题。虽然政府部门对此采取了一定的管理措施，而且也使得体育人力资源的可持续发展得到了保障。在市场经济体制下，体育产业工作者数量的增加直接促进了体育产业产出和影响力的提高，因此市场上也涌现出了大量的体育策划与体育发展公司。然而，在这一过程中，因为政府部门和社会有关行业的管理观念较为落后，所以没有充分重视体育产业投入和产出之间的关系，这样一来，将体育产业作为"支柱产业"，优先发展体育产业也只能成为空想，这就直接影响了体育产业人力资源的可持续发展。

2. 管理手段存在弊端

从计划经济时期开始，高度集中的政府行政计划管理体制在我国体育产业中就一直存在，在这一体制中，主要以行政手段来对人力资源进行管理。虽然现在是市场经济时期，但计划经济时期流传下来的一些传统管理手段依然存在于我国部分地区。体育产业人力资源的传统管理模式与手段与经济管理手段是截然不同的，在传统管理模式的影响下，政府只是从微观与狭隘的视角来对体育产业进行管理，这就导致有关体育产业发展和体育人才培养的宏观决策无法施行，这严重影响了体育产业人才的发展。

3. 人力资源开发模式较为落后

在计划经济时期，政府拨款是体育产业投资和补偿的主要来源。然而，政府拨款毕竟是有限的，有限的资本注入直接制约了体育经营管理活动和有偿服务活动的开展，并且导致体育场馆利用率不断下降，体育人力资源的潜力得不到充分发挥。虽然现在是市场经济时期，但受传统模式的影响，之前遗留的问题并未得到有效的处理，体育产业人力资源工作环境差、人才培养投入少的问题依然存在，这严重影响了体育人才的开发与利用。

（三）我国体育产业人力资源管理的创新与发展机制及实现路径

1. 重视人力资源的转化，长期培养人力资源

对社会体育人力资源进行全面开发与充分利用，以高校为依托对体育人才进行培养，以社会需求为依据对体育人才培养的层次与规模进行确定是实现长期有效供给体育人力资源且促进人力资源高效转化的主要途径。此外，为了实现这一目标，还要对发达国家在培养与管理体育人力资源方面的成功经验进行借鉴，从而促进体育产业人力资源管理质量的不断提升。而为了达到这一点，在本科教育时期可以将一些研究性的科目与课程提供给学生，以便促进学生体育运动技能的提高与增强，为其后续的持续发展提供强有力的理论支持与保障。学校也可以灵活设置课程，根据实际情况开设一些具有实用性的体育课程，以培养大学生的体育实践与应用能力。

2. 加大对稀缺人力资源的建设力度

目前来看，我国比较缺乏社会体育人才和体育科研与管理类的人才，如果可以充分培养与补给这些人才，就可以有效推动我国体育产业的发展。面对体育产业人力资源紧缺的问题，需加大体育产业人力资源建设。我国体育人口规模是相当庞大的，大规模的体育人口对社会体育指导员的培养规模提出了一定的要求，如果体育指导员的数量无法与体育人口数量相匹配，将会影响我国体育人口的增加。当前，我国的体育指导员规模与体育人口规模严重不匹配。

随着高科技的不断发展，将科技元素引入体育产业领域的现象也越来越普遍了，不管是在组织竞技体育活动和大型体育赛事上，还是在开发与制造体育运动产品上，高科技元素无处不在，高科技与体育产业融合度的不断提高要求有相应规模的体育人才来充分运用这些高科技，并能够

参与体育科技的研发工作，为了适应科技发展的需求，我们需对这些专业人才进行培养。

3. 遵循市场规律，优化配置人力资源

在市场经济体制下对体育产业人力资源进行优化配置，需以科学发展观为指导，需对市场规律严格加以遵循，需对市场在资源配置方面的优势进行充分运用。此外，在对体育产业人才进行优化配置的过程中，还应该以社会需求为依据，对具有中国鲜明特色的体育产业人力资源市场进行开发。在这一过程中，要充分发挥政府部门的作用，将更多、更便捷的渠道提供到体育产业人力资源的配置中，要通过丰富有效的方式吸引投资，使体育产业拥有更多的社会资本，同时还要对体育产业人力资源管理和服务的领域进行拓展，这样体育产业人力资源市场才能顺利开发，并得到一定的完善。只有这样，才能实现体育产业人力资源的优化配置，才能促进体育产业人力资源质量的提升与结构的优化。为了顺利达到这一目标，还需要对市场的信息反馈功能进行充分的借鉴，以此来全面把握体育产业人力资源需求的变化动态，从而促进体育产业人力资源管理水平和效果的提升。

第三节　政策支持与中介服务支持体系的成熟

21世纪体育与经济的关系日渐密切，体育产业作为体育经济的主要内容，在全球产业结构调整过程中，表现出强大的发展势头，已经发展成为一些国家重要的支柱产业，每年以较快速度递增，不仅满足了公众娱乐需要，同时对经济的发展起到了一定的推动作用。体育产业的发展对于国民生产总值的增长，人民群众体育消费和劳动者素质的提高，乃至国家产业结构的调整、刺激和拉动需求等都具有不可忽视的作用。因此，我们应该充分发挥体育产业的经济功能，努力实现体育的最大经济效益。然而，在中国现代化建设中，国家对于体育产业结构的调整还不够完善，对于体育行业基本建设投资以及财政拨款更是远远不够，因此需要通过发展有效的政策支持与中介服务支持体系来补充缺口，使其得到更好的发展。

一、政府支持体育产业多元化发展的动机

在商品经济高度发达的现代社会中，发展体育经济不仅是体育本身发展的必然要求，也是现代社会经济发展的要求。体育产业的发展不仅取决于体育市场的成熟和完善，还需要政府对其进行相应的扶持和指导。

（一）体育产业多元化发展是经济与社会发展效益的统一

当前，世界高新技术飞速发展，全球范围内第三产业在经济增长中的地位日益显著。体育产业作为第三产业中的一个重要部分，近年来，在人类越发坚持体育锻炼、推崇健康生活的大背景下发展得尤为迅速。世界上越来越多的国家和政府，都将体育产业及其产业群的发展放在其经济发展的蓝图之中。而在这些重视和积极发展体育产业的国家中，体育产业及其产业群均成为他们经济增长的重要源泉，如世界著名的运动品牌：耐克、阿迪达斯；著名的大型运动赛事经营：美

国 NBA、英超联赛等。在体育产业多元化内涵中，关于体育产业工业化、农业化、商业化和信息化的结合及体育产业集群化的功能，体现了体育产业多元化在经济发展中创造效益的范围和能力。体育产业通过体育运动及其相关活动、产品经营为支撑，成为国民经济中的重要部门，具有和其他经济部门相同的性质——讲求经济效益，注重市场效益；同时，更具有区别于其他经济部门的特性——提升公民体质，促进文化生产，振奋民族精神，实现人的全面发展与社会文明进步的和谐统一。在许多文化与体育发展薄弱的国家与地区，大力发展体育产业、促进体育产业多元化的发展在文化功能和社会文明上的作用有时更超越了经济上的作用，给他们的社会发展带来不一样的体验与收获。有鉴于此，许多在体育产业上发展不足、基础和经验处于空白状态的国家和政府纷纷采取多种对策加速体育产业的发展，以谋求通过体育产业的发展推动经济增长与社会发展的和谐统一、齐头并进。

（二）体育产业多元化发展对当前我国经济政治文化社会发展的促进作用

改革开放以来，我国的体育事业得到了开放式的飞速发展。取其精华、去其糟粕，积极地引进来、走出去，使得我国的体育事业从以举国体制的方式投入竞技体育，发展到注重学校体育、社会体育、倡导全民健身，直至将体育事业产业化，体育产业多元化的发展方向。体育产业多元化的发展，对当前我国经济、政治、文化以及社会的进步起到了不可小觑的作用。

在经济方面，随着中国申奥成功，"奥运时代"的到来在全国范围内催生了一股体育旋风。全国人民以极大的热情投入体育锻炼、体育事业的建设中。因此使一大批与体育相关的生产企业如雨后春笋般成长起来，并逐渐显示出多元化的趋势，其中包括体育用品、体育设施、体育服装、健身俱乐部等。这一系列体育产业的发展、体育产业多元化的发展成为近年来国民经济增长的有力推手。

通过体育产业多元化的辐射作用，增加了我国与周边国家，乃至世界各国的政治交流，增加互信。更重要的是与体育产业发达、体育产业多元化发展水平较高的国家与地区政府加强沟通，也有利于推动我国体育产业多元化的发展。

所谓"文体不分家"，体育事业与文化事业两者的发展是息息相关、相互促进的。体育产业多元化的发展有利于文化事业的繁荣，丰富文化领域的内涵，深化文化事业的改革和变化，体育产业多元化的发展更给文化产业的发展带来全新的思路和方向性的思考。

体育产业是社会关注度极高的焦点产业。随着经济水平的发展，人民群众对生活方式的选择以及对健康观念的更新促使体育产业向前发展，同时也对体育产业的多元化发展提出了新的要求。体育产业多元化在某种程度上也是一个社会化的过程，是体育事业社会化的体现，同时也对社会的发展起到正面的作用。

（三）我国从体育大国向体育强国的必经之路

我国在竞技体育上可以称得上"体育强国"。但是从真正意义上来说，我国只能称为体育大国，而与"体育强国"还有一定的距离。

所谓"体育强国",是一个相对的概念,比较的概念,并没有固定的、定量化的评价体系。它是在与其他国家的比较中作出的判断,是对一个国家体育发展总体实力的定性化评价。竞技体育的国际竞争力和群众体育的发展水平应当是衡量和判别体育强国的两项基本标准。体育产业、体育科教、体育法制、体育传播、体育管理和体育交往等构成了体育强国的支撑系统。体育精神、体育威望、国际体育话语权等是体育强国的软实力表现。由此可见,我国在向体育强国的目标前进的过程中,作为支撑系统首位的体育产业应作为体育强国的判断标准之一,而在体育产业发展中,体育产业多元化的发展必不可少,因此,体育产业及其多元化发展也是体育强国的必经之路。

二、政策支持与中介服务支持体系的发展

(一)建立和完善体育产业发展的政策支持体系

体育产业政策体系是指与体育产业有关的各项政策的总和。体育产业是一个多门类、多层次、纵横交错的产业系统。政策支持体系是体育产业发展支持体系中最重要的一个子系统,是国家各级政府调控体育经济运行的最直接手段,是对体育产业发展提供指导、支持与协调以及改善环境的一种重要的管理方式和实施机制。建立和完善我国体育产业发展的政策支持体系,提高体育产业自我发展能力,必须坚持体育产业的发展与我国经济和社会的发展相协调,与社会主义市场经济体制相适应。借鉴发达国家的经验和有益的方法,尽快建立和完善我国体育产业发展的政策支持体系。我国体育产业政策支持体系主要包括体育产业资产管理与开发政策、体育产业投融资政策、体育产业市场监督管理政策、体育产业税收政策、体育产业劳务价格政策、竞技体育产业政策、群众体育产业政策、体育场馆产业政策、体育教育产业政策、体育产业无形资产开发经营政策、体育产业基金经营管理政策、体育产业相关产业政策和体育产业内部政策等。

(二)建立和完善体育产业发展的中企服务支持体系

在激烈竞争的体育市场环境中,体育产业要想迅速发展,必须集中体育产业有限的资源和精力发展优势、核心能力和核心产品,这就需要有相应的体育产业中介服务与咨询支持系统的帮助和支持。体育产业中介服务体系建设应体现以下几个特点:一是针对性。针对我国体育产业类型和特点提供所需的各种服务。二是专业化。国家要注重发展高水平、专业化、名牌体育产业中介服务,并积极引进国外高水平的专业化体育产业咨询公司。三是社会化。注重利用外部条件和资源将次要的或不具优势的业务外包。四是规范化。体育产业中介服务必须规范化,这是体育产业中介服务和咨询企业发展和参与竞争的前提条件,也是现代体育服务业的发展需要。五是虚拟化。网络的高速发展,使个体充分利用社会资源成为可能。体育产业的发展可以利用网络建立网上咨询和网上贸易市场,从而实现体育产业中介服务的虚拟化。

第四节 大数据时代信息化技术的开发与运用

在现代体育产业高度发展的今天,体育与互联网之间的联系越来越密切,体育产业的信息化

发展已成为未来的一大趋势。在未来的发展中，信息化对体育产业的发展将起到至关重要的作用。因此，加强体育产业信息化的研究，构建一个科学的体育产业信息网站，加强体育产业的信息化运营对体育产业发展具有深远的影响。

一、信息化对体育产业发展的影响

在现代科学技术和信息化快速发展的今天，可以说信息化对任何行业的发展都产生了非常重要的影响，体育产业也不例外。信息化推动体育产业的发展是具有一定的科学机制的，研究信息化推动机制理论能更加深入地了解体育产业信息化的内涵，从而更好地促进其发展。

（一）信息化与体育产业信息化的概念

1. 信息化

"信息化"的思想是日本社会学家梅棹忠夫在其发表的《论信息产业》论文中首先提出的，他在研究信息产业发展原因的同时提出信息化的问题。他预言，今后的人类社会是一个以信息产业为主题的信息化社会。

在我国，国务院主持召开的第一次全国信息化工作会议上，明确了"国家信息化"的概念，"国家信息化"是指在国家统一的规划和组织下，在农业、工业、科学技术、国防及社会生活各个方面应用现代信息技术，深入开发，广泛利用信息资源，加速实现国家现代化的进程。

2. 体育产业信息化

目前，在体育界并没有一个统一、权威的关于体育产业信息化的概念，根据以上对"信息化"概念的理解，我们可以将"体育产业信息化"定义为：体育产业信息化是指在体育产业、体育科技、体育管理、竞赛组织、运动训练、全民健身等体育领域的各个方面，在国家统一规划和组织下，加速实现体育现代化，广泛利用信息资源，深入开发的一个科学化进程。

（二）信息化推动体育产业发展的机制

1. 带动作用

大量调查与研究表明，现代信息技术的使用对体育产业的作用与影响巨大，能极大地带动体育产业的发展，总体而言，这种带动作用主要通过以下几个方面来实现。

第一，在现代科学技术快速发展的背景下，先进的信息化技术在电子政务方面的应用，直接推动体育管理部门由管理型向服务型方向转变，这一变革对体育产业发展具有深远的影响和意义。

第二，现代科学信息技术的应用能有效地改造传统体育工作方式，提高工作的效率。

第三，现代科学信息技术的应用能有效改善体育制造业的装备基础，通过对传统设备的改造，不仅能制造出新的数字化体育健身产品，还能大大提高生产效率。

第四，现代科学信息网络技术的应用能为体育产业的发展创造一个良好的环境。如目前国内的CBA、中国足球超级联赛等通过网络直播技术的运用，不仅方便了广大球迷观看比赛，而且扩大了赛事在全球范围内的影响力，这对于我国体育产业的发展是比较有利的。

2.增值作用

现代信息技术的普及与发展极大地推动了体育产业的发展，对体育产业而言起到了重要的增值作用。所谓的增值是指在体育产业发展中，提高产品与劳务的附加值，扩大供给，增加财富，与传统的生产要素不同的是，信息化社会中的信息要素，其边际收益率会不断递增，能更快地推动体育产业经济的增长与发展。在现代网络经济快速发展的时代，通常情况下产品或服务的网络价值甚至比自身更重要，网络系统的层次越高，其价值就越大。在现代网络经济中，对信息的连续追加投资，不仅可以在一定程度上获得不菲的增值报酬；还可以获得一定的投资报酬。发展到现在，现代网络信息技术的应用已越来越频繁，现代社会已经进入一个高度发展的信息社会。因此，在体育产业发展的过程中，为了获得增值与提高产业价值，体育产业经营管理者一定要充分认识到现代信息网络的优势，认识到网络信息的重要性，将现代网络信息技术充分应用到体育产业管理之中。

（三）体育产业信息化对体育产业发展的影响

1.体育产业信息化促进了全民健身运动的发展

随着我国市场经济的不断发展，我国国民经济水平近年来得到了很大程度的提高，居民收入不断增加，生活水平得到逐步改善，这为人们生活方式的转变提供了可能。目前，在全民健身运动理念日益深入的今天，健康已成为人们的一种需要和追求。在休闲时间，人们都倾向于参加各种各样的体育活动来丰富自己的业余生活，在增强身体健康的同时还能陶冶情操。发展到今天，人们已不仅局限于简单的体育运动；而是对信息技术含量更高的体育运动产品有了很强的欲望，这对整个体育产业部门的发展而言都是非常有利的。

对于体育产业部门而言，体育产品的研发、流通和消费是其核心，体育产业的发展要求所生产的体育产品必须能满足消费者的体育需求。在全民健身运动的推动下，我国体育产品业也迎来了发展的春天，各种生产体育运动产品的厂家大量出现，各种体育产品也大量涌现出来。其中，在生产和消费领域，信息化都起到了重要的核心作用，这具体表现在以下两个方面。

第一，生产体育产品的企业或厂家可以通过各种网络信息渠道了解体育消费者的各种需求，而对于消费者来说，也可以通过现代媒体来了解和掌握体育产品的性能等，以选择适合自己的体育产品。

第二，在现代科学技术快速发展的今天，信息技术的应用能有效地推动体育产品的创新与发展。发展到现在，人们倾向于选择各种有氧运动产品，如跑步机、动感单车等，这些运动产品的使用能帮助人们更好地提高身体健康水平。而对于运动员而言，他们参加运动训练，对自己的身体状况、运动负荷等都需要有一个及时准确的了解，而现代信息技术的应用就能帮助运动员完美地解决这一问题。在新的时代背景下，在全民健身运动发展的今天，形成一个消费刺激生产，生产刺激消费的良性循环，对于体育产业的发展是非常有利的。

/131/

2. 信息技术的发展保证了竞技体育比赛的公正性

在科学技术还不发达的时代或者有一些特殊的竞技体育比赛项目，用人的器官或简单的仪器来测量，其结果是非常不准确的，这就难以保证竞技体育比赛的公平和公正。而随着时代的发展，现代科学技术的应用，使得测量仪器和设备变得非常先进，能准确地记录和裁判出运动员的比赛成绩，有效地保证了竞技体育比赛的公正性和公平性。

3. 保证了大型体育竞技比赛的全球转播

随着现代网络信息技术的广泛应用，处在世界各地的人们都能通过网络同步观看各种各样的体育赛事，这种不受时空限制的体育比赛转播，充分满足了人们对体育运动比赛观赏的需要，刺激了人们对体育产品消费，因而对体育产业的发展具有重要的推动作用。

4. 帮助运动员提高竞技体育比赛的成绩

在竞技体育领域，信息科学技术的应用能为运动员提供准确、客观、真实的数据，帮助运动员提高自身的运动水平和比赛成绩。在信息技术运用的过程中，对运动员运动技术的分析是基于计算机多媒体技术基础之上的。首先，要进行运动员各种运动技术细节的捕捉，通常在某些环节上设置相应的传感器，通过传感器将捕捉到的信息传给计算机系统；其次，计算传感器的运动轨迹，从而建立起研究对象的三维模型。这种科学的处理技术手段能使体育训练从纯粹依靠经验走向科学化，促进运动员技术水平的快速提高。

5. 有利于大型体育赛事的组织与管理

要想确保大型体育赛事的顺利进行，就必须要建立一个可靠的赛事组委会对体育赛事进行有效的组织与管理。在举办大型体育赛事时，受各种因素的影响和制约，赛事组织者管理水平的好坏将直接关系到赛事是否成功，如果管理得好效益就好，反之效益就差。如在体育赛事举办期间，竞赛日程的发布、竞赛门票的售出、竞赛结果信息的发布等都可以通过网络信息技术的运用来为人们提供及时的信息。而借助于互联网和网上银行电子手段，不仅方便了主办者，免去了劳动力支出，而且也为参赛者和观赛者提供了极大的便利，可谓是一举两得。可以说，现代网络信息技术已广泛地应用到各种体育赛事之中，如2016年巴西里约热内卢奥运会期间，通过互联网查阅竞赛信息达百亿人次，高峰时网络点击频率达每分钟几百万次。重大赛事时，住宿预定、交通路线、天气预报等信息，人们都能通过网络来获得。总之，各种网络信息技术的应用极大地方便了赛事组织者与参与者，便于体育赛事的组织与管理。

6. 体育产业信息化对体育产业发展的作用机制

在信息技术快速发展的今天，体育产业信息化是一个不可逆转的趋势，体育产业信息化对体育产业发展的作用与影响将会越来越大。现代信息技术越发展，信息技术的含量就越高，将这些先进的信息技术应用到体育产业中，能极大地推动体育产业的发展。而体育产业的发展，又能一定程度上推动国民经济的发展。

二、我国现有的体育产业信息网站运营模式

运营模式是对企业运营管理过程的总体描述，是为实现企业运营目的而对人、财、物等核心资源运用方式的有机结合。我国现有的体育产业信息网站通过近年来的不断发展，已不断完善和健全。

（一）网站分类

关于我国体育产业信息网站的分类，目前并没有一个统一的划分标准，其运营模式是以企业运营、行政单位与企业合作运营为主。一般来说，以网站功能为主要依据来划分，可以将我国体育产业信息网站分为以下几种类型。

1. 包含体育产业信息的综合性网站

包含体育产业信息的综合性网站，主要功能是发布各种体育产业信息和资讯，内容涉及各行各业。

2. 体育行政部门官方网站

体育行政部门官方网站是电子政务的载体之一，主要是发布体育行政部门制定的相关政策、官方消息和新闻资讯等，其内容主要包括国家体育总局官方网站、各项目管理中心官方网站和各地体育局（部门）官方网站等。

3. 体育协会官方网站

体育协会官方网站主要由中华全国体育总会官方网站、各地体育总会官方网站、各单项体育协会官方网站、各行业系统协会官方网站等组成，其主要目的是发布重要体育资讯和相关公告等内容，并对各种赛事的数据进行统计。

4. 体育赛事官方网站

体育赛事官方网站包括综合性运动会、单项赛事等体育赛事的官方网站，主要传播体育赛事相关信息，是体育赛事宣传推广的重要载体，发布官方通知、公告等，部分网站也支持在线报名、在线购买门票、体育赛事衍生品等产品。

5. 门户网站体育频道

门户网站包含综合性的互联网信息资源，我国目前有腾讯、新浪、网易、搜狐四大门户网站，均开设了体育频道，且拥趸众多。以上几个门户网站体育频道的主要内容为体育相关的新闻资讯及体育赛事直播。

6. 体育产业信息垂直网站

体育产业信息垂直网站，主要是提供与体育产业相关的深度信息和服务，一般情况下，这些网站提供的信息多具有很强的增值性，重点功能为资源对接和商务合作。目前，我国主要的体育产业信息垂直网站，相比以上网站，还不是很健全，需要今后加强建设。

（二）栏目设置

在网站建设中，首先映入访问者眼帘的就是栏目设置，栏目设置是网站最直观的体现，可以

说它是网站的大纲，不同主题与功能的网站，其栏目设置都存在着一定的差异。在体育产业信息网站建设中，栏目设置能把最直观的、能直接反映体育产业信息的内容、类别等投向客户，从而为网站运营模式奠定初步基础。一般来说，网站的栏目设置要以客户的需求和使用习惯为基础，这就需要网站负责人员进行相应的调查与分析以确定栏目设置的模式与风格。

目前，在我国现有的体育产业信息网站中，其栏目设置主要围绕体育产业信息本体内容，并从信息资源增值的角度出发，注重栏目交互性与交易性的特点来进行设置，呈现出多样化的趋势。

（三）技术支持

技术支持是网站建设中重要的组成部分，技术支持的主要任务是帮助建设者提升网站建设和运营的效率，借助各种互联网技术工具，完善网站建设。因此，网站技术是体育产业信息网站建设中必不可少的重要因素，是实现网站基本功能的必要条件，缺少了网站技术，网站的建设与发展就会受到直接的影响。因此，在体育产业信息网站建设中，一定要将技术支持摆在重要的地位，充分利用好各种技术工具，完善和健全网站的建设。

1. 云计算技术

在现代信息技术发展中，云计算技术的应用非常广泛。云技术能够将网络与应用整合为一体，更好地为客户提供服务。另外，云技术还能保存各种数据。一般来说，云计算主要有两层含义，即云平台和云服务。云平台是提供资源、动态可扩展性的网络。云服务是基于底层基础设施的抽象，拥有扩展和灵活的服务。云计算是并行计算、分布式计算和网络的融合与发展。总体来说，云计算技术就是通过将各种用户所需要的资源进行转移，以实现数据的传递，具有很强的实用性和操作性，因而在体育产业信息网站运营与建设中，云技术的应用是少不了的。

2. 数据库技术

（1）知识库系统

发展到现在，现代化的人工智能已经发展到一个较高的水平，而将人工智能与数据库技术相结合，就形成了一个知识库系统。通过知识库系统的应用，能实现很多人工所不能完成的工作，极大地提高了工作效率。

（2）分布式数据库系统

由不同计算机数据组成的数据库系统被称为分布式数据库系统，在这一系统中，每台服务器都有自己独立的数据库系统对数据进行处理，能满足使用者的日常需求。

（3）主动数据库

主动数据库是指能够对紧急情况进行迅速反应的数据库，而对紧急情况进行被动反应的则称为被动数据库。由被动向主动的转变，是数据库管理系统提高的标志，信息数据主动化的处理能使得网站管理更加高效，保证网站的稳定运行。

（四）我国体育产业信息网站的主要特征

在我国体育产业信息网站发展的过程中，得到了国家体育总局、社会各企业的大力支持，这为体育产业信息网站的建设和运营奠定了良好的基础。目前，我国体育产业信息网站的建设与运营状况良好，取得了初步的成效，但从整体上来看仍然处于初级发展阶段，还需要进一步发展。当前我国体育产业信息网站呈现出以下几个特征。

1. 整体处于初级发展阶段

总体来看，我国体育产业信息网站已初具规模，进入了一个良性发展的轨道，但仍然处于初级发展阶段，其发展势头是良好的，具有极大发展潜力。具体来看，我国体育产业信息网站在网站定位、网站内容、网站管理方面普遍存在着一些问题，整体上缺乏核心竞争力，传播方式比较单调，各类体育产业信息网站主要充当信息库的角色。除此之外，目前我国体育产业信息垂直网站数量还不多，其服务水平也需要进一步加强和改善。

2. 门户网站体育频道发展迅速

近年来，随着我国竞技体育以及全民健身运动的不断发展，我国各门户网站的体育频道也迅速发展起来，目前我国的四大门户网站腾讯、新浪、网易、搜狐均开设了体育频道，并且受到了体育爱好者的交口称赞。以上几个门户网站的体育频道每天都会及时更新各种体育新闻，成为体育爱好者获取体育相关信息的主要途径之一。相对于其他体育产业信息网站而言，门户网站的体育频道信息采编和频度较快，传递信息及时并且能跟受众形成良好的互动，因此它们在我国体育产业信息网络化进程中发挥了非常重要的作用。

3. 以双向互动为主要发展方向

目前，我国体育产业信息网站主要通过信息资源共享和整合以实现网站运营者和受众的双边互动。一般来说，体育产业信息网站运营者最终要以网站技术为载体，以体育产业信息网站为平台，实现体育资源拥有者、网站运营者和网站受众之间的互动与交流，网站在建设与运营的过程中要重视彼此的双向互动，要采取一切可能的手段与措施加强网站与受众之间的联系，促进体育产业信息网站的发展。

（五）体育产业信息网站的目标功能

一般来说，我国体育产业信息网站的目标功能主要体现在以下四个方面。

1. 形象展示功能

形象展示功能是我国体育产业信息网站最基本的功能，可以说，一个形象优美的体育产业信息网站不仅能吸引受众的眼球，帮助网站运营者更好地与其进行沟通与交流，还能及时地了解与依据受众的需求，对网站进行改革与更新。可以说，形象展示功能是体育产业信息网站受众最早期的体验，只有达到这一目标后，网站运营者才能为广大受众带来更好的网站服务。一个内容翔实、设计精美的体育产业信息网站可以反映出网站运营者的综合实力，树立一个良好的形象。

2. 信息发布功能

信息发布功能也是体育产业信息网站的重要目标功能，网站运营者通过网站向社会发布体育信息，分享体育资源，形成双方之间良好的互动。网站所发布的信息不仅是转载其他网站的内容，还要注重原创性，要多发布一些具有专业性且能够吸引广大受众关注的内容。这样既能帮助网站运营者了解受众的信息需求，也有利于培养网站工作人员的主人翁意识，促进体育产业信息网站的建设与运营。

3. 商务合作功能

作为一个体育产业信息网站必须要具有一定的商务合作功能。如体育产业资源交易平台、中国体育产业信息网等都具有商务合作功能。体育产业信息网站作为体育相关组织和企业嫁接合作的桥梁，要为潜在客户提供一定的服务。如体育赛事主办方可以通过其官方网站展示赛事的相关信息，向潜在赞助商传递合作信息等。

4. 资源整合功能

资源整合功能就是指体育产业信息网站通过系统整合，实现体育信息资源的充分共享，优化体育信息资源配置，发挥体育产业信息资源的最大效应。体育产业网站的资源整合功能可以为体育产业信息获取者提供全面、快捷的信息服务，促进体育产业的不断发展。当今大量的体育产业相关信息以无序的状态出现在大众面前，体育产业信息网站要将这些信息进行加工与处理，以满足广大受众者的体育需求。

（六）体育产业信息网站的盈利模式

我国体育产业信息网站的盈利模式主要包括以下几大类。

1. 建立融资平台

近年来，我国一些体育产业信息网站正逐步搭建专门的融资平台，提供各类融资服务，如华奥星空网等。所采取的形式主要有项目众筹、项目融资、企业融资担保等，这些手段的运用都极大地丰富了体育产业信息网站的盈利模式，值得大力推广。

2. 行业信息数据

建立行业信息数据库是我国体育产业信息网站正在逐步探索的一种盈利模式，这种模式主要是通过对行业信息数据的收集、整理与加工，挖掘其中的商业价值，以形成行业信息数据库，发布行业信息数据报告等，主要是面向企业级客户，赚取访问行业信息数据库的授权费用和行业数据报告的使用费用等。

3. 电商产品平台

目前，互联网进入一个高度发展的时期，各种电商平台大量出现并获得了迅速的发展。在我国，各类体育产品纷纷进驻天猫、京东、苏宁等各大电商平台，体育产品的销售逐渐进入电商模式。在此背景下，我国一部分体育产业信息网站也开始搭建电商平台，如虎扑体育网的识货平台，收入来源主要有自营收入、第三方佣金、广告费等，这说明我国体育产业信息网站也紧跟时代发展的形势获得了进一步的发展。

4. 广告推广业务

广告推广业务是在网站流量达到一定量级后所采用的盈利模式，这一模式也是我国大部分体育产业信息网站主要的盈利模式，如我国四大门户网站的体育频道，主要类型有点击广告（CPC）、弹窗广告（CPM）、销售分成广告（CPS）、定期广告等。

5.O2O 的线上线下活动对接

O2O 主要是通过线上招揽流量聚集 B 端客户，线下实现消费聚集 C 端客户。O2O 的线上线下活动对接是我国体育产业信息网站正在探索的盈利模式，主要通过将网站上的流量转变为线下活动消费而盈利。O2O 体系将来盈利点不仅在于实现了交易和交换，更多的盈利来自基于大数据及免费模式下 O2O 平台所衍生的增值服务。

6. 商务合作交易

目前，我国大部分体育产业信息网站都非常注重网站的商务属性，在企业之间搭建一个资源交易平台，开展与企业间的商务合作，从中赚取交易佣金和服务费，如体育产业资源交易平台为各运动协会、各产业基地、各体育企业等提供体育项目招商、体育企业融资等服务，能获得良好的收益。

（七）我国体育产业信息网站的建站流程

一般来说，我国体育产业信息网站的建站流程主要包括以下几个部分。

1. 网站规划

网站规划是指在体育产业信息网站建设之前，网站运营者要根据实际需要进行分析，提出想要达到的效果和实现的功能，并且整理成需求列表，交付至网站制作服务公司。一般来说，网站规划主要涉及以下内容。

第一，网站定位。网站定位是网站规划的重要内容，网站用户、网站功能、网站内容都是进行网站定位时所需要考虑到的。通常情况下，体育产业信息网站的用户是体育产业从业者、关注者；网站功能主要包括形象展示、信息发布、商务合作等；网站内容能为广大的体育产业从业者、关注者提供丰富的、优质的服务。

第二，内容收集。网站内容的收集一方面是当前产业信息等的积累，另一方面是搜索整理的信息及内容。

第三，栏目设置。在进行网站栏目设置时，首先要根据网站定位确定相应的栏目，然后明确各栏目的内容。

2. 网站设计

网站设计主要指对体育产业信息网站视觉方面进行设计，网站设计的内容主要包括以下几个部分。

第一，网站标志设计。网站标志是体育产业信息网站的象征符号，是网站内涵的集中体现，因此设计者要综合考虑各种因素，突出网站的特色。

第二，网站风格设计。设计者在设计时要注意网站的色彩、文字、版面布局等保持一致性，以为广大受众带来良好的视觉体验。

第三，导航栏设计。网站导航栏根据位置的不同主要分为横排导航栏和竖排导航栏两种形式，设计时，其风格与网站内容要保持一致。

3. 站点建设

站点建设是体育产业信息网站建设与运营的重要内容，一般来说，网站站点建设主要涉及以下内容：第一，IP地址申请和域名注册。第二，ISP服务选择。ISP是指互联网服务提供商。第三，网页制作。第四，网站测试。这四个部分缺一不可。

4. 网站推广

在通过网站测试后，就可以展开网站的推广。网站推广是网站运营的一项重要工作，如果不进行必要的推广，体育产业信息网站就不能很好地传播出去，就不能达到预期的效果。通常来说，网站推广的方式主要有搜索引擎推广法、电子邮件推广法、信息发布推广法等几种，网站运营者可以根据网站的具体情况合理选择。

5. 网站管理和维护

网站管理与维护也是体育产业信息网站运营的重要组成部分，只有平时加强网站的管理与维护才能保证体育产业信息网站的正常运行。通常来说，体育产业信息网站的管理与维护主要包括安全管理、性能管理、内容管理等内容，网站运营者在管理与维护的过程中，要注重各方面的平衡，不能忽略任何一个方面的建设与管理。

三、我国体育产业信息网站运营模式存在的问题分析

整体来看，我国体育产业信息网站当前主要是以打造平台为核心、低成本运营的网站，其核心价值还不够明显，所提供的服务质量并不高，网站和线下产品的结合度也不够高，这在一定程度上制约着网站的建设与发展。总体上看，当前我国体育产业信息网站的运营模式主要存在以下几个方面的问题。

（一）价值增值不显著

总体来说，我国体育产业信息网站的主要目标是实现体育产业信息网站价值增值的最大化，以满足各利益相关者的期望。通常情况下，网站的价值增值主要涉及无形资产、社会效益、经济效益等多个方面。当前，我国体育产业信息网站中各类资源的价值增值不太显著，经济效益不高，这不能很好地提高体育产业信息网站运营者的管理水平，也不能满足广大受众的需求。目前我国大部分体育产业信息网站只是具有信息传播的功能，而欠缺信息增值的处理，所以价值增值效果不显著，这需要进一步发展。

（二）盈利模式不清晰

在体育产业信息网站的建设与运营中，盈利模式的选择非常重要。它是网站创造价值的重要手段，网站运营者要充分考虑产品和服务设计、受众定位和价值增值等因素，选择一个合理有效的盈利模式，这是网站运营成功的关键。但目前我国大部分的体育产业信息网站都没有一个清晰的盈利模式，仅仅只是我国四大门户网站体育频道依靠多年来的受众基础才拥有一个较为清晰的

盈利模式，如新浪体育频道、网易频道等的平台空间租金、注册会员费、网络广告等，这些都可以获得一定的盈利，值得其他体育产业信息网站借鉴和参考。

（三）网站内容不优质

在体育产业信息网站建设中，网站内容的建设将直接关系到网站运营的成败，它属于网站的核心竞争力。总体而言，我国大部分的体育产业信息网站过于简单化，仅仅是简单的传播信息，欠缺对信息的分析与整理，不能对信息进行有效的加工而传递给受众，这对于我国体育产业信息网站的发展是非常不利的。目前，我国体育产业信息网站内容建设主要存在着页面设计不足，网站主题不鲜明，信息内容不全面、信息时效性低等问题，这需要借鉴优秀体育信息网站的经验，如新浪体育、腾讯体育等来获得进一步的发展。

（四）运营模式不合理

运营模式是对体育产业信息网站运营管理过程的总体描述，当前我国的体育产业信息网站运营模式非常不合理，没有一个统一的标准的服务战略，服务系统很不健全。很多体育产业信息网站只是简单的复制与套用其他成功网站的运营模式，没有自己的特色，存在着千篇一律的现象，这种不合理的运营模式在很大程度上制约着网站的进一步发展，给广大受众带来不好的心理体验。因此，我们需要探索和建立一个适合我国国情的、具有特色的体育产业信息网站运营模式。

四、我国体育产业信息网站运营模式优化策略

（一）我国体育产业信息网站运营模式优化的原则

1. 分阶段优化

一般情况下，一个网站的建设与发展主要经历技术导向、内容导向和服务导向三个阶段，目前来看，我国大部分的体育产业信息网站都处于技术导向和内容导向之间，还处于一个摸索发展阶段。因此，在我国体育产业信息网站发展的过程中，要认识到自身的发展实际，分阶段地对网站进行优化，促进其在不同阶段的发展。而在不同的发展阶段要采取不同的方法与手段，其目的都是促进体育产业网站运营的合理化和科学化。

2. 定位清晰

体育产业信息网站的发展需要经过几个阶段才能得到健全和完善，因此在不同的发展阶段一定要找准自己的定位，定位要清晰。这里所说的定位主要是针对网站运营模式而言的。体育信息网站运营者要结合我国的具体国情和特色，以我国的体育市场为基础，充分调查与分析客户的需求，制定一个科学的网站发展目标。

3. 整合资源

在体育产业信息网站优化与发展的过程中，运营者一定要注重资源整合，不仅包括体育行业中信息和服务的整合，同时也包括对其他行业信息等各种社会资源的整合。资源整合需要大量的人力和技术手段去实现，可以建立一个体育产业信息数据库、发布数据分析报告、整合体育市场信息及其他社会资源，这是目前我国体育产业信息网站优化与发展的重要任务。

(二)我国体育产业信息网站运营模式优化的措施

1. 设立合理的网站定位

根据体育产业信息网站发展的实际,找准合理的网站定位是非常重要的。在进行网站定位时,网站运营者不能只考虑单一的定位对象,而要综合考虑各种因素,如网站的类型、功能、性能和管理等要素。

我国体育产业信息网站类型为组织网站;网站用户为体育产业信息获取者;网站功能为形象展示、信息发布、商务合作、资源整合;网站内容可以按照各级文字界面、行业数据库、相关链接等进行构建;网站性能上限为要满足百万人同时访问的情况;网站为盈利方式运作;网站管理最佳选择为自我管理。

综上所述,可以将我国体育产业信息网站定位为网络媒体和经营平台,其核心功能为体育资源置换找准网站定位后,就要根据网站用户的行为习惯,果断地删除不必要的栏目或版块,抓住网站建设的重点,围绕用户的需求去建设,这样才能有效提升网站质量。

2. 构建清晰的网站盈利模式

一般来说,网站盈利模式可以归结为一个系统。在建设的过程中,网站运营者要根据具体的实际采取各种盈利战略来加强建设。一般而言,体育产业信息网站的核心产品应是体育行业数据库及数据报告,核心服务是将整合的信息资源传递给体育产业信息获取者。网站运营者所采取的盈利模式及活动主要包括设置广告空间、开展培训活动、招商、招纳会员、订购体育相关产品或服务、承办各种体育会展、提供体育旅游服务等。

3. 设计实用的网站内容

一般情况下,我国体育产业信息网站内容主要包括各级文字界面、行业数据库、相关链接等,栏目设置主要围绕体育管理活动、体育竞赛表演活动、体育健身休闲活动、体育服务、体育培训、体育教育、体育产品制造等内容进行构建。

一般来说,体育产业信息网站的内容优化要从以下四个方面进行。

第一,体育产业信息网站首页的设计要有一定的美感,页面设置要精美、简洁,吸引眼球。

第二,体育产业信息网站核心竞争力为其提供体育行业数据库和行业数据报告。

第三,我国体育产业信息网站要以整合资源为核心,主题分明、结构合理、内容清晰,并能够提供各种服务。

第四,根据实际情况删除不必要的内容,并及时清理缓存等,以提高网站运行的速度,为用户提供优良的体验。

4. 实施多元的网站推广方法

一般来说,适用我国体育产业信息网站的线上推广方法主要包括:搜索引擎推广方法、电子邮件推广方法、资源合作推广方法、信息发布推广方法、病毒性营销方法、快捷网址推广方法、网络广告推广方法、综合网站推广方法、网站评比推广方法等。

另外，体育产业信息网站运营者在进行网站推广的过程中，要注重线下推广方式，主要从两方面进行：一是可以与国内重大体育赛事机构进行置换合作，实现互利共赢的目标；二是可以参考网站运营的相关案例，并结合自身实际做好网站的运营与推广。

5. 组建高效的运营团队

体育产业信息网站的运营与建设离不开强大的人力资源，因此组建一个高效的网站运营团队是至关重要的。我国体育产业信息网站运营的重点在于如何完善网站核心服务功能，展示网站形象、加强商务合作与资源整合，扩大服务范围，这些工作都有赖于高效的网站运营团队。除此之外，在组建一个高效的运营团队的同时，还要加强其管理，发扬团队集体主义精神，严格执行网站管理制度，更加高效地完成网站运营工作。

6. 构建合理的运营模式

在构建与发展我国体育产业信息网站的过程中，选择什么样的运营模式非常重要，体育产业信息网站应以建立体育行业数据库、提供数据报告为核心竞争力，以服务客户为中心，以资源整合为核心功能，以盈利模式构建为主体来构建一个高效、科学、具有特色的运营模式。

在体育产业信息网站运营模式中，网站运营管理者要招纳各种技术人才操控整个运营流程，同时不断优化以适应新的发展需求；要采取一系列合理的推广方法将网站信息推广给客户，以满足客户的需求；在推广的过程中，管理者要采取盈利的战略或活动才能获得可观的利益。

第九章　体育产业市场化发展的实证分析

近年来，中国体育产业在政策层面进一步明确"十年5万亿、五年3万亿"产业规模的发展目标下，各路资本加速布局体育产业资产，在海内外展开投资并购。在第二届中国体育产业论坛上，业内人士表示，体育产业的核心是赛事。从产业角度来看，体育教育、市场化进程都应加速发展。本章分别从体育用品业、传媒业、广告业、彩票业、旅游业五个方面分析体育产业在不同市场中的发展以及表现。

第一节　体育用品业的发展

一、体育用品业概述

体育用品是用于开展体育活动并且具有一定体育特性的各种物品的总称，其与人们体育活动的开展有密切关系。改革开放以来，中国经济社会发展迅速，人民体育需求不断增长，体育用品生产持续扩大。

狭义地说，体育用品是指以运动训练实际需要为基础制造出来的，服务于运动竞赛和训练的消费品。体育用品有严格的质量要求，需要达到运动规则规定的标准，并且有相关质监部门和体育运动机构对其进行检验、认证。广义而言，体育用品是指用于体育活动并符合体育活动要求的生活消费品的总称。其不仅包括狭义上的体育用品，还包括体育健身和休闲等体育活动中所使用的体育用品。

体育用品制造产业是生产承接体育用品的、相互竞争的企业的集合。我国国家统计局、国家体育总局共同制定了《体育及相关产业分类（试行）》，该标准对我国的体育用品进行了分类。

二、体育用品业的发展现状

（一）体育用品业的行业现状

近年来，中国体育用品业保持增长势头，但是与发达国家相比，我国的体育用品行业增加值占GDP的比例相对较低。我国体育用品行业整体规模不断扩大，具有较大的市场发展潜力。

（二）我国体育用品业市场格局分析

1. 我国的GDP总量及其对体育用品市场的影响分析

多年以来，我国的GDP增速一直处在较高的增长水平，经济发展总体趋势良好，发展速度较为稳定我国经济的良好发展态势缓解了世界经济整体发展疲软的现状对我国造成的冲击。体育用品行业属于第三产业，我国近年来第三产业保持着较高的增长率。体育用品业的发展在很大程度上取决于第三产业的发展。中国第三产业发展很好，体育比赛和健身活动水平不断提高，刺激了人们对体育用品的需求。

2. 我国体育用品行业进出口情况分析

近年来，虽然我国的进出口贸易波动较大，但是仍然保持着增长的势头，增速相对较慢。我国的体育用品品牌的国际影响力相对较小，在这一现状下，不利于我国体育用品品牌的国际化拓展。很多国际品牌涌入我国，增加了国内体育用品市场的竞争。

3. 我国体育用品业的行业竞争结构分析

2010年以前，中国体育用品行业发展迅速。但是，2010年以后，行业成本上升，增速放缓，同时行业间的竞争加剧，使得市场集中度逐步提高。经过一段的发展时期，中国各种品牌的体育用品创造了完善的生产和销售网络，知名品牌的市场占有额不断上升，而小企业的生存空间越来越小。现阶段，我国体育用品的新行业集群效应明显。调查显示，国内的运动鞋企业主要集中在福建晋江、广东东莞、浙江慈溪、江苏昆山，体育运动服饰产业主要在福建石狮、广东中山、浙江海宁，运动器材主要分布在浙江富阳、苍南以及江苏泰州、河北沧州，排球、篮球和足球用品主要集中在上海、天津、浙江奉化以及福建的永林和长泰。

（三）我国体育用品行业面临的市场前景分析

受2008年北京奥运会的影响，我国体育用品业在21世纪的头十年实现了快速增长。但在快速增长之后，经历了发展的衰退期。随着2022年冬奥会的临近，以及我国全民健身运动的开展，将给我国的体育用品产业带来新的发展机遇。

1. 我国体育用品业面临的优势

（1）经济环境优势

近年来，我国的金融环境不断发展成熟，这为民营企业的发展提供了良好的融资环境。国内大多数体育用品公司都是私营企业，我国的一些知名品牌的体育用品企业都相继在各地上市。

（2）潜在的市场需求优势

体育用品行业的发展受市场需求变化的影响。我国人口众多，并且居民人均收入和人均消费支出都在增长。另外，人们的健康意识也在发展，体育消费不断增多。在城市化发展过程中，体育场馆和体育设施不断增加。总而言之，我国体育用品市场需求将不断增加，这无疑促进了我国体育用品市场的快速发展。

（3）产业基础优势

我国体育用品业的发展与欧美国家相比具有较大的差距，但是我国体育用品业也有自身的产业基础，并具有多方面的发展优势。近年来，我国体育产业集群已初步形成，形成了一些国家级的体育产业基地，包括广东深圳国家体育产业基地、成都温江国家体育产业基地、福建晋江国家体育产业基地、北京龙潭湖国家体育产业基地、浙江富阳国家体育产业基地、山东乐陵国家体育产业基地和江苏昆山国家体育产业基地。良好的产业基础优势为我国体育用品业的发展提供了便利条件。

2. 我国体育用品业面临的劣势

（1）技术劣势

现阶段，我国体育用品业的技术劣势逐渐凸显，与国外体育用品企业具有较大的差距。同时表明高科技含量的体育用品在市场中更加具有竞争力。近年来，我国各大体育用品企业不断增加科研方面的投入，但是其投入占营业收入的比例仍然较低，由于技术含量的劣势，使我国体育品用品行业的发展受到了一定程度的阻碍。

（2）人才劣势

现代市场竞争即为技术和人才的竞争。体育用品行业也不例外，各项技术的开发离不开人才的努力。现阶段，我国高素质的专业人才相对较为缺乏。

3. 体育用品业面临的机遇和挑战

（1）赛事全球化带来的机遇

体育赛事的全球化在一定程度上促进了我国体育产业的发展。人们在观看相应的体育比赛时，赛事方面的消费支出就会增多，对体育用品的需求也会增长；一些大型赛事中，赛事特许冠名、经营商品的迅速增加，促进了体育用品行业的快速发展。

（2）企业国际化发展带来的机遇

目前，中国体育用品出口超过世界一半以上的国家，并且保持在相对较为稳定的范围内，目前，我国体育用品企业主要通过在国外设立分公司、邀请国外知名明星代言、赞助国外体育赛事等方式促进体育用品的国际化发展。例如，李宁、匹克、安踏等品牌都曾与NBA篮球运动员签约，通过明星代言增加自身的知名度。

（3）劳动力比较优势带来的挑战

近年来，随着国家经济社会的不断发展，劳动力成本稳步上升，这导致中国体育用品代工制造业逐渐减少了优势，一些国外的企业不得不将生产工厂转移至劳动力成本更低的国家。近年来，我国体育用品业的贸易竞争指数呈现出了下降的趋势，表明了我国体育用品业的优势正在逐渐降低。

（4）全球化发展带来的挑战

近年来，随着我国市场的不断开放，大量国外的体育用品品牌占领了我国的体育用品消费市场。长期以来，国外的耐克和阿迪达斯体育用品公司一直占据着中国高中端的体育用品商品市场，而我国的体育用品企业长期在中低端市场发展。我国体育用品业发展时间相对较短，在与国际知名品牌竞争过程中处于不利地位。要想更好地应对国际企业的挑战，应加大自身的科研和技术创新，促进专业人才的培养。

三、体育用品业的发展策略

（一）积极打造体育用品的品牌

近年来，人们逐渐认识到了品牌的重要性，通过不断打造国际知名品牌，更好地促进产品的销售和推广。通过打造优秀的体育用品品牌，树立自身的品牌文化，这样能够在竞争中树立品牌优势，从而更容易获得消费者的认可。

在这个阶段，中国体育处于较高的发展水平，但体育用品和品牌文化没有很好地发挥优势。为了提升体育用品的竞争力，应注重品牌的打造，管理者应树立良好的品牌意识，创建属于自身的品牌文化。

（二）体育用品的个性化发展

现代社会注重个性的发展，人们在各方面注重自身的独特性，张扬个性是现代人的重要特点。在体育用品方面，人们也在追求个性化。在体育用品企业推出新产品时，应注重消费者的积极参与，尤其是商品的设计和创意方面，应注重消费者参与其中。体育用品的个性化发展是体育用品发展的必然趋势，企业应充分注重消费者的需求，适应消费者的购买心理。

（三）体育用品企业营销手段的网络化

现代社会被称为"网络社会"，网络将世界各地的人逐渐联结在一起。体育用品企业在进行营销时，应注重手段的网络化。大数据、云计算等是网络时代出现的重要思维和手段，能够对消费者的偏好进行分析，从而为消费者提供更好的商品和服务。利用现代化的营销手段，能够拉近与消费者之间的距离，开展精确营销，从而提高营销效率。

（四）体育用品产业结构的优化对策

1. 政府加大支持力度

我国体育用品行业起步较晚，随着我国改革开放的不断深入，一些国际品牌涌入我国，使国内的一些品牌遭受了较大的冲击。为了推动体育用品业的发展，我国应积极营造良好的外部政策环境，为企业的发展创建良好的金融和财政政策环境，促进我国企业自主发展能力的培养。

我国确立了社会主义市场经济体制，在此基础上积极完善和规范市场环境，促进市场竞争的有序开展。应推动市场在产业结构调整和资源配置中的基础作用，推动我国企业积极开展现代企业改革，不断提升自身的竞争力。

2. 提升专业化水平

体育用品企业在发展过程中应积极转变自身的经营管理思想观念，推动自身运用管理的科学化发展。中小企业应积极壮大自身，加快专业化分工，积极推动技术创新。中小企业灵活性较强，能够开展弹性经营，对于市场需求具有较强的适应性。

中小企业应围绕体育用品业的产业链条形成高度专业化的分工、协作，充分发挥自身的专业技术、原材料等方面的优势，促进生产效率的提高。

3. 加强技术创新

中小企业应积极进行技术创新，多采用新的工艺和新材料。应促进体育用品向着技术密集型和资本密集型方向转变，增强自身在市场中的竞争力。

4. 加强合作

面对日益激烈的竞争，中小企业应加强合作，促进品牌优势和资源优势的合理配置，增强相互之间的合作，从而营造规模效应。

第二节　体育传媒业的发展

一、体育传媒业概述

（一）体育传播的特点

在人类发展过程中，信息的沟通与交流促进了人类的不断发展。随着人类社会的发展，信息传播的手段也在不断丰富，并逐渐产生了各种形式的大众媒介，如报纸、广播、电视、网络等。

媒介是文化传播的重要载体，体育传媒业则是媒介产业中的重要分支，包括"体育媒介"本体，以及在此基础上形成的产业分支。体育媒介是很早就形成的一种概念，这主要是指将体育专业人员、体育新闻等体育产业相关的内容（如体育器材、产品、服务）以及类似的辅助性研究（如体育心理学、康复、保健）作为媒体的主要内容进行专业报道。现代体育传媒业具有全景式、全覆盖、全天候等特点。

1. 全景式

现代体育传播具有全景式特点，这主要得益于传播媒介的发展。多种形式的传播媒介共同发挥相应的特点，从而使体育文化的传播具有形象性特点。在体育运动发展过程中，传播媒介起到了积极的促进作用。

人们如果要了解相应的体育活动信息，就只能通过阅读文字和图片等方式。随着媒体技术的发展，人们逐渐能够通过声音、录像欣赏体育活动，甚至能够参与到体育赛事的传播互动之中。现代多种媒介传播形式使体育活动的报道更加深入、全面、形象，能够更好地满足人们各方面的体育需求。在现代传播媒体的帮助下，人们可以足不出户就观看高水平的体育竞赛，并且花费成本较低，大大促进了体育文化的传播。

2. 全覆盖

随着现代大众媒介的传播，体育传播的手段更加丰富多样，并且大大促进了体育活动的传播范围。随着体育传媒业的发展，人们能够在家中看到欧洲高水平的足球竞赛，也能看到美国高水平的NBA篮球竞赛。传播媒介的发展使信息的传播跨越了空间的限制，使体育信息能够在更广泛的范围内传播。加拿大传播学者麦克卢汉曾经预言"地球村"的出现，而如今这一预言成了现实。

现代各种体育活动能够在全世界范围内产生深远的影响力，正是得益于现代传播媒介的发展，在体育传播媒介的影响下，体育文化得到了快速的传播，人们的体育欣赏能力也得到了较快的提升。

3. 全天候

在电视传播时代，电视体育活动传播具有一定的局限性，具有时间限制，由于时区的不同，很多人并不能欣赏到精彩的比赛。随着网络计算机和媒体的发展，人们可以存储关于体育活动的信息，以便方便的时候观看。在现代社会，计算机网络和技术大大提高了向记者和体育爱好者分发体育信息的速度和效率，使采编的方式发生了多方面的变革。

体育传播媒介的全天候发展对体育活动的开展具有重要的意义，为体育活动的传播培养了众多的观众。在大众传播媒介的作用下，体育活动实现了娱乐化、社会化、全球化发展。全天候的体育传播使人们无论何时何地都能够了解到相应的体育信息，其已经成为体育活动发展的重要推动力。

（二）体育运动与传播媒介之间的关系

1. 体育运动的发展离不开传媒的支持

（1）媒体缩小了人与体育之间的距离

随着社会的发展，人们对体育的关注不断增长，与体育的关系日益密切。媒体是两者之间的重要桥梁。公众通过媒体获得各种体育信息，以更多地了解体育运动和更多参与体育运动。

（2）媒体加速了体育信息的传播

媒体提高了信息传递的速度，使许多无法观看该领域的人能够看到该领域的实时情况，感受比赛氛围并享受比赛乐趣。媒体大大扩宽了这项运动的覆盖面。

（3）媒体推动了体育产业的发展

在媒体的帮助下，特别是将电视权转让给重大活动，在体育竞赛中引入广告已成为体育赛事资金的重要来源。没有媒体，现代竞技体育将难以生存和发展。因此，现代体育媒体是竞技体育发展的重要支柱。

（4）媒体增加了运动的曝光度，为体育运动创造了形象

在媒体的帮助下，将宣传、报道、包装和炒作运用到体育运动中，显著提高了体育运动的知名度和关注度。在这个过程中，运动员和教练的影响力与知名度也有所提高。

2. 传媒自身的发展也离不开体育

（1）体育是一个重要的媒体内容

体育宣传和报道是许多媒体吸引广告赞助和观众的法宝。随着人们生活水平的不断提高，人们对文化娱乐生活的需求也在不断增长，体育已成为人们喜欢的休闲娱乐方式和重要组成部分。人们认为，没有体育内容的媒体是枯燥乏味的。因此，媒体不可能停止跟踪和报道这项运动。

体育是各种媒体进行新闻战的主要内容。新闻报道集中在正确的时间，体育竞赛的竞争以及其比赛结果的不确定性使体育新闻成为媒体报道的焦点。

（2）体育运动增加了传媒的趣味性

体育运动的有趣特征和竞争结果的不可预测性，使体育相关报道具有相应的特征。体育运动特别是竞技体育，其过程精彩出色，而比赛结果往往是不可预测的。因此，观看体育运动可以使人们摆脱生活压力，缓解紧张情绪。这也是人们喜欢体育新闻和各类体育比赛的最根本原因。

（3）体育增加了媒体观众和受众范围

体育相关文章覆盖了广泛的观众群体，这是其他内容无法比拟的。喜欢运动的人不分国家、种族、性别或年龄。当人们喜欢运动时，这一偏好往往会持续多个人生阶段。

现代体育运动已经实现了在全世界范围内的传播与发展，虽然语言和文字不同，但是人们的体育运动形式大都相同。这使人们对体育运动比赛的欣赏脱离了国家、文化等方面的限制。这使媒体在进行体育信息传播时，能够面向全世界的受众进行传播。

二、体育传媒业的发展现状与趋势

（一）体育传媒业发展现状与问题

1. 体育传媒业发展现状

体育传播媒介是人们了解体育信息的重要途径，其发展现状表现在以下几方面。

（1）体育传媒向专业化、多元化发展

近年来，我国体育传媒业发展较快，在体育信息传播的过程中，产生了相应的产业链条，使得体育传媒产业不断发展壮大，成为体育产业的重要组成部分。体育传媒产业实现了体育信息的传递，同时创造了相应的经济收益。目前，随着我国网络媒体的兴起，国家对体育传媒的控制正在逐步放宽，很多体育运动比赛的直播不再限于中央电视台的几个频道。体育传播媒介正在向着多元化、专业化的方向发展，并且传播的内容和形式逐渐丰富多样。

（2）体育传媒市场化程度较高

随着社会经济的发展，人们的体育需求不断增高，体育市场逐渐繁荣。如今，体育已经成为人们日常生活的重要组成部分，人们可通过多种渠道观看体育比赛，了解相应的体育信息。体育传媒业利用先进的设备和技术，更好地向观众传播体育赛事，促进体育事业的发展。随着人们对运动需求的不断提高，人们对体育媒体的需求也在不断增长。在技术方面，更便捷、更清晰的要求越来越强烈；在媒体人方面，对于其专业素养的要求也在不断提高。

（3）体育传媒业传播渠道多

体育传媒市场广阔，吸引着众多的媒体参与。在各大门户网站，都有相应的体育版块。体育传播媒体之间竞争激烈，而体育传播媒体之间的竞争促进了传播媒体的多样化，丰富了人们了解体育信息的渠道，促进了体育传播媒体的发展。体育传播媒体在进行体育信息的传播时，会进行立体的信息传播，直播、图片、文字等同步传播，电视、网络、App、微博等立体开展，在这一过程中受众还能够与媒体进行互动。

2.我国体育传媒业存在的主要问题

（1）综合性、平衡性难以实现

现阶段，体育传媒业的发展存在一定的不平衡性特点。具体表现为，在进行体育信息的传播时，一些特色项目和优势项目得到了更多的传播机会，而一些其他项目的比赛不能得到有效的传播。这种不平衡性在一定程度上是由于市场需求的发展决定的，但也反映了我国体育传媒业市场开发过于集中的问题。这使一些传播媒体对其他形式的体育运动项目很少传播，从而在一定程度上损失了一些潜在的受众。

（2）体育新闻相关人才的缺失

现阶段，我国的体育新闻与编辑人才相对较为缺乏，在新媒体不断壮大的同时，这一问题更加凸显。一些优秀的体育媒体人相对较少，而各种形式的体育传播媒介缺乏专业的新闻传播方面的人才。这使我国体育传媒业对高素质人才的需求更为强烈。

（3）客观、真实性难以保障

我国体育传播相关行业的从业人员的专业素养普遍不高，这导致在进行体育相关信息的传播时很容易出现内容不严谨，甚至错误百出的现象，体育相关信息的客观性和真实性难以得到保障。人们在阅读相关的体育信息时，会看到一些不实报道，这对体育新闻业的发展是极为不利的。在对一些国外的新闻信息进行翻译时，根本不会对其真实性进行辨别，这是造成不真实的体育新闻的重要原因之一。另外，很多体育传媒的从业人员缺乏体育方面的素养，从而导致报道出现错误。因此，加强体育传播从业人员的新闻传播素养和体育素养是尤为必要的。

（二）全球化的机遇与挑战

1.全球化给体育传媒所带来的机遇

（1）文化震惊效应

不同文化的群体在进行接触时，会在思想和心理方面产生一定的混乱和压力。在文化的互动与交流过程中，普遍存在着文化震惊效应。在体育文化的全球化发展过程中，国际体育传播媒介对我国传播媒介会形成一定的文化震惊效应。在中外体育传媒业的交流与沟通过程中，必然会促进我国体育传媒业向着更好的方向发展。例如，当美国NBA篮球比赛传入我国时，对我国篮球传播媒体的影响是巨大的。随着NBA传入我国，我国的篮球热快速兴起，各大媒体竞相报道篮球方面的信息。

（2）内容的扩展以及受众的增加

在全球化发展过程中，我国的体育传播媒体对世界相关体育赛事的报道逐渐增多，并且报道的内容开始涉及诸多方面，从而使体育媒体的受众不断增加。我国人口众多，为体育传媒业的发展提供了大量的潜在受众。在全球化进程中，中国传媒业的质量和规模将继续扩大。

（3）体育产业的升级

随着经济社会的不断发展，人们的体育需求也在不断增长，从而在一定程度上促进了体育产业的发展。因此，作为体育产业重要组成部分的体育传媒业也将不断发展壮大。在全球化发展背景下，传媒业不仅要实现区域、国家内的信息传播，还要注重国际体育信息的传播。因此，随着体育产业的不断发展，我国体育传媒官办的现状在市场经济环境下将发生适应性的变革，体育产业的优化升级面临着良好的发展机遇。

2. 全球化中国外媒体所带来的挑战

全球化对经济社会的发展既是机遇，又是挑战。与西方发达国家相比，国外媒体对我国传媒业具有较大的挑战。具体而言，其主要表现在以下几方面。

（1）产业化方面的差距

与我国相比，西方发达国家的传媒业发展水平相对较高。其传播媒体积极推行市场化运作，具有高度的专业化水平，并且在国民经济发展中发挥了重要的作用。我国长期以来，对传媒业的要求较为严格，传统的传媒业注重新闻信息的传播，注重社会效益的实现，产业化、商业化和专生化程度相对较低。因此，在全球化发展过程中，国外体育传播媒体对我国体育直播媒体具有较大的冲击。

（2）经营管理技术的差距

西方的传播媒体在发展过程中形成了网上的企业管理制度，管理规范，经验丰富，技术先进。而我国的传播媒体的发展相对较为落后，管理运作模式与西方国家具有较大的差距。在市场经济发展过程中，我国传统媒体面临着较大的挑战。

（3）人才发展和培养方面的差距

西方社会的发展水平相对较高，所以行业的分工相对较为细致，人才的专业化水平较高，其体育传媒业有良好的人才结构。因此，其市场竞争能力相对较强。与之相比，我国传媒业存在着人才结构不合理的现象，专业体育传媒方面的人才较为匮乏，并且外语人才、管理经营方面的人才也相对不足。这都在一定程度上限制了我国体育传播业的发展。

三、我国体育传媒业的发展对策

（一）加强国际之间的合作交流

世界传媒巨头都不会满足于在一国之内开展相应的传播业务，会涉及全球化业务运作。通过不断扩大规模，获得更好的发展空间。在全球化发展过程中，我国应注重全球化发展的趋势，积极与其他国际体育传媒机构展开交流与合作，加强自身的实力，在全球化发展过程中不断实现自身的发展。

（二）新理念的树立、高素质人才的培养

1. 学习先进的管理理念和经营方法

我国体育传媒业在发展过程中，应积极学习和借鉴现代化的管理理念和经营方法，以更高的效率开展业务。学习和借鉴发达国家的经验，能够为我国体育传媒业的发展提供一定的思路和方向，避免走弯路。需要注意的是，借鉴先进理念和管理方法的同时，应充分考虑我国的基本国情、及自身的特殊性开展相应的经营管理方面的创新。

2. 加快高素质传媒人才的培养

现代多方面的竞争归根结底是人才的竞争，体育传播业的竞争也同样如此。鉴于我国体育传播业从业人员素质相对较低的问题，在体育传媒业发展过程中，应积极注重高素质体育传播人才的培养，提升体育传播从业人员的整体素质，这对我国体育传媒业的发展具有积极的意义。

我国应对社会需要进行分析，培养社会需要的体育传播人才。体育传播人才不仅要具备良好的新闻素养，还要掌握多方面传播技能，同时对体育方面的理论和知识也应深入掌握。除此之外，还应注重体育传播方面外语人才的培养，以及相关管理人才的培养。通过多种手段建立完善的体育传媒人才培养体系，促进体育传媒业的长远发展。

（三）体育传媒的集团化发展与综合化

1. 集团化发展

现阶段，我国的平面媒体、电视媒体与网络媒体之间并没有形成有效的整合，相互之间没有建立有效的联系，经常是独立运营和发展的，随着全球一体化的发展，对规模经营的要求不断增加，体育传媒需要不断扩大规模，实现整体效益。体育传媒在发展过程中，通过多方面的合作，能够实现资源的合理配置，促进资源的利用，提高经营的规模；国内的传播媒体实现集团化发展对体育传媒业具有巨大的作用与深刻的影响。

在体育传媒业发展过程中，应积极拓展体育传媒业的发展空间，探索传媒业与体育产业两者结合的更好方式，推动体育传媒业的规模化发展。

2. 跨媒体资源的优化整合

在传媒业发展过程中，只有积极整合相应的资源，充分利用资源的全部效益，才能取得更好的发展。媒体资源的结合是未来体育传媒产业的重要发展方向。在体育媒体行业的发展中，媒体组合的实现可以通过两种方式完成：一是平面媒体可开展相应的电视节目、电台节目以及相应的网络节目；二是电视台、网络媒体应拓展自身发展空间，积极开展多方面媒体渠道的传播。

但在媒体整合的过程中，人们必须继续保持核心优先，不断完善，不能忽视媒体本身的核心业务。只有了解本质，加强合作，才能获得更多的市场份额，增加体育传媒业的兴趣，让利益最大化。

（四）体育传媒业运作模式的改变

我国体育传媒业受到行政手段的影响相对较少，随着经济社会的发展，更是快速兴起：北京奥运会的举办使我国的体育传媒业得到了较大的发展，在体育传媒业发展过程中，我国应树立长远的发展目标，积极塑造传媒品牌，促进市场的开拓同时，应根据市场需要开发新的传媒产品，赢得受众的信赖

（五）加强与资本市场的接轨

要想使体育传媒业在激烈的竞争中获得更好的发展，应实现集团化发展，增进相互之间的合

作，实现资源的优化配置，我国体育传媒业规模扩大、提高效益，最便捷的道路无疑是与资本市场进行合作。长期以来，我国传媒业与资本市场的接轨相对缓慢，并且存在一定的风险。但是，传媒业与资本市场的接轨是必然的发展趋势，我国应积极促进传媒与资本市场的合作，同时制定相应的规避风险的措施，确保传媒业的健康发展。

（六）重视理论的研究以及传媒业相关的规律建设

现代传播学是一种新兴学科，还有很多有待发展和完善之处，体育传播学更是如此。因此，我国应积极注重体育传播方面理论的研究，在实践发展的同时积极注重理论的创新，掌握体育传播的基本规律，并应用于体育传播业的发展。高校、科研机构和相应的传播媒体应注重体育传播理论的研究，掌握体育传播的前沿理论动态。

第三节 体育广告业的发展

一、体育广告业概述

（一）体育广告的含义

通俗意义上来讲，广告活动即为"广而告之"。将相应的商品信息传达给消费者，这即为广义上的广告活动。广告首先是一种宣传活动。这是一项交流活动，为媒体中的某些对象执行相应的商品信息，以实现某些商业宣传、传播的目的。美国市场营销协会对广告的定义如下：广告是以广告商明确支付的形式，采用一种非人际的传播（主要是媒介），以达到对商品引入和推广创意、介绍服务的目的。

广告主可以是个人或相应的组织，其在开展广告活动时，需要向媒体支付相应的费用。不同的媒体具有不同的特点，其通过相应的形式将企业、商品的信息传递给消费者。

从广义上来看，包含运动元素的广告可以称为运动广告。从狭义上讲，体育广告是指广告主通过与体育相关的媒介形式，将产品和企业信息传递给消费者的一种信息传播活动。

（二）体育广告的要素

1. 体育广告的主体——广告主

当人们研究广告时，先需要说清楚"谁在做广告"，即谁是想要做出明确的广告的广告商。广告商是指愿意承担相关广告费用，并发布商品或服务以及其他信息的法人实体、其他经济组织或个人。

由此可见，要成为一则广告的广告主，应该具备相应的条件：第一，具有独立的民事主体地位，能够承担相应的民事责任；第二，具有明确的广告目的，如销售商品、服务、创造企业或产品形象、宣传特定的想法等；第三，愿意承担、提供或支付相关的研究、设计、生产、代理、广告费用。作为广告信息的发布者和领导者，广告商既是广告赢家，也是广告费用的支付者。因此，广告商处于广告活动的主要地位，人们称之为广告的主体。同时，在此要说明的是"广告主"与人们通常听到的"广告客户"实质是同一所指，只是因为参照物不同，所以称呼不同。"广告主"是以整个广告活动为参照，因其在整个广告活动中起着主导作用而称之为"广告主"。相对于广告的经营者、发布者而言，"广告主"就是他们的"广告客户"。

2. 体育广告的中介——广告代理商

广告主是广告的发起人，企业作为广告主，一般有两种方式做广告：一是自己干，委托本企业的专人或专门机构经办，自行设计、制作和发布，这需要有相应的设计人员、设备及发布的场所和条件；二是使用专门性的服务，由广告公司等专业机构制作、发布和代理，它们就是广告的代理经营者。在多元化的时代，随着职业分工的细化，由专业的广告公司进行广告具体事务操作的情况比较多。

广告代理是商品经济发展到一定程度的产物。作为广告中介服务机构，广告公司和广告媒体占据了中间位置。它们是广告商和广告媒体之间的桥梁，一个是需要做广告的客户，另一个是可以提供广告传播的媒体单元。广告代理商可以将广告活动中的供求双方连接起来，具有双向服务、双重代理的性质。

作为该机构的广告商要进行规划、宣传和制作广告的工作，包括市场调研、广告计划设计、广告设计和制作、媒体选择以规范发布和传播、反馈信息或测定效果，现代广告需要各种专业人才，要用群体力量才能执行广告计划。但是，一般企业的广告工作都具有季节性、间歇性的特点，如果企业自己雇用专职人员，易造成人才浪费；企业要想花较少钱而又得到多种服务，最好的办法就是选择独立于客户和媒介的广告代理商，其有多方面的人才，可利用全面技能和经验；职责集中，可简化协调和管理程序；可以进行整体策划，将广告创作与营销直接结合；在创意上有较大自由，易产生灵感；在媒介使用上，较少偏向性，而更具客观性。同时，广告主选择广告代理商也有较大余地，产品种类多的企业可选择一家或多家代理商为其服务，如果代理服务不佳也可以及时更换，在多数工业发达的国家里，广告主一般都选择一家或几家广告公司做代理。世界上许多著名的、成功的广告无一不是广告代理商做出的贡献。例如，李奥贝纳创作的西部牛仔形象，为万宝路香烟打开销路；奇亚特·戴为苹果电脑开拓了微机市场；艾尔使七喜汽水定位为无咖啡因饮料，敢与可乐比高低等世界上最大的广告主——P&C公司，将广告代理商视为"具有创造力的营销伙伴"，常将尚未命名的产品交由广告代理商提供新的创意；该公司各类产品的广告都委托各个不同的广告代理经办，同时广告主管参与广告工作的全过程，以创造出优秀的广告。另外，广告代理商还代理传播媒介寻求客户、销售版面或时间、扩展广告业务量、承揽广告业务。广告代理商能满足媒介对广告业务的需求，增加媒介的广告收入；能减少媒介单位的广告准备工作；能精减媒介单位的人员，节省开支；能使广告设计制作水平提高；能帮助媒介单位承担经济风险和法律责任。

需要说明的是，广告代理商与广告主结成"伴侣"是相互选择的过程。目前，我国的体育产业还是朝阳产业，大多时候停留在广告商采取主动的"求爱"行动，找客户"拉"广告。广告代理是广告现代化的标志,随着市场经济的建立和体育事业的蓬勃发展,更多的应该是广告主主动出击找广告代理商。

3. 体育广告的途径——广告媒介

体育广告在广告的对象、内容和目的上,与一般广告差别不大,但在广告的媒介上差别却十分明显,有自己的特色。除了拥有与所有广告相同的广告媒介之外,还有很多体育活动所特有的广告媒介。比如,比赛冠名权、比赛场地广告、专利产品广告、体育俱乐部赞助、运动员代言等,这些都可以称之为体育广告的媒介。

4. 体育广告的内容——广告信息

广告信息是广告的最基本内容,商家或企业以体育活动为中介与广告的受众发生联系,其主要目的就是传播商品或服务信息。因此,广告信息是广告所要倡导的有关商品、劳务、观念、意识的信息,是广告传播中的主体内容。从信息性质上分类,人们可以把信息分为商品信息、服务信息、社会信息、形象信息和观念信息五大类。比如,有关体育产品的直接销售的广告信息就是商品信息,NBA 广告传播的信息就是一种篮球运动的观念信息。

5. 体育广告的客体——广告受众

广告创意追求最完善的传播效果。在广告的创意设计中,每个广告都应该有一个明确的目标"适合任何人"。换句话说,在创意设计中,先要发现目标受众。广告是针对购买和听到购买的人。这个"买家"包括真正的消费者和广告公众的潜在客户。一般广告不是所有客户的目标。相反,它通过关注企业营销和产品市场定位确定目标市场,然后将目标市场客户作为主要广告目标。

作为广告信息的接收者,受众对象具有被动性,只能接受广告商做的广告。同时,作为对广告信息的理解,宣传对象具有主观和积极的方面,可以给予选择性的关注、接受甚至拒绝广告信息。

(三)体育广告的特点

传播媒介是信息传播的重要载体,在信息传播过程中,体育活动的各方面要素也是重要的传播媒介,发挥着相应的信息传播功能。

体育广告与其他形式广告的区别是,其广告媒体性质的差异。体育广告使用体育场馆、体育比赛、运动员和体育出版物等传播信息,而这些都是体育广告的媒体。在奥运会开展时,很多企业都会借助奥运会开展广告活动,很多企业都会冠名一些体育赛事、球队,从而提升自身的知名度。

体育广告能够使广告主将相应的商品信息传递给可能的消费者,从而实现生产与消费之间的沟通。一些体育广告能够激起人们对商品的购买兴趣,激发人们的消费需求。通过开展体育广告活动,还能够促进企业形象的树立,扩大企业和产品的知名度。

二、《广告法》下的体育广告业的发展

（一）修订的《广告法》的影响

《广告法》的修订对市场秩序的维护具有重要的意义。

1. 给体育明星代言广告敲响警钟

著名的体育明星、教练员影响力较大，往往是广告商的关注对象。以前一些体育明星代言的广告出现了问题，或为虚假广告，或夸大了商品效果。新的《广告法》对广告代言人进行了约束，体育明星在广告代言方面的违法成本将会大大增加，主要表现在三个方面。

第一，广告代言人不应该推荐或认证他们未收到和未使用的商品或服务；否则将会由相关部门予以没收违法所得，并处违法所得1倍以上2倍以下的罚款。

第二，如果代言了相关商品并造成了对消费者的损害，或出现明知广告虚假而仍然推荐的证明，在民事上要和广告主承担连带责任，在行政责任方面要由相关部门没收违法所得，处违法所得1倍以上2倍以下罚款，并且3年内不得再担任广告代言人。

第三，规定医疗、药、医疗器械和保健食品等商品或服务不能用广告代言人做推荐、证明。

2. 对体育赛事植入式广告加以规范

体育赛事关注度高，传播范围广，是进行品牌传播的良好平台。体育赛事广告中有很多植入广告，将商品品牌、标示等呈现在比赛过程中。我国以前的广告法规对赛事植入广告缺乏监管。新修订的《广告法》对植入式广告做出了明确的规定：广告必须是可识别的，并使消费者能够将其识别为广告；大众媒体不应以新闻报道的形式变相地发布广告。

3. 对体育场馆户外广告管理问题没有彻底解决

户外广告形式多样，体育场馆的户外广告存在监管不善的问题；而新修订的《广告法》并没有彻底解决户外广告存在的问题。新修订的《广告法》与之前的相比，其明确了广告监督管理部门为工商行政管理部门，并要求在体育比赛场馆中禁止发布户外烟草广告。由此可见，新的《广告法》虽然有了较多的变化，但是并没有彻底解决体育场馆户外广告的监管问题。

4. 对体育媒体机构广告业务监督更加严厉

广告的发布需要借助相应的传播媒体，因此对媒体结构的监管尤为重要。现阶段，很多媒体都是自己进行创收，而媒体的收入很大部分来源于广告收入，一些媒体监管不严格而导致很多虚假广告层出不穷。新的《广告法》对广告媒体和平台进行了严格的规定，对虚假广告增加了处罚力度。

（二）如何适应新《广告法》

1. 全方位加强体育明星代言广告的监管和执法

新修订的《广告法》规定，广告客户不应对尚未收到的未使用产品或服务提出推荐、证明。如果进行虚假广告代言，应当与广告主承担连带责任。体育明显具有较强的影响力，加强对其代言广告的监管，应做到明星自身、监管部门和立法部门共同协作。

2. 法律道德双管齐下

现阶段，在大型体育赛事上投放广告是品牌营销的重要途径。然而，在监督广告投放体育赛事和其他广告形式时存在问题，应该加强对广告投放的监督。具体来说，应该注意两个方面。一是法律和法规规范广告体育赛事的运作。将其归纳到商业广告的范围，并受到广告法规的管制和约束。二是用商业活动中的约定俗成和道德规范对赛事植入广告进行约束。企业的各项商业行为必须符合社会伦理道德，受到商业道德的约束。

3. 立法机关加大户外广告的管理立法力度

户外广告业立法和管理相对较为落后，导致很多执法不严的现象产生，因此应加大户外广告管理的立法力度。具体而言，应从以下三方面入手：一是明确广告产权归属，为产权纠纷的解决确立必要的法律依据；二是明确各政府部门的职责，避免各部门相互推脱责任；三是明确户外广告的执法权，避免多部门混乱管理。

4. 体育媒体机构应加大对广告发布的管理力度

体育媒体机构应将创作合法合规的广告作为承担社会责任的重要举措，对广告发展严格把关，杜绝虚假广告和违法广告的出现。具体而言，应注意以下两方面：一是建立完善的广告监管机制；二是完善内部管理制度。

第四节 体育彩票业的发展

一、体育彩票业概述

（一）体育彩票的含义

体育彩票也称体奖券，是指以募集体育资金的名义发行的，以数字、图案或文字印刷的，供人们自愿购买，并可证明买方有根据规则获得奖金的权利的有价凭证。从基本意义上讲，体育彩票是市场经济的产物。它本质上是一种商品，是一种具有特殊价值并满足特定需求的商品。

彩票是国家为支持社会公益事业而特许专门机构垄断发行，供人们自愿选择和购买，并按照一定的规则取得中奖权利的有价凭证。目前，这是最权威的彩票定义，表明了发行彩票的目的、发行方式和彩票的性质。

（二）体育彩票的类型

1. 传统型彩票

传统型彩票是指通过彩票抽奖的方式确定赢家的彩票。如果买方持有的彩票号码与提款号码相同，则可以授予中奖彩票。传统的彩票是固定号码，买方不能选择号码，中奖规则提前设置，彩票集中开奖在销售彩票后的15天到30天。

2. 即开型彩票

彩票即开型也被称为"即开即兑型彩票"，这是一种彩票形式，是购票者在销售点完成购买和兑奖的过程，彩票即开型可用于了解彩票购买后是否赢得奖品。随着即开彩票的不断更新，形成了揭开式、撕开式、刮开式三种不同的具体形式

3. 结合型彩票

结合型彩票的类型是指将传统彩票和即时两种类型的形式相结合的彩票。这种类型的彩票可能有不止一次地中彩票机会，这对人们更有吸引力。

4. 乐透型彩票

乐透型彩票的英文是"Lottery"，是从意大利语音译过来的。它的本义是"幸运""吉祥"和"分享"。乐透型彩票的形式非常有趣就是由购买者自己选择数字；通常，在一些数字字段中选择一些数字以形成一注彩票。奖金水平根据彩票号码确定，目前，世界上有 30 多种乐透彩票类型，但其玩法类似。例如，中国颁布"36 选 7+1"和"四花选 4"等体育彩票现在属于这一类。彩票和电脑、网络、电视机等结合，完善了彩票业的运作机制。

5. 数字型彩票

数字彩票是一种投注形式，其中买方根据所需的位数选择数字，并且以不同的组合方法确定奖金的数量。这种形式通常是每日抽奖。数字彩票的发展和扩展基于技术支持。彩票形式与电脑网络密不可分。最有效和最全面的自动处理系统，将是最流行的数字彩票。

6. 竞猜型彩票

这种类型的彩票是针对体育比赛结果的问答类型的彩票。最出名的是足球彩票和赛马彩票。也有地区选择棒球、篮球、橄榄球和自行车作为彩票内容。对于足球彩票，有很多玩法。你可以考虑谁是赢家、哪个球队是最先进的球员、结果是什么。彩票的类型更具有主动性，买方可以根据自己的主观意愿完全购买。这是一款智力游戏，因此受到彩票爱好者的喜爱。

二、体育彩票业的发展现状

体育彩票具有良好的社会价值，为中国体育发展提供了大量资金。但现阶段体育彩票行业仍存在一些问题，这不利于中国体育彩票业的发展。

现阶段，我国体育彩票发行方面的法律法规有待进一步完善，管理体系需要进一步规范。体育彩票的组织结构比较复杂，导致大量的资本消耗。

我国体育彩票的发行数量不断增多，但是体育彩票玩法、种类缺乏新颖性和趣味性，导致体育彩票的吸引力不足。体育彩票的发行宣传方面的工作也不到位，甚至存在误导性宣传，让很多人将购买体育彩票当成发财致富的捷径，这与我国设立和发行体育彩票的初衷是相违背的。

中国体育彩票销售站点分布趋于合理化，运营趋于标准化，但是存在软件与其不协调的现象，以及硬件和软件销售工具未能达到符合标准的问题。现阶段，我国体育彩票业的软硬件存在一定的劣势，员工业务水平较低。在管理部门，公益金的使用不透明、分配不合理，这在一定程度上影响了人们购买彩票的热情。

2016 年，我国《体育产业发展"十三五"规划》中将体育彩票业作为体育产业八大重点发

展行业之一。该规划提出了完善体彩运营机制、加快创新、提升体彩市场规模等方面的要求。

在具体操作创新方面，明确了中国足球联赛进入体彩。《体育产业发展"十三五"规划》还提出要对公益金的使用进一步强化管理监督。相信我国体彩业在未来几年将会得到更好的发展。

三、体育彩票业的未来发展对策

（一）加强法是制建设，完成国家对彩票的立法

体育彩票的合法性和公正性是其长久存在的重要原因。合法性与法律保护是分不开的。彩票业在世界各国一直是一个有争议的行业。正因为如此，应该实施立法以保护彩票行业和经营彩票业务的合法性。目前，全球有120多个国家发行彩票，其中大多数已经完成了国家博彩立法。立法涵盖的主要内容包括三个方面：执行政府控制的形式和程序，对市场保持统一和规范的态度，对集中资金使用的方向和范围。只有所有的发行和销售都根据法律进行管理和运营，博彩业才可能健康有序地发展。

1.彩票管理部门的职责与权限

彩票管理部门作为政府授权的彩票管理机构，将有权发布有关彩票的具体规定和指示，以及维护国家彩票法律法规的义务。授权管理部门根据市场变化及时制定相关博弈规则和管理办法，以执行中国《彩票法》，真正解决问题。

2.彩票公益金的使用、分配与监管

发行彩票的主要作用就是筹集公益金为我国体育、福利和社会公益事业做贡献。而对彩票公益金的使用、分配与监管正是人们关心的焦点问题。公众彩票福利基金的使用是发行彩票意向的一个体现。《彩票法》对此必须做出明确的规定，严格审查制度和程序，才能有助于彩票事业被广大群众接受和被社会认可。

公众彩票福利基金的使用是发行彩票意向的体现。如何使用这笔钱对促进体育、社会福利和福利服务具有重要意义。因此，严格的财务制度并加强监督和审计是维护这一事业健康发展的基本保障。

3.必要的保护条款

彩票之所以有争议，是因为它具有消极的一面，在经营中应尽可能地扬长避短。法律应对没有行为责任能力者购买彩票做出必要的禁止性规定，减少其带来的消极影响。例如，关于未成年人，现规定未满18周岁者不能购买彩票，但实践中很难操作和实现。由于彩票是公益事业，是一种为体育、社会福利事业集资的活动，从这点上讲，每个人都有权利购买彩票。但是，从保护未成年人身心健康角度出发，体育彩票管理部门不提倡未成年人购买彩票。如果发现有人一次性投注太大的话，彩票销售人员也要对其进行劝阻。故对这类问题，《彩票法》中也应该有明确的规定。

（二）建立科学有效的彩票管理体制

科学有效的管理体制是体育彩票健康发展的基础。从世界许多国家彩票发展的历史经验看，

发行机构的独占垄断是世界上最常见的利用市场结构的形式。只是授权的部门各国略有差异，但实质均是以独家垄断为前提，由政府授权独家发行彩票，而彩票的玩法或种类多种多样。可以对我国彩票管理体制进行以下设计。

1. 加强对彩票的监管

我国应设立国家彩票管理局或中国证监会、中国保险监督管理委员会和行业协会等类似机构，对中国彩票行业实行统一监管。上述组织的成立包括以下方案。

第一种方案是创立国务院直属的彩票办事处。这种方案符合世界上一些国家的做法，使募集到的资金没有部门化的倾向，可以由国家整体组织并适当分配，但容易淡化彩票特有的社会形象，容易让人产生这仅是一种"筹钱"的普通机构。

第二种方案是成立类似中国证监会和保监会这样的组织机构。这种机构应该具备以下条件：一是超权威性，最大限度地利用现有彩票发行网络体系达到规模经济性。对全国的彩票进行统一发行、统一印制、统一管理、统一销售渠道、统一使用分配、统一监督。二是为确保其经营目标和经营成果体现出最高程度的公益性，避免发行管理费用的结余被非政府的利益集团所获，从而避免动摇人们对彩票公正性、公益性的信念。它由国家管理，由舆论监督。三是为避免"一套机构，两块牌子"，彻底实现政企分开。它必须与政府部门完全脱钩，实行行政机构进行管理加企业公司具体运作的模式，这是彩票业发展的必然趋势，也是中国彩票业与国际接轨的重要标志。四是对于彩票资金的筹集与使用，为实行统一管理，必须要打破部门界限。为彩票业长远发展全面考虑，不必再另外成立跨部门的委员会，可以借鉴监证会和保监会的成功经验，有助于在各部委办中协调，且不涉及其他部委办的矛盾，这是目前最可行的方案。但是，目前彩票业相较金融业、保险业份额在国民经济中所占比例还有相当大的距离，设置这个机构决策的前提是有没有决心把博彩业做大。

第三种方案是成立中国彩票业协会。设置这种机构的前提是，只有授权中国彩票业协会这种类型的机构相应的特殊权利和责任，才有可能使其担负起主管的使命。

无论采取哪种机构的监管方案，都要从彩票业自身的特殊性考虑，必须实行独家垄断经营和政府管制。

2. 构建高度垄断的国有独资彩票总公司或彩票集团公司

所谓国有独资公司，按我国《公司法》规定，是指国家授权投资的机构或部门单独投资设立的有限责任公司。这是一种特殊的企业组织形式，适合某些独特的行业，这些独特的行业包括生产经营不直接以盈利为目的，而以社会效益为主，兼顾经济效益的行业，彩票正属于这一行业。

3. 对彩票的发行类型不再加以限制

我国彩票的类型近年来已有很大的改观，从传统型、即开型发展到了现在的乐透型和足球彩票。传统观念认为，乐透型或主动型彩票就是赌博，这是一种错误的认识。人们应该加快发展步伐，进一步放开彩票的发行种类。目前，由于种种原因，我国在此方面还有一些限制，这样不利于彩票市场的健康、快速发展。对于彩票业中的具体玩法，应依靠市场解决，而不是政策上的人为限制。

（三）创新营销模式、前途光明的即开型彩票

1. 为即开型彩票加大宣传力度，开启其"生命线"

即开型彩票规模销售作为一种局部地区的定期市场行为，宣传方式的应用是重中之重，也就是通俗讲的"广告"。如何在有效的时间内让最大的目标人群获取信息，并且乐意参加购彩活动，以达到广而告之的目的，应注意考虑以下几个方面。

第一，即开型彩票规模销售和各个地区的经济发展水平有很大关联，因此地区经济分析是必不可少的，城市的经济总量、发达程度，以及外来打工者所在地区的比例都是重要的指标。这些数据的获得，对彩票宣传方法的使用、宣传投入等具有决定性作用，可以控制宣传投入的总量。

第二，即开型彩票市场的定位。这里的市场定位主要是指针对购彩人群进行有选择的宣传。分析各个地区的即开型彩票主要购买人群，以及主要购买人群的聚集地区，使宣传做到有的放矢。

第三，宣传方法的选择。这是一个很重要的方面。有些即开型彩票规模销售组织者为了图省事，简单地利用报纸、电视、广播等媒体进行宣传，忽视了即开型彩票的主要购买人群采集信息的渠道，往往效果落得事倍功半。宣传方法要出新，群众喜闻乐见的方法是必不可少的，切合地区实际情况的宣传才是好的宣传方法，不能使主要购彩群众无法及时接触信息。

第四，宣传的到位程度，也就是宣传的"炒作"热度。这需要组织大量的人力、物力，是一件很辛苦的事情。看宣传到位程度够不够，只要细心留意一些街头巷尾的谈话，彩票是否已经成为该地区的一个热点。在销售之前，看看该地区是否真正形成了购彩氛围。

第五，购彩现场宣传。现场宣传离不开氛围的营造，使到场的彩民有一种开心购彩的欲望，这些工作离不开经验丰富的主持人，以及明星聚集人气的效果。事实表明，明星在将来的一段时间内是现场宣传、烘托气氛的一大法宝。从组织工作方面来讲，宣传工作是销售成绩取得好坏的最大因素。只有重视市场，重视与销售相关的宣传工作，才是即开型彩票销售走上良性发展道路的关键。

2. 开发新的品种与玩法

为了更大限度地吸引彩民，彩票要有更多的玩法和品种。在玩法上人们不妨多借鉴国外的先进经验。比如，法国的即开型彩票，因为玩法灵活、票种设计繁多，能够引起不同消费人群的兴趣与关注，所以它的年销售量占全国彩票的40%。一年之中的各种节日成为被广泛利用的素材，如情人节、母亲节、圣诞节等，每个节日都可以引起与节日有关的人的关注，因此可开发一些"节日彩票"吸引更多的彩民。

第五节 体育旅游业的发展

一、体育旅游概述

（一）体育旅游的概念内涵

随着经济社会的发展，各方面的竞争也更加激烈，在现代社会，人们普遍面临着较大的社会压力，特别是上班族，他们长期处于压力状态，适当进行休闲就显得尤为重要。虽然各种休闲娱乐项目不断兴起，但是人们更愿意到新的地方体验新鲜感。因此，体育旅游正成为很多人的选择。

体育旅游可理解为有身体参与性活动的异地休闲活动。这种方式的活动具有良好的体育锻炼价值，能够促进身心的健康发展、增长相应的知识。体育旅游对于上班族来说，具有强身健体的作用。同时，在旅游过程中，还可以拓宽眼界，增长见识。

我国社会正在逐步进入老龄化阶段，各项休闲娱乐具有"轻体育"的倾向。"轻体育"有益于人体健康的发展，还能促进精神和心理方面的调节，对于中老年人来说具有重要的价值。体育旅游属于一种"轻体育"，对中老年人特别适合。

体育旅游是体育活动与旅游活动相结合的产物。近年来，随着体育旅游的不断兴起，学者深入研究关于体育旅游的概念，从不同的方向提出了自身的观点。

通常情况下，体育学研究者对体育旅游的概念界定从广义和狭义两个方面入手，旅游研究者则往往从参与动机和旅游属性这方面进行分析。目前，人们对体育旅游概念的界定主要有如下几个代表性的观点。

翁家银认为，人们参与体育旅游活动时，能够促进人们参与体育活动的乐趣，并满足人们多方面的需求。王丙新也认为，人们参与体育旅游活动具有旅游活动和体育活动的双重属性。于莉莉认为，体育旅游活动以一定的体育资源作为基础，在此基础上开展相应的具有体育意义的活动内容，其主要目的是满足和适应体育旅游者自身的体育需求。杨月敏也认为，体育旅游将人们参与的各种体育活动作为主要内容，通过参与这些活动，人们不仅享受到运动的乐趣，还能够掌握相应的运动知识，并体验相应的文化和风俗。韩丁认为，体育旅游融合了体育、娱乐、探险、观光等活动形式，是一种新型的服务产业。史常凯、何国平认为，体育旅游是以旅游为目的的，是一种特殊的旅游活动，主要内容是为了参与体育活动或观赏体育活动。徐明魁认为，体育活动是旅游业的重要组成部分，只不过它是以一定的体育旅游资源和旅游设施为条件，其产品主要是各种旅游活动，体育旅游的生产者能够为体育旅游者提供健身、娱乐、休闲、交际等综合性服务。从狭义上看，体育旅游活动的主要目的是为了进行交流、参加会议、参与运动竞赛等旅游，从广义上看，其是以各种形式的体育运动为主要目的和内容的旅游，其是旅游与体育融合形成的一种新的旅游项目。陈绍艳、杨明则认为，从广义上来看，体育旅游以体育资源设施为基础，以各项体育健身娱乐活动为主要内容，通过旅游商品的形式为旅游者提供融合各种健身、娱乐、休闲、交际等服务的一种经营性项目群；从狭义上来讲，体育旅游主要是利用各种体育活动形式满足旅游者娱乐、体育健身的需求，是以一种活动形式实现旅游者身心健康发展。王天军也认为，体育旅游活动是一种以从事体育项目为主要内容的旅游活动，其主要目的是休闲度假、观光探险、康体娱乐等，作为一种旅游新产品，通过对体育资源的充分利用引起旅游者的消费欲望。吕品亮对体育旅游进行了狭义上的概括，他认为体育旅游是人们出于体育方面的动机而进行旅行和逗留，从而引发人、地、事三者之间的关系和由这些关系所引起现象的总和。

总言之，学者对体育旅游概念的界定众说纷纭，但是对体育旅游展开深入研究的基础是对其概念进行科学的界定。通过对学者各方面的观点进行分析和总结，本书从广义和狭义两个方面对体育旅游的概念进行了具体分析。

从广义上看，体育旅游应归为旅游的范畴，其是在旅游过程中各种休闲、娱乐、体育及体育文化交流等方面的活动，与旅游企业、旅游地及整合社会之间关系的总和。

从狭义上看，旅游者为了满足体育需求，利用各种体育活动并充分发挥其各种功能则称为体育旅游，这种活动使旅游者的身体和心灵得到全面的健康和谐发展，并不断促进社会精神文明的进步，不断丰富社会文化生活。

（二）对体育旅游基本结构的探讨

体育与旅游活动的结合称为体育旅游，但并不是两者的简单相加。

探险、体育、休闲与旅游相互结合、相互影响，从而形成了体育旅游活动。体育与旅游的橄榄形交集即为体育旅游，其同时受到探险活动和休闲活动等的影响。

体育旅游由三部分组成，中间部分为参团体育旅游，主要包括参与性参团体育旅游（如自行车、自驾车骑游团或到达目的地后从事相对轻松简单的体育活动等）和观赏性体育旅游（活动内容主要是观看相关体育赛事和参观体育场馆的活动设施建设）。

休闲体育是用于娱乐身心、休闲自我的各种体育活动，是人们在闲暇时间进行的，主要目的是满足自身发展需求和愉悦身心，其体育活动具有一定的文化品位。

参与户外竞技探险的活动对人们的要求相对较高，对身心都具有一定的考验，需要参与者具备相应的技术能力和体能素质。

（三）体育旅游的基本类型

体育旅游分为不同的类型，从体育学、旅游学、休闲学和探险学等角度对其进行综合分类。

通过以上分析可知，人们一般将体育旅游分为参团体育旅游和自助体育旅游两大类，而其又可具体分为不同的小类。其具体分析如下。

1. 参团体育旅游

人们一般将参加团体体育旅游分为三类，即观赏型、参与型和竞赛型，这些形式的体育旅游类型有不同的特点。

（1）观赏型

在参加团体体育旅游中，观赏型的体育旅游者的参与活动程度相较其他类型较低。在观赏型体育旅游的活动中，旅游者主要通过自身的感官欣赏和体验体育活动、体育景观和体育文化等，从而在这一过程中获得良好的愉悦感受。旅游者在参与过程中，相应的费用一般一次性缴纳，并且旅游组织者统一安排各类活动，内容相对其他两项较为固定，个人自由安排活动的自由度相对较小，对自身体能消耗也很小。

（2）参与型（包括团队体育休闲的活动）

参与型参团体育旅游活动与观赏型参团体育旅游活动相比具有很多相似之处：都是由体育旅游部门进行统一安排，并且都是一次性缴纳相应的费用。其不同之处主要表现在两方面：参与型参团体育旅游活动不仅需要旅游者观看，还需要其亲身经历参与到其中的活动中；其需要在相关人员的指导与陪同下完成相应的体育运动项目，但是其参与的活动主要是以体验、感受和娱乐为目的。这一类型的活动虽然个人自由安排活动的自由度相对较小，但是其活动消耗体能相对较大。

（3）竞赛型

竞赛型参团体育旅游活动主要目的是参与某种体育竞赛而进行的旅游活动，这一类型的体育活动对团队行为的要求相对较为严格，对参与者的年龄、性别和团队的人数等都有一定的要求，一般为报名参加的形式。竞赛型参团体育旅游的特点主要表现为较为注重团队协作，几乎没有个人自由安排的时间，需要在规定时间内完成相应的竞赛项目，并且相应的体育活动都具有较强的挑战性，参与体育活动者承受的身体负荷相较前两者都要大。

2. 自助体育旅游活动

自助体育旅游是时下非常流行的一种旅游形式，尤其是随着私家车的增多，人们通常利用节假日进行自驾游。这一类型的体育旅游活动很少依赖外界的帮助，通常自己安排相应的体育旅游项目。通常情况下，可以将自助体育旅游类活动分为两种，即户外体育休闲和自助户外竞技探险。

（1）户外体育休闲

户外体育休闲的主要内容是体育活动，其相对较为自由的旅游形式，没有相应的限制。户外体育休闲类的体育旅游活动包括健身娱乐型体育旅游、度假型体育旅游和保健体育旅游。下面对这三方面的体育旅游类型进行分析。

一是健身娱乐型体育旅游。健身性体育旅游的主要目的是体育健身、体育疗养和体育康复。健身娱乐型的体育旅游更加注重娱乐性健身理念，在娱乐过程中具有明确的健身目的。

二是度假型体育旅游。旅游者主要是为了度假而进行的旅游活动，人们会利用长假进行，如国庆黄金周、春节等进行体育旅游活动。旅游者在参与这一类型的体育旅游活动过程中能够达到消除疲劳、调整身心和排遣压力等效果。

三是保健体育旅游。保健体育旅游具有非常强的目的性，人们参与这一类体育旅游的主要目的是治疗疾病、恢复体力等。具体而言，这一类体育旅游主要有两种类型：其一，将药疗、气功、电疗、食疗、针灸、按摩等技术措施与森林、气候等具有疗养价值的自然条件相结合，以疗养旅游为目的，帮助参与者治疗和康复身体，常见的有海滨度假、高山气候疗养等；其二，在自然条件下，进行滑雪、登山、游泳、划船、冰上活动、打高尔夫球等旅游活动的体育旅游。

（2）自助户外竞技探险

自助户外竞技探险特点显著，其具有挑战自我和自然的特点，与各种户外体育运动具有密切的联系。参与这一类型体育旅游的游客个性较强，将自身与大自然作为对手，不断追求自我的极限，不断征服自然。竞技探险类体育旅游项目包括地下洞穴探险、登山探险以及高空跳伞等活动。

二、体育旅游业的构成与特征

（一）体育旅游业的构成

体育旅游业在我国发展迅速，虽然起步较晚，但是未来几年将成为旅游业的重要组成部分。体育旅游是一种重要的旅游项目，具有自身的独特性，也具有一般旅游项目的特点。体育旅游业以体育旅游资源为基础，以旅游活动为载体，满足了人们体育和旅游的综合需求。体育旅游业具有以下内涵：第一，体育旅游资源是体育旅游业的主要依托。在开展体育旅游业时，需要具有一定的体育旅游资源，这样才能对体育旅游者具有充分的吸引力。第二，体育旅游企业开展体育旅游活动，其服务对象为体育旅游者。第三，体育旅游产业由各种相互关联的行业构成，是一种综合性的产业。体育旅游内部各行业通过提供相应不同的服务和产品满足体育旅游者的不同需求，以促进体育旅游活动的开展。

体育旅游业一般可分为直接和间接体育旅游业。所谓直接体育旅游业，主要是指与体育旅游者密切相关的产业，这些企业得以存在的原因是需要体育旅游者进行消费，这些体育旅游企业包括旅行社、交通、旅馆、餐饮、通信等。体育旅游者并不是间接体育旅游企业的主要服务对象，这些企业的生存并不会因为体育旅游者的存在与否而产生危机，这些企业包括游览娱乐企业、销售业等。

由此看出，较为全面的看法则包括直接体育旅游企业和间接体育旅游企业，还包括各种旅游组织支持发展的体育旅游。具体来说，主要有以下几个方面构成了我国体育旅游业的部门。

一是体育旅游餐饮住宿业，主要包括宾馆、饭店、野营营地、餐厅等。

二是旅行业务组织部门，主要包括体育运动俱乐部、体育旅游经纪人、体育旅游经营商、体育旅游零售代理商等。

三是游览场所经营部门，主要包括体育运动基地、体育主题公司等。

四是交通运输通信业，主要包括航空公司、铁路公司、海运公司、公共汽车公司、电信局、邮政局等。

五是目的地旅游组织部门，主要包括国家旅游组织（NTO）、地区旅游协会、体育旅游组织等。

以上五个部门之间存在着相同的目标和相互促进的关系，即为促进体育旅游目的地的经济发展，不断吸引、招揽以及接待外来体育旅游者。虽然有些企业某些组成部分不是以直接盈利为目的，如体育旅游目的地的各级旅游管理组织，但是在促进和扩大商业性经营部门的盈利方面起着重要的支撑作用。

（二）体育旅游业的基本特征

1. 综合性

综合性是体育旅游业具有的特点，这主要是因为人们在进行体育旅游消费时有着不同的需求，各种不同的体育旅游服务由体育旅游业提供，满足人们不同的需求。在这一过程中，体育旅游企业由此获得相应的收益。

体育旅游者的需求是多方面的，整个旅游过程中的食、住、娱等都具有特定的需求，为了满足消费者的需求，体育旅游企业发展为多种形式的类型，满足旅游者的各方面服务，整个旅游过程中提供的服务是全面的、综合性的。

为体育旅游者提供不同类型服务的企业形成了相对较为独立的行业，但是其共同统一于满足体育旅游者的需求，从而构成了一个综合性的系统：体育旅游者的体育旅游消费是一种综合性的消费，整个过程的消费体验都会影响到消费者的心理，如果对一个环节感到不满，则整个体育体验旅游过程的效果就会大打折扣。因此，为了实现体育旅游业的可持续发展，促进体育旅游者多次重复参与其中，需要体育旅游的各个环节作为一个整体，为体育旅游者提供良好的服务。

2. 服务性

随着经济社会的发展，国民经济的产业结构正在逐步进行优化调整，第一、第二产业的比例出现了一定程度的下降，第三产业的比例则逐步上升。第三产业即为服务性行业，体育旅游业作为第三产业的重要组成部分，其越来越受到人们的重视。体育旅游业产品是一种服务，人们进行消费的过程就是企业提供服务的过程。体育旅游业可能会出现一些实物产品的形式，但整个体育旅游的过程是一种无形的产品。第二，对于体育旅游者而言，一次体育旅游获得最多的是一种经历和记忆，开阔了眼界和思维，是一种良好的心理和精神方面的感受。体育旅游业具有服务性特征。

3. 依托性

体育旅游业是在经济社会发展到一定程度的基础上形成和发展而来的，其对经济社会各方面具有一定的依赖性。具体而言，这一依托性主要表现在如下几方面。

第一，体育旅游业的发展基于国民经济的发展，其产生和发展的重要基础是国民经济的发展水平。一个国家和地区的国民经济发展水平不高，则其必然会限制体育旅游的发展。在国民经济不断发展和提高的基础上，人们的生活水平不断提高，闲暇时间逐渐增多，从而在体育旅游消费方面的投入才可能增加。

第二，相应的体育旅游资源限制体育旅游业的发展，体育旅游资源是体育旅游业发展的重要物质基础。东北地区正是依赖其良好的自然环境条件，才能够开展各种形式的冰雪体育旅游，而我国滨海体育旅游业之所以能长久发展，是因为有海南岛良好的滨海资源和热带气候条件。只有在区域内具备丰富的体育旅游资源,并拥有完善的配套设施,才能促进体育旅游业的发展。总言之,体育旅游业发展水平的高低,很大程度上受到一个国家和地区体育旅游资源多少的影响。

第三,体育旅游业是一种综合性产业,其发展依赖各部门和行业之间的密切合作,如果没有了其他行业的支持,体育旅游业的发展也会困难重重。

4. 风险性

体育旅游具有一定的风险性,这也使体育旅游业成为敏感的行业,从业者面临着较大的压力。体育旅游与普通旅游活动不同,它需要旅游者具备一定的体育运动技能和防范风险意识。体育旅游企业各具特色,大多以私营企业为主,并且可多次进行消费。同时,体育旅游业在发展过程中,受到多方面因素的影响,可能导致一定的亏损状况。体育旅游运营所面临的风险主要表现在以下两个方面。

第一,体育旅游者的需求变化相对较大,体育旅游消费者的需求会因为自然、政治、经济和社会等方面变化从而发生较大的变化,因此对体育旅游业的发展产生较大的影响。

第二,体育旅游业具有较大的依托性,使得其经营存在较大的风险。体育旅游业的发展更加容易受到整体经济发展环境的影响,当整体发展环境不良时,必然会导致体育旅游业的不良发展。

5. 关联性

体育旅游业具有较强的综合性和依托性,这就导致其必然具有关联性。所谓关联性,即体育产业由多个产业群体构成,各产业之间具有相应的经济联系,构成了相应的供需整体。体育旅游产业的关联性不仅涉及直接提供各种体育旅游产品和服务的行业,如交通运输业、住宿餐饮业、观赏娱乐业等,也涉及间接提供服务和产品的行业,如地产外贸、食品等体育旅游产业发展过程中,必然会带动这些关联产业的发展,从而促进地区经济水平的提高。

6. 涉外性

体育旅游产业具有一定的涉外性,随着经济社会的全球化发展,这一特点将更加明显。在全球化发展过程中,国家与国家之间的交流不断增多,出国旅行成为很多人的选择,国与国之间的交往使体育旅游业得以发展,并体现出了较强的涉外性特征。随着体育旅游产业的不断发展,其知名度不断提高,其涉外性将更加明显。

三、体育旅游业的作用

体育旅游业对经济社会等各个方面都具有重要的意义,它作为体育旅游发展的重要载体,对体育旅游发展起到了积极的推动作用。具体而言,其作用主要表现在以下方面。

(一)供给作用

良好的供给作用是体育旅游业在推动体育旅游发展的过程中发挥的作用,主要体现在体育旅游业为体育旅游者提供产品供给。在体育旅游业的供给作用下,体育旅游向市场化、规范化发展,得到了更广泛的普及,参与人群也在不断增多。因此,体育旅游的产业化发展是其能够得到健康、有序发展的重要保证。

（二）组织作用

体育旅游业存在的重要基础是促进体育旅游市场的不断发展壮大，体育旅游的供给与需求不断形成了体育旅游市场，这和体育旅游业具有相应的组织作用有密切联系。在体育旅游业发展的过程中，在需求与供给相互协调的作用下共同促进了体育旅游业的发展。

组织和生产相应的配套产品，并提供给市场和旅游消费者。在供给方面，体育旅游业要以市场需求作为主要依据；在需求方面，体育旅游业为笼络消费者，把他们引导向自己的产品，大多会通过多种营销手段。在这一过程中，体育旅游业组织沟通了供给和需求，实现了两者之间的互动和协调。

旅游业重要的组织作用从诞生之日起就突出体现出来，体育旅游业从无到有，并且对体育旅游活动规模的发展壮大起到了积极的推动作用。体育旅游业发挥的组织作用产生了非常多并且非常有意义的结果，其主要体现在包价体育旅游的推出自助的"背包客"等方面。

（三）便利作用

体育旅游业的重要特点是体育旅游业为人们提供服务和产品，便利了人们的生活。各项体育旅游产品和服务满足体育消费者各方面的需求。

较为普遍的现象是体育旅游者使用体育旅游业提供的旅游服务。因此，体育旅游服务起到了非常重要的作用，它不仅将目的地与客源地联系在一起，同时有利于旅游目的与旅游动机的实现。相关的体育旅游企业为他们安排好旅游行程以及在旅游目的地停留期间的活动和生活，旅游者们完全没必要担心。体育旅游业起到的便利作用在很大程度上使体育旅游活动迅猛发展。

体育旅游活动的规模正是在体育旅游业便利的影响下逐步扩大，不仅参加体育旅游活动的人数在逐步增多，而且其出行的跨度也越来越远，促进了体育旅游业的进一步扩大，这使体育旅游业的社会发展前景也越来越广阔。

总的来说，现代体育旅游业的迅猛发展，与其便利作用具有重要的关系，体育旅游活动的不断开展是由体育旅游业的便利服务不断推动的。企业在体育旅游业发展过程中，应积极注重其便利作用，这样才能更好地实现企业的发展。

四、体育旅游产业运营的策略

（一）无差异目标市场策略

无差异目标市场策略是一种营销策略，目标市场是整个客源市场。一般来说，多个因素可以将客源市场进行划分，体育旅游业在客源市场没有经济意义或实质性的区别时，便会采取无差异的目标市场策略，一般情况下，体育旅游企业的无差异目标市场策略适用于以下三种情况。

一是在需求方面整个客源市场具有较大的相似度，但还存在一定的区别。

二是尽管整个客源市场的需求存在实质上的差别，但各个需求差别群体在经济规模方面较小，通过某个细分市场的经营，体育旅游企业无法从中获得效益。

三是虽然体育旅游业内的竞争程度相对较低，但整个客源市场有较高的竞争强度。

无差异目标市场策略的优势在于有较低的成本，这就是体育旅游企业选择它的原因。换句话说，无差异目标市场策略能够将标准化的产品通过旅行社提供给社会，能够减少它在市场调研、产品研发、广告促销、市场管理等各个方面的各项费用，有利于体育旅游企业形成一定的经济规模。

（二）差异性的目标市场策略

在诸多细分市场的经营方面，体育旅游企业能够为每一个有明显需求差异的细分市场制定出有针对性的经营方案策略，这就是差异性目标市场。一般条件下，以下几种情况更加适用于体育旅游企业的差异性目标市场策略：一是比较明显的需求差异存在于整个客源市场。二是相应的经营价值对所有客源市场按照细分因素所划分出的客源市场。三是体育旅游企业相较于其他企业具有较大的规模，占据更多的细分市场。

体育旅游企业通过采用差异性目标市场策略，相较于无差异目标市场常常能够获得更好的经营成绩和效果。现在，差异性目标市场策略被越来越多的体育旅游企业所采纳，主要是因为其能够更好地满足市场的需求，所以这种策略具有非常强的真实性，能够快速地扩大体育旅游企业的市场占有率。但采用这种市场策略需要注意的是，它会增加体育旅游企业的经营成本，因为体育旅游企业需要提供不同的产品，还要制定和改变不同的经营策略，建立相对应的销售网络策略，还要经常性地研究客源市场上存在的差异，以上所有环节都需要体育旅游企业投入不同程度的资金，以上都是体育旅游企业差异性目标市场策略所存在的不足之处。

（三）市场营销组合策略

体育旅游企业根据选定的目标市场，通过对各种市场营销策略和手段的综合运用，从而销售产品，获得最佳经济效益。就市场营销的因素来说，它有着不同种类的不同组合方式，其中市场营销因素和市场手段划分为价格、产品、促销、销售渠道四大类。在制定市场营销组合策略的过程中，要注意以下几个方面的需求：一是采用的促销方式、所拟定的价格都要依附于产品和分销渠道。二是在进行综合分析的同时，制定出市场营销组合中的各个不同要素策略。三是市场营销组合的策略界限是利润额或销售额的增加与否。四是具有对策性是市场营销组合策略制定的原则，恶性竞争是要避免出现的，要对市场上不同产品的地位进行不断强化。

（四）市场细分策略

不同消费群体的不同需求就是市场细分，通过消费者不同的购买行为，从而把消费者总体细分成许多相似性的购买群体。

通过市场细分这一环节，更多新的商机能够从体育旅游市场中迸发出来，以便旅游企业加以利用，一个新的目标市场得以逐渐形成。不管哪一个企业都没办法真正满足消费者的所有需求，但是通过细分市场原则，对各个细分市场需求的满足情况分析，能够更好地针对所知道的客户的需求和现有的产品和服务进行更深一步的探讨，以便企业在细分市场中能够凭借自身条件满足不同的消费需求，一个新的目标市场便被发掘出来。

消费信息能够通过市场细分这一环节得到及时反馈，并且能适时地调整营销策略。在对市场进行细分之后，体育旅游企业能够更加容易了解和明确消费者的意见和要求，体育旅游企业能够通过信息的及时反馈对消费者需求的变化做出实时的、合理的营销策略，以便更好地提高体育旅游企业面对不同状况时的应变能力。体育旅游企业的经济效益不断提高也能够通过市场细分体现出来，充分、合理的利用体育旅游企业所拥有的资源和自身特长，生产出的产品能适销对路，以更好地满足消费者不同的需求。因此，采取相应的市场细分策略在对体育旅游产业进行运作和管理时是十分有必要的。

具体地说，在体育旅游产业运营的过程中，为了遵循市场细化的原则，需要遵守以下几点。

一是市场分片集合化的过程就是市场细分。根据相应的划分标准，总体被体育旅游企业的市场划分成诸多小的部分，然后再将各个部分相应地聚集成一个较大的市场，并形成相应的规模，以此更好地适应商品的供应和销售情况。

二是各个市场的差异要通过调查和细分之后，进一步明确和清楚其中的差异，进行市场细分的标准和依据要切实可行。每一个市场分片都有不同的特征，而且要有相对应的需求群体，其有相似的特征与购买行为。

三是相应的发展潜力是所有细分市场所要具备的能力。体育旅游企业根据该市场分片中的人数和购买能力决定能否实现营销目标。此外，体育旅游企业根据任何一个市场分片所具有的潜在需求的大小进行开拓和发展。

四是在对市场进行细分之后，需要保持一段相对稳定的时间。体育旅游企业在制定出时间较长的市场营销策略前，需要有一定稳定性的市场。体育旅游企业的营销在市场没有足够的稳定性时，就会有很大的风险。

第十章 社会相关体育产业发展的实证分析

在整个社会中,体育产业包括竞技体育产业、休闲体育产业、民族体育产业等。整个体育产业的发展也进一步带动了这些相关产业的快速发展。本章主要就以上几种相关体育产业的发展展开论述。

第一节 竞技体育产业的发展

一、竞技体育产业的概念

就目前而言,对于竞技体育产业,人们尚未给出较为统一、明确的概念,存在很多种不同的观点。其中,最为典型的观点就是马国义和张庆春两位学者所做出的,他们认为竞技体育产业就是指竞技体育服务消费品的生产链双向延伸、内部的诸要素之间进行优化组合,以及社会、经济、生态三效益相统一的经济体系。

概括地说,竞技体育产业就是一种经营体系,其实体就是各类俱乐部,其基本的商品就是运动员的竞技表演,其最终的目的就是要获得最大化的利益。因此,竞技体育产业是整个体育产业的核心构成,在整个体育产业中居于核心地位。

二、竞技体育产业的基本要素

通过将竞技体育产业经营要素作为研究的主要对象,郑立志、辛利进行更为深入的研究。据研究结果表明,竞技体育产业是一项系统工作,有着非常强的复杂性,其包含了很多环节。通过对竞技体育产业进一步深入探究和分析发现,构成竞技体育产业的基本要素主要包括竞技体育俱乐部、竞技体育项目基地、竞技体育项目消费者等。

三、竞技体育产业形成的条件

形成竞技体育需要具备很多条件,这些条件又可以通过归类,分为基本条件和具体条件两个方面。

(一)基本条件

1.竞技体育的商业价值和消费是其得以产生的前提条件

在竞技体育产业中,其产品的供给主体主要由竞技表演服务来担任,构成竞技体育市场的最为重要的因素就是竞技体育消费者,竞技体育市场为竞技体育产业的正常运行和顺利发展提供了最为基础和基本的条件。

竞技体育消费者的多样化需求既是对竞技体育消费市场加以深入研究的最为重要和关键的因素，同时也在很大程度上对竞技体育市场的实际容量有着直接决定作用。这就要求我们在对竞技体育消费者的各种消费行为加以正确、合理引导的同时，还要促使竞技体育消费者的各类实际需求得到最大限度的满足。只有这样才能为竞技体育产业未来更好发展奠定良好的基础，促使竞技体育产生具有更加鲜明的目标。

对于体育产业发展与体育消费者两者之间存在的密切关系，学者卢元镇在进行更为深层次分析的同时，也将两者之间的密切关系作为出发点，具体论证了体育产业在21世纪逐渐成为新经济增长点的条件和原因。

学者王娜从体育消费的社会功能、经济功能、市场容量等方面出发，通过研究提出了体育消费在我国国民经济发展中会发展成为新的增长点。

学者李雷对体育产业与体育消费的具体关系进行了阐析，提出了体育消费是体育产业的出发点；体育消费是体育产业的落脚点；体育消费是体育产业在生产、分配、交换三个环节的结构；体育消费是体育产业生产、分配、交换的最为重要的制约因素。体育产业的发展能够有效地刺激和促进体育消费的快速增长，同时其发展情况会对体育消费的增加产生非常大的影响。

就目前来看，无论是国内学者还是国外学者，都很少有人对竞技体育的价值进行深入研究，一些研究也仅是将竞技体育的直接效应作为研究对象，很少有研究会涉及竞技体育的价值层面。根据现有的竞技体育价值方面的研究，可将这些研究的要点概括为以下几个方面：第一，在竞技体育价值方面，运动员是其中的主体。第二，在竞技体育价值中，工具价值和目的价值是对其的客观反映。第三，在竞技体育价值中，其主要的特征表现为社会性、一元性、时效性、多维性、客观性、主体性。

2. 市场经济体制是其得以形成的基础性平台

从市场经济体制产生开始，人们对体育产业化的概念也越来越清晰。竞技体育产业形成的过程受到很多种因素的制约，其中比较具有关键性的因素有商业价值、需求、国家基本经济体制。市场经济体制的完善程度会对体育产业的发展、竞技体育产业的发展产生很大程度的影响。由此可见，市场经济体制是体育产业、竞技体育业发展的重要的制度保障。这主要是因为在市场经济条件下，对于社会资源的利用率和利用程度都会得到大幅度提高，这样就能够更好地集中竞技体育需求，从而更为彻底地发挥出竞技体育的商业价值。

3. 产业化是其形成的发展趋势

体育产业化就是逐步将体育事业的基本运作方式转变为与市场经济基本要求相符合的方向。从某种层面上来看，在竞技体育产业化制度形成方面，产业化是其中的基础条件。目前，将体育产业化发展趋向作为对象进行分析和研究，可知体育产业化应当归为观念方面的更新，体育产业的内容必须要与一些特定的要求相符合。

例如，在自身定位方面，体育部门要将自身视为带有生产性质的福利部门；体育事业必须要将投入与产出两者进行有机结合；体育部门的重要目的就是获得综合经济效益和社会效益；有关政府部门必须要将国家投入进一步转化成国有资产，同时还要使这些国有资产进行保值和增值，同时也要更好地保障民间和企业在体育投入方面能够获得相应的回报。站在全局的角度来进行分析，体育事业的投入主要可分为两种：一种是公共产品性质的投入；另一种是半公共产品性质的投入。此外，体育投入真实存在着获利的本质属性。

体育产业化的机制转化能够很好地对竞技体育产业的基础条件进行有效反映。需要注意的是，体育发展同市场经济一般规律、市场经济运行机制有着非常密切的联系，只有通过充分利用法律途径和经济途径才能促使体育产业得以大力振兴。体育产业在市场作用下对造血能力进行持续强化，以更好地保障能够基本达成预期的商业价值和应用价值。这就要求体育产业发展中，政府和企业在其中的各个环节都要对自身的功能进行科学定位。

（二）具体条件

如果仅凭借基础调节，是很难促使竞技体育形成产业的，这也需要充分重视具体条件。竞技体育产业形成的具体条件主要包括以下几个方面。

1. 在需求量方面要达到相应的标准

社会对于竞技体育的实际需求能够更好地促使竞技体育生产成为一个不依靠其他事物而存在的产业，这对于竞技体育产业的发展有着非常重要的决定性作用。

对于竞技体育需求量，主要从以下几个方面加以深入认识：第一，在具体运作方面为竞技体育的投入与回报达成平衡提供重要保障。第二，要促使需求者参与量从根本上得到提高，以更好地对运动员的主观能动性进行有效挖掘。第三，促使竞技体育最大限度地发挥作用，以使需求者能够从观赏者逐步转变为参与者。

从某一层面来看，在运动员和观众方面，竞技体育产业有着非常鲜明的特征，同时这也能够使得消费者的观赏需求和参与需求得到彼此促进。以上两方面因素对竞技体育厂商需求产生了非常重要的作用和循环的具体影响。

2. 经济资源投入要达到相应的标准

只有使最低量的投入和产出得到相应的保障，达到既定的规模，那么竞技体育在经过推动发展之下才能成为一个独立产业。这就需要至少满足两个方面的条件来实现这一目标，一个是要促使产业运行需要达到资源整合的要求并保持稳定；另一个是要促使竞技体育市场运行的必要支付保持稳定。在满足以上两个方面的要求之后，才能更好地保证所投入竞技体育产业中的经济资源获得一定的成效。

通常来说，在竞技体育产业发展中，职业化、半职业化、非职业化是其所表现出来的三方面形态，这也是对竞技体育产业三种形态的客观反映，分别对应着竞技体育产业中有着较强的获利能力、进行市场化比较早的项目；形成了特定的规模、能够填充某些投入，但现阶段很难有彻底独立的项目；需求量比较小，依然存在比赛价值，通过借助于一些市场化运作手段，特别是在对消费市场进行扩大之后可能达到职业化要求的竞技类项目。

3. 在水平和规模方面要达到相应的标准

站在竞技体育产品提供人的角度来看，要想促使竞技体育产业得以形成，那么竞技体育产业在规模和水平方面都要达到相应的标准。也就是说，竞技体育产业所提供的产品要具有观赏性、吸引力，同时也要具有相应的需求规模，这三个方面都要达到相应的标准。立足于消费者的角度来看，消费是形成产品的重要基础，要在"保守者""成熟者""热情者"的共同作用之下，才能促使竞技体育产业具有长久不衰的旺盛生命力。

四、竞技体育产业发展面临的主要问题

在现阶段，我国竞技体育产业显现出了旺盛的生命力和发展走向。竞技体育产业的投资与产值大幅度上涨，可利用的体育资源更加多样，经济和社会两方面的效益取得了质的飞跃。但如今某些因素依然制约着竞技体育产业的快速发展，并且随之出现了几方面的问题。从整体进行分析，当前竞技体育发展面临的主要问题如下。

（一）尚待提升产业结构合理性

就目前来讲，竞技体育产业已经发展得相对较为成熟，其中竞技体育竞赛业占据着非常重要的地位，发挥着关键作用。就拿欧美发达国家来说，竞赛业是竞技体育产业最为核心的部分。但就我国竞技体育产业发展来说，我国竞技体育产业发展得比较晚，在具体运作方面尚未实现规范化，对我国竞技体育产业的更进一步深入发展造成了制约尤其是关注度比较高的篮球和足球比赛，这两项比赛的整体竞技水平都需要得到进一步提高。

同时，在我国竞技体育产业中，体育用品制造业也居于非常重要的地位，这也侧面地反映出体育产业结构的合理性需要得到进一步提高。这就需要我们对竞技体育竞赛业进行有目的的开发，提高其在整个竞技体育产业中所占的份额。从某种角度来看，促进竞赛业的重点发展，与我国经济发展方式的转变，经济结构合理性的提高、服务业重点发展的第三产业竞技发展趋势有着很高的契合度。综上可知，一定要将竞技体育产业的竞赛业发展放在重要位置。

（二）地区间竞技体育产业的发展失衡

竞技体育产业在不同地区发展存在不平衡现象，其中，地区经济发展状况在很大程度上起着决定作用。通过分析竞技体育用品生产，福建省等东南沿海地区是我国制造竞技体育用品最为集中的地带，绝大多数的竞技体育用品生产公司设置在这一地区。但通过对我国经济体育赛事进行分析，通常情况下，一些大型的竞技体育比赛往往选择北京、上海、广州等地作为举办地。

（三）行业垄断设置壁垒

目前，我国经济体育产业发展过程中面临着很多亟待需要解决的问题，如需要进一步提高市场化程度、需要进一步提高市场机制运行的畅通性、需要打破行业垄断、需要缓解地方保护、需要改善经营限制等。对于一些体育运动项目来说，其相关管理中心等准行政机构会采用一些行政

措施来对项目市场进行分割和垄断,这使得项目市场的有效发展在很大程度上受到制约。

(四)出现严重的信任危机

尽最大可能地满足经济体育消费者的实际需求,促使商业价值得以最大化,这是竞技体育产业发展的重要目标,服务是竞技体育发展的根本,只有通过向竞技体育消费者提供相应的商业价值和相应价值,在使他们的实际需求得到满足之后,才能更好地达到预期的发展目标。就目前来说,我国竞技体育产品的整个品牌形象呈现出不断下滑的趋势,这使得消费者数量正在不断减少,这最终导致竞技体育产业产品市场处在一个萎靡的状态,常见的信任危机也正是在这一情形下产生的。

1. 体育经济的相关制度缺乏稳定性

我国目前的竞技体育正处在一个转型发展的阶段,在进行政府构建同市场经济体制相吻合的体育竞技发展模式中,对于那些相关的成功经验没有进行主动汲取,同时在对相关法律法规进行制定和实施的过程中,表现出了心有余而力不足的情况。正是因为处在转型的状态之中,这就需要对相关制度进行积极的修订、增订和更新,这就使得保障制度很难一直保持有效性。就拿我国足球职业化发展来说,需要积极修改相关的裁判问题、赛制问题、运动员转会问题等,赛制修改的次数越多,在国家大赛举办期间,一些联赛就需要暂停,这就造成了在很长一段时间内处于被肢解的状态之中。同时,在确定足球联赛升降级制度之后,也时常会出现随意取向升降级的情况,这不但会对联赛的观赏性产生制约,同时还限制了企业的投资额度,同时针对联赛制度环境,企业预期也会受到制约。

上述存在的这些问题都会需要我国经济体育制度进一步加强稳定性和长期性。此外,在彼此进行信任构建的过程中,制度是核心,制度的稳定性是在构建信任方面制度发挥作用的最为重要的要素。目前,我国竞技体育制度的稳定性需要得到进一步提高,当前的稳定性问题已经使得制度的有效性受到了严重破坏,这非常不利于制度对经济行为进行有效规范。

2. 产权制度权责没有明晰

在我国当前体育产业中,比较常见的问题之一就是产权制度权责非常模糊,不清晰,其原因是一些代理人具有允许别人对所有制安排进行改变的权利,这就使得权利变得模糊、残缺,国家的管制和干预是造成产权制度权责模糊的本质原因。例如,体育企业常常会通过利用一些人力、财力和物力来开展具体经营,但在政府的干预之下,企业往往很难得到所有的利润,需要企业同政府进行利润共享。对于体育联赛投资者来说,相关俱乐部没有收益权,投资与回报之间的不平衡性得到进一步加剧,这对于体育产权主体对利益积极主动的追求是非常不利的,这会造成产权主体很难为了达到长期效益而进一步促使品牌形象得到提高。

3. 政府过分管制,且管制效率较低

政府在市场运作中处在进行隐形调节的状态。讲信誉、重合同是企业发展的根本所在,这是因为我国目前处在社会转型阶段,通过政府介入能够对竞技体育产业的发展进程产生良好的促进和影响作用。在受到传统观念制约之下，广大群众往往需要通过政府管制作用的充分发挥才能对市场秩序的规范性进一步强化。如果政府所使用的管制作用不恰当，就会产生有所违背市场规律、弱化市场交易的稳定性、降低市场交易和谐程度、行政功能过度发挥等问题。

就目前来说，对于我国竞技体育产业中存在的一系列问题，通过依靠政府管制很难从根本上进行解决，如果管制使用不当，还有可能造成竞技体育产业产生其他新的问题，同时过度干预也会导致经济主体建立信誉的主动性丧失。所以，促使政府行为规范化也是非常必要的，要促使政府管制的具体实效得到尽可能地提高，以促使竞技体育产业经济主体对良好信誉加以构建的积极性得以更好地激发出来。

五、推动我国竞技体育产业发展的主要对策

（一）不断完善竞技体育市场运行体系和机制

计划经济时期是最初使用竞技体育发展模式的时期。竞技体育发展模式在进入社会主义市场经济阶段之后也一直被使用，其中，虽然对这一模式做出了相应的调整，但并没有对竞技体育发展模式进行根本的改变，依然是社会体育资源在行政指令下的有计划的管理和配置。在市场经济条件下，资源的配置受到市场非常重要的影响。这就要求我们要根据社会主义市场经济运行机制，对当前经济体育资源配置的手段进行相应的转变，在资源配置的过程中要积极贯彻"以市场为主，以计划为辅"的政策。这也需要我们对最新的管理方式和管理意识加以及时积极的学习和运用，同时与"以市场为主，以计划为辅"的政策相契合。

因此，我们需要及时学习和运用最新管理意识和管理方式，同时合理构建同"市场为主、计划为辅"政策相契合的竞技体育市场运行机制以及竞技体育市场管理体制。

（二）不断完善竞技体育俱乐部运作机制

只有对俱乐部管理制度加以构建并进行不断完善，从而保证相应的运行机制得到良好的循环，这样才能促使竞技体育产业发展的目标得以顺利实现。

对体育俱乐部的完善程度有着决定作用的重要条件主要包括以下几个方面：第一，是否具有独立的法人地位。第二，产品是否是自主经营的。第三，名称、场所、组织结构是否同时具备。第四，对于民事责任是否能够独自承担。第五，是否清晰划分出投资者所有权与法人财产权。第六，资产经营责任制和资本金制度是否建立。

对于竞技体育俱乐部发展，其迫切需要向着企业化管理的方向进行发展，逐步市场化，对市场经济规则予以遵循，通过对价格、需要、竞争等的严格运用来对具体的管理和经营进行开展，主动建立彼此制约、彼此依托的运行机制，对约束机制和投资机制进行合理构建。

（三）树立经营开发意识

进一步提升品牌效益，对创新意识进行强化，这些都是对竞技体育产业发展进程进行推动的有效措施。这就需要我们对产业化经营开发加以深入理解，树立市场风险意识，对市场运行机制和市场运行体系进行不断的完善和发展，促使竞技运动实际水平得以最大限度地提升，对竞技体育产业发展策略和发展模式进行重点创新，并与我国具体实际相联系，对国外的成功经验要积极地汲取和借鉴，从而确保我国特色的竞技体育产业继续向前发展。

（四）加强政府宏观调控功能的发挥

我国竞技体育发展进程同我国社会主义市场经济的发展进程基本上是保持同步的，这主要是由于在特定的时间段内，体育俱乐部和体育产业化都会将相应的公共物品向社会进行提供，因此在对市场经济发展进行大力促进的过程中，同样也需要政府的宏观调控作用得以积极发挥出来，从而使我国竞技体育产业化发展进程被不断推动的目标得以实现。

有效发挥市场机制的作用是政府进行宏观调控最为基础的条件。政府对竞技体育产业目标进行干预，并不是对市场机制进行否定，而是对市场机制存在的不足之处进行填充，以使市场机制的作用能够最大化地发挥出来。对于法律体系和政策体系来说，政府拥有权力进行合理构建，并对执法监督程度进一步强化，同时对协调管理机制和综合决策机制进行积极制定，以使市场机制的不足得以最大限度地挽回。在促进竞技体育俱乐部得以持续发展的过程中，不能只是依靠政府的资金支持，要将这种依赖关系彻底打破，对竞技体育俱乐部进行恰当的扶持和补贴，在对实际补贴额度进行制定的过程中，可以将竞技体育俱乐部向社会所提供的公共物品实际数量作为参照依据。

（五）促进社会公众参与程度的提高

在竞技体育产业快速发展中，群众基础是其基础条件，这就要求我们对社会公众参与功能进行积极的挖掘和发挥。例如，对于竞技体育产业发展中产生的消极影响的行动要进行积极监督、提高参与竞技体育活动的具体次数、对于那些合理有效的竞技体育产业活动要加大相应的支持力度、对于竞技体育俱乐部竞赛、竞技体育俱乐部训练，通过借助于媒体来进一步强化监控力度等。在参与经济体育活动中，广大群众主要涉及几个方面，分别是群众性运动项目的大范围开展、对球迷角色加以积极扮演、体育经纪人的大力发展、竞技体育俱乐部专业人才的大力培养等。既要更好地鼓励和推动广大群众参与到竞技体育中来，同时也要给予竞技体育经营高度的关注，只有如此，才能更好地推动竞技体育产业得以稳步、健康的发展。

第二节 休闲体育产业的发展

一、休闲体育产业

（一）休闲体育产业的概念及含义

休闲体育产业是休闲产业结构构成中一个最为基础的组成部分。休闲体育产业是指将设施、物品、服务等向人们进行提供，并使人们的休闲体育消费需求得到满足的组织集合体。从某种层面上来说，休闲体育产业就是将满足人们休闲体育需求作为目的的产业。

其概念主要包括以下几个方面内涵：第一，在休闲体育产业中，休闲体育服务和休闲体育用品是两种主要的产品。第二，通过向人们提供相应的休闲体育产品，休闲体育产业能够实现休闲体育消费，这也说明了休闲体育产业所提供的产品具有明确的指向性。第三，对于休闲体育产品，人们通过支付一定的费用来进行购买，从而使自身的休闲体育需求得到满足，这一过程就是休闲体育消费。第四，同其他体育方式不同的是，休闲体育具有一个比较特殊的属性，在休闲体育产品生产和提供方面，体育运动便是其中的基本方式和基本手段。

（二）休闲体育产业体系构建

休闲体育产业是休闲产业中的一个非常重要的组成部分，它主要包括休闲体育服务产业和休闲体育用品产业。

二、休闲体育产业产生与发展的条件

（一）现代消费价值观的建立

世界最早出现消费社会的国家，当属美国。从需要理论来看，马斯洛将人的需要划分成了生理需要、社会需要、安全需要、尊重需要和自我实现需要五个不同的层次。对于这五个层次来说，彼此之间是由级别划分的。对于很多人，特别是比较理性的人来说，只有在满足了衣食住行等基本需要之后，才会增加在娱乐、休闲等精神享受方面的需求。在休闲消费过程中存在着一种必然的毋庸置疑的现象，那就是人们需要投入一定的时间和财力。此时，如果要大量地生产物质产品，尤其是生活必需品，那么势必会造成供大于求的现象。

对于人的精神需求，主要从两个方面来表现出来：第一，人对自身自由价值进行实现的需要。第二，根据当前的社会关系进行等计划、结构化的符号编码的精神产品需要。

以上两个方面的消费能够促使人们在社会中的地位得到不断提高，能够更好地促进人们加强实现自我价值程度，换句话说，就是通过进行以上两个方面的消费，人们就会产生一种消费品位或消费档次提高的意识。在最初阶段，人们将对奢侈品消费的追求视为一种时尚，当作一种对人自身的社会地位和品位进行提高的手段，时间长了之后，对于奢侈品，人们习以为常之后，就会将其作为生活中的一种必需品，从而将其纳入休闲消费品的范围。对于奢侈品的追求，人们既不是为了使自身的基本生理需求得到满足，也不是使自身的基本生活需要得到满足，而是为了能够将自我或自我价值更好地彰显出来。

人们在当前社会中的消费观念已经上升为了一种价值观或价值哲学。对于休闲体育消费品的需求，也是人们遵循这种价值观所产生的结果。因此，在等级和类别方面，休闲体育消费品和商业性服务都有不同的划分，同时休闲体育消费品的划分中也存在一些按照品牌来进行划分的形式，在商业性服务中表现为按档次来进行划分。

对于不同的人来说，所处的阶层和阶段都是有差别的，通过运用不同层次的消费品来将其所处的地位和阶层标示出来。换句话说，消费品的不同品牌和档次，分别代表着处于不同阶层的人。有时，对于同处于一个品牌和档次的消费品的消费者，也具有不同的社会地位和社会阶层。就拿高尔夫俱乐部会员来说，要想进入高尔夫俱乐部就需要花费很多钱，但在会费方面是有等级之分的。所缴纳会费的多少，对于会员来说，所享受的教练、设施等服务存在很大的不同。就表明来说，消费者在花钱买健康的观念下来购买休闲体育产品或服务，但就消费者而言，他们除了买健康之外，更重要的是通过这种手段来向他人彰显自己所属阶层的文化观念。

（二）个体自由本质实现的需要

在古时，由于当时社会生产力水平较低，为了生存下去，人们仅凭自身力量是远远不够的，这就需要依赖于集体的力量。但是，集体的存在和发展是将对个体的抑制和牺牲作为主要手段的。对于个体而言，其整个发展过程就是使自身的主体性进行不断弘扬和强化的过程，是不断丰富自身生活以及系统整体化的过程，也是使自身才能得到不断突破、使自身本质力量和创造性得以充分体现的过程。

人的主体性主要表现为积极主体性和消极主体性需要。积极主体性需要主要从创造性、积极性和主观能动性方面体现出来。消极主体性需要主要从公平、安全、信仰、舒适、尊严、善恶、自由、个性等方面体现出来。由于人的生存和发展中必然会产生生产和消费行为，因此人的积极主体性需要是生产需要的主要体现。事实上，对于消费的需要，其也是消极主体需要的本质。通过消费这一行为，人们既能够使自身的基本生存得到满足，同时能将"自由"这一人的重要属性实现。所以说，实现自由是人们幸福的前提条件。

但在现实中绝对享受幸福和自由是无法实现的，这就使得人们将这一期望寄托在体育和艺术上。人体通过参与休闲活动来获得自由，其中体育活动和艺术活动就是主要的参与形式。就体育来讲，其形式是丰富多彩的，既包含了奥运会比赛中的正式比赛项目，同时也包含了很多民间体育活动。

（三）市场经济体制是前提条件

休闲体育活动的产生和发展是休闲体育产业得以产生的基础阶段，这非常符合现代市场经济发展的逻辑。同其他一般产业部门追求相同，休闲体育产品提供者也是将利润最大化作为终极追求的目标。休闲体育产品的产生是以休闲体育服务劳动分工作为基础的。而休闲体育产生能够持续不断地促使休闲体育服务劳动和地域分布得到深化，对休闲体育经济的发展提供必要的支撑和导向作用。

只有在市场经济体制下，休闲体育产业才能真正体现出滋生的产业特点，众所周知的是，要促使资本得以持续不断地增值，这对于休闲体育资本来讲也同样如此。休闲体育经济和相关产生的发展同样需要不断增值资本。休闲体育资本的增值主要表现为，在广阔的休闲体育领域中积极寻找投资和融资的机会，以此来获得更大的价值量。从某种意义上来讲，休闲体育资本是一个非常大的开放系统，将休闲体育囊括其中。休闲体育资本从某种角度来说，是一种导向力量，它能够实现休闲体育经济结构的转变。

（四）休闲时间充裕与收入的增加

休闲是指除了物质生产过程之外的活动，休闲时间的多少取决于社会生产力的发展程度。在社会发展的各个不同时期，社会生产力的发展水平在很大程度上决定了休闲时间的具体差异。在进入资本主义社会以前，为了更好地维持社会的生存和发展，需要投入更多的时间和更多的人力，这就需要人们利用这些时间进行采集、狩猎、耕作，这是为了满足社会生存需要所必需的。这就造成了人们几乎没有多余的时间去享受休闲的生活方式，在休闲消费方面也是非常少的。

进入工业社会之后，社会劳动生产率由于蒸汽机等动力机械的投入使用而得到了巨大的提高，这促使人们生活必需品变得更加丰富和多样，此时人们不再为了提高劳动生产而投入大量的时间，能够抽出一些时间来更好地参与休闲活动。但是，由于资本主义原始积累，人们每天都需要投入十几个小时的时间，造成人们的闲暇时间非常少，这就阻碍了休闲消费的发展。

随着现代社会生产力水平持续不断的提高，人们的生活水平也在不断提高，人们的收入也得到了不断增加，产业结构和产品结构得以更好的合理优化，并向人们提供了大量的具有多样性的物质产品和精神文化产品，这对休闲消费的发展起到了巨大的促进作用。由此可见，促进休闲消费得以发展的重要原因主要有收入的增长、竞技水平的提高、生产力水平的提高。休闲体育作为休闲中的一种方式，其在大量休闲消费产生的过程中获得了更好的发展。

三、休闲体育产业的发展

（一）体育健身休闲产业的市场规模不断扩大

就目前来说，我国的经营性体育产业机构已经达到了相当多家，这些机构在休闲体育产业发展中投入的费用相对较高，这些机构每一年的营业额能够达到一定的金额。在人们的内心深处，"花钱买健康"的观念已经种下了深深的烙印，人们将其视为一种对时尚的追求。当前，我国经常参与各类体育健身休闲活动的有3亿多人，平均每人参加3.45项体育活动。根据相关调查研究可知，参与健身俱乐部健身消费的人，有90%的人每次消费的额度保持在50~100元。对于北、上、广等发达城市的居民来说，在体育健身消费方面的投入占到家庭收入的10%。以上这些数据都明确说明，我国休闲体育产业的市场规模正在不断扩大，并将持续不断地扩大。

（二）初步形成了体育健身休闲市场体系

一个国家的体育市场体系是否健全是对这个国家体育产业发展程度加以判断的一个重要指标。就现代体育市场体系来说，它是一个多元化的市场体系，主要包括体育用品市场和体育服务市场两个市场。其结构具体包括诸多相关市场，如休闲健身市场、体育用品市场、竞赛表演市场、体育中介市场等。我国休闲体育市场经过了几十年的发展，特别是最近几年得到了非常快速的发展，开始逐步形成一个新兴的市场格局，这一格局具有以下几方面特点：第一，在这个格局中，各相关休闲体育机构都是一种平等竞争的关系。第二，其中包含了多种所有制。第三，投资主体来自不同的行业。第四，体育健身休闲用品市场和健身运动营养补品市场等得以共同发展，其中体育健身休闲用品市场是以体育健身市场作为核心和主体。第五，休闲体育市场所提供的体育服务产品包含低、中、高三个不同档次。

具备以上几种特征的休闲体育市场格局为进一步促进休闲体育产业的发展创造了良好的基础

条件。

（三）体育健身服务呈现出多元化发展的趋势

各种类型的休闲体育健身俱乐部和健身中心向消费者提供丰富多样的体育健身服务内容和项目，如形体训练、器械健身操、保健按摩、有氧健身操、体育舞蹈、台球、有氧搏击操、羽毛球、瑜伽、武术、网球、保龄球、游泳等。以上这些健身机构在健身项目数量方面进行了更为多样化的设置，同时也能够向消费者提供多元化的服务。例如，休闲健身中心能够同时向消费者提供健美、美容、运动、健身、康复等服务，此外还能够提供茶馆、咖啡屋、书刊室、舞厅、桑拿浴等一些其他服务项目。这样一来，就能够使各个阶层的人群在健身健美、娱乐休闲、交流等方面的不同需求得到很好的满足。

（四）重视体育经济法制的建设

对于市场经济来说，其是一种法制经济。因此，休闲体育市场规范有序的运行和休闲体育产业的可持续发展离不开相关法制的建设，也无法脱离对市场秩序进行规范。我国体育产业自产生之后便获得了非常快速的发展，并且相关的各个部分都在体育经济法制方面不断加强建设，国家也相继制定并出台了一些体育法规和地方体育法规，最为常见的体育法规主要有《体育法》《全民健身条例》《公共体育文化设施条例》等。此外，对于休闲体育相关从业人员的有关资质认证制度以及体育市场的相关准入制度，国家也在不断进行完善，这必将会促使体育市场管理得以进一步加强和规范，这也会为休闲体育产业的发展提供强有力的法律保障。

（五）连锁化经营模式发展较快

马华将连锁经营模式引入我国国内，其当时是将健身俱乐部引了进来，随后一些发达国家的体育健身企业巨头也来到中国开拓市场，这些企业都相继采用连锁经营的经营管理方式占据更大的市场份额。由此，越来越多的健身企业开始采用这种连锁经营的方式，以不断扩大自身的规模。

一些国外著名的健身企业进军我国市场之后，通过采用连锁经营的方式，扩大自身的市场规模来获得发展之后，在我国市场中其影响力也得到了进一步扩大，这使得体育市场集中度得以不断提高。通过分析，国外体育企业在我国市场中之所以快速占据较大的市场份额，主要是因为其具有很高的知名度，具有雄厚的资金实力，具有良好的品牌形象，有着较高的经营管理水平，以及先进的健身理念。

（六）体育产业结构不合理，且发展缓慢

体育产业在我国国民经济发展的过程中做出了难以磨灭的贡献，尤其是最近几年，其对于国民经济总收入的增加起到了巨大的促进作用。

我国体育及其相关产业在增加值方面构成中存在不合理情况，各个部门存在着不平衡现象，尤其是同其他体育产业的发展相比，体育健身休闲产业的发展存在明显落后的情况。

我国体育健身休闲业在经过一定时间的发展后，必将远远超过其他产业，在国民经济发展中，将会成为贡献率比较大的产业之一。

（七）体育产业面临日趋激烈的市场竞争和较大的经营风险

自从加入世界贸易组织以来，有很多国外著名的体育健身企业进入我国国内市场，如英国菲利斯公司、美国倍力公司等。这些著名的体育健身公司进入我国之后，既产生了积极影响，同时也产生了消极影响。

1. 积极影响

国外著名体育健身公司进入我国市场，也将国外先进的经营管理经验和健身理念带入国内，这为我国体育健身企业的快速发展产生了非常重要的积极作用。

2. 消极影响

国外知名体育健身公司的加入，进一步加剧了我国体育健身市场的竞争程度，使市场竞争变得更加激烈，并且这些知名企业在服务产品上并不存在明显的差距，这对顾客产生了均等的吸引力，企业为了能够更好地吸引消费者，会采用很多价格手段，这就很容易导致我国体育健身市场秩序出现混乱，不断出现很多不公平竞争现象，这也使得企业经营的风险进一步增加。

第三节　民族传统体育产业的发展

一、民族传统体育产业化简述

所谓民族传统体育产业化就是对民族传统体育采用产业化的运作方式来进行发展，对民族传统体育各个部门在配置资源方面进行优化，进一步提高资源的利用效益和效率，以促使民族传统体育得以健康、快速地发展。在促使民族传统体育产业发展的过程中，要尽可能地确保社会效益和经济效益得以协调发展，以确保民族传统体育产业同经济社会的发展形成一个良好的互动，进而得到共同提高。

我国民族传统体育拥有非常广泛的群众基础，它既流传于各个民族之中，同时也深受各族人民的喜爱。在投入方面，民族传统体育相对比较少一些，这与大众的消费能力是相互适应的，所以有很多民族传统体育项目也开始向着市场化的方向进行发展和运作，并初步形成了一个产业体系。

二、民族传统体育产业发展的模式

模式具有一定的稳定性和理论性，是实践经验的总结。就本质来说，它就是对某一问题进行解决的方法论，主要表现为对某一问题进行解决时所形成的一种标准的模型和形式。经济模式从经济学的角度来看，是指在一定历史条件和地区中所形成独具特色的经济发展道路，包括产业结构类型、所有制形式、经济发展思路、分配方式等各个方面的内容。

民族传统体育产业发展模式，是指某一地区的民族传统体育产业发展方式，主要包括民族传统体育产业的发展时序和路径、民族传统体育产业部门之间的配合和协调、民族传统体育产业资源的构成和利用等方面的内容。

这一模式是在长期实践的基础上形成的,所以国外民族传统体育船业或其他行业的成熟产业模式对于我国民族传统体育产业模式的完善和发展意义重大。

民族传统体育产业发展模式主要包括:"集化区"的选择、发展方式的选择、发展时序的选择,以及民族传统体育产业的区域主导行业的选择等。

三、开发民族传统体育资源的基本原则

（一）自然资源、人文资源相结合原则

民族传统体育具有多种多样的形式,不但包含了我国各个民族的传统体育项目,同时也包含了我国的传统武术项目等形式。我国民族传统体育项目的独特魅力,一方面来自其所蕴含的身后的文化特色,另一方面来自其美好的生态环境背景。民族传统体育正是在两者的相互融合和协调之下表现出了原生特色性,因此也吸引了更多的人参与。在对民族传统体育产业加以开发和发展的过程中,要重视对民族文化资源和自然风光加以整合开发,以将民族传统体育的不可替代性和独特性凸显出来。只有这样,才能将民族传统体育所具有的独特优势充分发挥出来,从而更好地推动民族传统体育产业的发展进程。

（二）观赏性与参与性相结合原则

体育作为一种活动,它具有加强的实践性和参与性,只有人们亲身参与才能从中充分体验到体育所具有的独特魅力。这就要求我们要在开发传统体育项目的过程中,加入精彩的表演类项目外,还要将那些具有较强的体验性和参与性的体育运动项目提供给人们,使他们能够对运动乐趣进行充分体味。我国当前的民族传统体育有着比较狭窄的参与面,这主要是因为人们各自有各自的喜好,并且每一个民族都有各自独特的文化风格,这对推广民族传统体育来说有着很大的困难。这就需要我们改造和推广相应的体育项目,以使这些体育项目能够在全国得到一定程度的推广,这样才能更好地促进我国民族传统体育产业的发展。

（三）收益性与保护性相结合原则

对于民族传统体育资源开发的竞技效益进行强调,并不是要求牺牲掉民族文化,为了使本地区创造更好的竞技效益来对特色体育资源进行开发时,还要使民族传统文化的特色优势得到有效保持,促使民族传统体育产业资源的文化要素得到不断提高,从而走上可持续发展的、内涵型的道路。此外,这一原则还要求,在对相应资源进行开发的过程中,对于生态环境要注意予以保护,从而促使生态效益和经济效益得以协调发展。

（四）多样性与统筹性相结合原则

民族传统体育有着多样,多姿多彩的体育项目,在开发相应的体育项目时,要注意将其资源的多样性优势充分发挥出来,对多种传统体育文化项目进行发展,同时在开发的过程中,还要对相应产品和服务的差异化给予充分的重视。在进行多样化发展的过程中,还要注意结合区域特征、民族风俗特点等,对本地区的整体资源优势进行统筹,以使规模化战略效应得以更好的推进。

总的来说，在我国体育事业中，民族传统体育是其中非常重要的部分，有着非常独特的发展优势。在对民族传统体育开发的过程中，要对资源的保护和开发给予相应的重视，并在此基础上进行积极的传播和推广。同时，还要注意进行相应的创新和改革，以促使其能够对时代发展需要进行不断的适应，以使人们的各种需求得到最大限度的满足。在民族传统体育产业发展中，要注意对其内涵的文化因素进行保持，更好地引导民族传统体育产业迈向市场方向。在开发民族传统体育资源时，既要对相关市场因素加以考虑，同时还要注意契合时代发展特征。在民族传统体育产业发展中要对其发展思路、发展模式、发展战略进行确立，从而促使民族传统体育产业得以可持续、科学化发展。

四、民族传统体育产业发展的具体措施

（一）加强民族传统体育的基础设施建设

民族传统体育在发展中需要依赖一些基础性设施，可以说，这些基础设施能够为其发展提供重要的物质保证。就实际来说，在场地和基础设施建设方面，我国民族传统体育存在严重不足现象，很多民族传统体育项目现有的设施和场地资源很难满足人们当前日常训练和比赛需要。在民族传统体育传播和民族传统体育技术发展方面，民族传统体育相应的场地设施是其中非常重要的场所，需要我们对其给予充分的重视。对于现有的资源和场地，要进行充分利用，提高其使用率，进行相应传统体育项目运动会和比赛的开展，加强人们之间的相互沟通和交流，以更好地促进我国民族传统体育产业的发展。

对民族传统体育基础设施加强建设，一方面要促使民族传统体育产业化和市场化发展得以进一步加强，以更好地促进民族传统体育相关基础设施的兴建；另一方面，在经营方面要合理、科学，以促使民族传统体育产业得以健康发展。这样既能够为人们提供必要的健身场地和健身场所，同时也能够为民族传统体育产业的开发提供必要的物质载体。

（二）加强民族传统体育项目的自身改造

伴随着现代人们生活节奏的不断加快，在休闲和健身项目方面，人们的追求也逐渐向着实用、简单、高效、有效等方面进行转化。这就需要我们加强民族传统体育的相关改造，以使其能够对社会的发展产生更好的适应。通过加强改造能够使人们的各种需求得到更好的满足，为民族传统体育的传播和发展增加了一定的群众心理基础。

在对民族传统体育项目进行开发的过程中，要对项目进行相关体育产业发展的实证提炼和创新，这样才能促使民族传统体育向着更好的方向发展。在改造民族传统体育项目的过程中，要对先进的科学技术加强投入，采用科学的技术手段和先进的理论进行相应的理论研究，借助于现代科技来促使民族传统体育得以更好地发展和传播。详细地说，要舍弃那些与科学原理不相符合的动作，进一步提高其健身的效果。对于具有较强的观赏性，适合开展比赛的运动项目，要进一步完善其相应的规则，促使其观赏性得以进一步提高。

（三）加强人才培养，提高管理者的素质和水平

在发展中，人才是第一生产力，对社会发展和经济发展都有着举足轻重的作用。对于民族传统体育产业发展来说，人才素质的提高能够为其发展提供重要保证。特别是在目前社会中，产业大都采用网络化、数字化等技术手段，同时也与具有销售渠道优势和品牌优势的大型跨国公司进行生存竞争，而民族传统体育文化品牌的质量以及所拥有的民族传统体育文化产业人才的数量在很大程度上决定了竞争的胜负。这就需要我们要进一步增强民族传统体育产业的吸引力，以吸引更多各个领域的优秀人才参与到民族传统体育产业发展之中，发挥所长，各尽其责，从而形成一个与市场经济规律相适应的运作形式和过硬的人才队伍。就我国民族传统体育发展现状来看，需要更多的人才参与其中，因此对民族传统体育人才进行培养是促使民族传统体育产业得以更好发展的根本保障。

民族传统体育产业的经营者和管理者要通过学习和掌握先进的管理理念和经营理念来促使自身的业务水平得以进一步提高。除了培养相应的管理和经营人才之外，还要对高水平的运动表演和运动技术人才加以培养。企业及相应管理单位要对人才培养和选拔机制进行建立和健全，以更好地促进民族传统体育产业得以可持续健康发展。

虽然我国民族传统体育产业起步比较晚，而且所具有的基础也不扎实，但这也说明其拥有很大的发展潜力。随着改革开放的不断推进和深入，民族传统体育产业发展的水平也必将得到进一步提高，这就要求我们要尽可能地加大对人才的培养力度，以更好地适应民族传统体育产业的未来发展需要。

（四）大力培育中介组织，加大无形资产开发的力度

在民族传统体育产业中，相关中介组织在其中发挥了非常重要的作用，民族为传统体育相关中介组织发展提供了非常广阔的空间。随着我国改革开放的不断推进，我国社会主义市场经济制度得以确立，我国市场中也逐步引入了很多外资的体育中介组织，从而形成了一个多层经营主体相互竞争的局面，这也为我国民族传统体育中介的发展在很大程度上提供了契机。所以，我国民族传统体育的发展务必要紧紧抓住这一机遇，通过在相关中介组织的帮助促使自身得到更好发展。此外，对于体育中介市场，政府也要进一步加大扶持力度，从而为我国民族传统体育中介市场提供一个良好的、宽松的外部环境。

（五）加强民族传统体育竞赛表演业的发展

在体育项目传播方面，体育竞赛和体育表演的开展是其中一个非常重要的方式和渠道，正是借助这一渠道，很多体育项目得以被人们认识和了解，同时也逐步在国际上产生了相当的影响力。由此可见，大力开展民族传统体育运动会，对于促进我国民族传统体育产业发展方面有着非常重要的推动力。

除了开展一些民族传统体育运动会之外，还可以开展一些相关的运动比赛，对民族传统体育加以积极推广，对休闲和健身加以倡导，以促使越来越多的人能够参与其中。

对于一些发展比较成熟的民族传统体育项目，要科学地对其进行加工，促使其向着竞技项目方向发展，在吸引人们积极参与的同时，也对其运动技术和运动规则加以完善和发展。

（六）健全相关法律法规

就发展模式来说，民族传统体育产业的发展存在两种模式：一种是政府参与型；另一种是市场主导型。根据我国具体实际和基本国情，在我国社会主义市场经济体制条件下，主要采用政府参与性的产业发展模式。这就要求我们在民族传统体育产业发展中，要把政府的作用充分发挥出来。政府作用的发挥，首先，针对民族传统体育产业确立一个明确的发展目标。其次根据确立的目标，政府要制定并出台一些相关的扶持政策，采取相关的有助于民族传统体育产业发展的措施。将民族传统体育产业作为体育产业发展的重中之重。

此外，针对民族传统体育产业的发展，政府也要提供必要的扶持，对相关的法律法规加以建立和健全。民族传统体育市场只有具备了健全和完善的法律法规体系，才能对这一市场进行规范和引导，这样能够为民族传统体育产业的发展营造一个良好的环境。

（七）实行民族传统体育俱乐部制

在我国当前社会主义市场经济发展背景下，民族传统体育开始逐步走向市场。若想将民族传统体育发展成为世界性的体育项目，若想使其能够在世界范围内进行体育运动相互交流，那么就必须走上俱乐部制这一发展道路。这一制度既能够有效地促使我国优秀的民族传统体育文化得以传播，同时还能够进一步加快我国民族传统体育产业化和社会化的发展进程。我国民族传统体育产业发展实施俱乐部制，其意义主要体现在以下几个方面。

1. 吸引更多的消费群体

实行民族传统体育俱乐部制能够使人们日益增长的民族传统体育观赏、娱乐、健身等诸多方面的需求得到更好的满足，从而为民族传统体育产业的更好发展提供更多的消费群体。随着现代人们物质生活水平的快速提高和健身娱乐方式越来越多样化，人们在参与民族传统体育方面的要求也越来越高。通过实施俱乐部制能够更好地满足人们参与健身娱乐的需要，能够观赏到具有较高价值的民族传统体育比赛。由此可见，俱乐部制可以促使民族传统体育比赛有着更高的观赏性，以更好地实现人们观赏的需要。

2. 吸引更多的民族传统体育文化爱好者

通过采用俱乐部形式，可以对更多的民族传统体育文化爱好者产生强有力的吸引，促使他们能够加入俱乐部，接受更加专业的训练。在我国民族传统体育产业发展中，俱乐部就成为对优秀后备人才进行培养的重要场所。

3. 促进民族传统体育文化的传播和交流

俱乐部制在民族传统体育产业发展中的实施，能够促使民族传统体育文化在世界范围内得到更为广泛地传播和交流。俱乐部制度的实施，能够为民族传统体育文化提供一个走向世界的机会，使其成为世界性的体育文化。我国民族传统体育文化在国际上的传播，也代表着我国优秀民族文化的传播。在世界范围内，我国民族传统体育文化的传播和交流主要表现为两种形式：第一，将我国国内优秀的民族传统体育运动员交流输送到国外，互派表演团和访问团，创办国际性的教练员培训班和职业运动员培训班。第二，通过采用民族传统体育文化节等文化形式，在国家间开展较为广泛的交流活动，从而促使民族在传统体育文化成为全球性的优秀文化。

4. 促使社会经济更加繁荣发展

俱乐部制度的实施能够更好地促进社会经济得以繁荣发展。俱乐部能够获得相应的经济效益，同时也能够促进经济的发展，经济效益包括广告费、门票费用、赞助费、运动员转会费、网络转播费及其相关费用，另外俱乐部还能够更好地带动广告业、电视业、器材业和服装业等相关产业的发展。

5. 促进民族传统体育服务业更加繁荣

俱乐部制度能够促使民族传统体育服务业变得更加繁荣。城市居民，尤其是大中城市的居民随着现代社会生活水平的提高，他们的可支配性收入也得到了相应的增加，这使得他们对于民族传统体育健身提出了更高的要求。相关的服务业也随之产生并得到了迅速发展。服务业是以盈利作为目的的，具有非常广阔的消费市场。新型的民族传统体育俱乐部既能够为消费者提供相应的民族传统体育服务，同时还能够提供旅游、餐饮、娱乐等方面的综合服务，能够促使相关服务产业得以有效发展。

综上所述，实行民族传统体育俱乐部制，能够加快构建民族传统体育文化产业化发展体系，带动相关产业的飞速发展。

（八）创建有影响力的民族传统体育品牌

在我国，民族传统体育文化是一笔非常宝贵的财富，这就要求我们要对品牌战略加以积极研发和实施，进一步提高民族传统体育文化产业在国际上的竞争力，更好地促进民族传统体育产业得以更快的发展。就目前来说，我国民族传统体育跨出了国门，走向世界，同时也参加了相应的比赛、表演和交流活动，获得了一定的成效和成绩，但就其整体发展情况来说结果还是无法让人满意的。导致这一情况产生的原因有很多，如民族传统体育文化产业自身的宣传推广不够等，没能形成品牌优势是直接原因之一。民族传统体育文化品牌包含的内容很多，有民族传统体育工艺品、旅游用品、邮票书画、音像光盘等。对于民族传统体育文化品牌来说，其有着很大的发展潜力和发展空间，最为关键的是要对其进行合理、科学的开发。

如今，具有悠久历史的民族传统体育文化，伴随着我国国际地位和影响力的不断提高，开始走出国门，走向世界舞台，得到了系统、长期的发展，并在世界上形成了非常强大的影响力品牌。就拿武术来说，以武术作为主要表现内容的文艺作品在国际上已经占有了非常重要的位置。如《少林寺》《精武门》《卧虎藏龙》等，通过与电影这一形式相结合，武术的知名度得到了快速提高，并在世界范围内掀起了一场学习功夫的热潮。

第十章 社会相关体育产业发展的实证分析

（九）积极促进民族传统体育市场的发展

对于民族传统体育产业来说，市场化是其发展的必由之路。其发展需要很多相关市场的有效配合。当前，对于民族传统体育产业的国内和国外市场，我们都要进行积极开拓，从而为民族传统体育产业的发展创造出一个良好的环境。

1. 民族传统体育技术培训市场

技术培训是促使民族传统体育人口得以增长最为主要的方法。在民族传统体育中，技术培训与产业市场之间的关系是相互促进、相互影响的，这主要从以下两个方面表现出来。

一方面，通过开展相应的技术培养，参与培训的人往往会购买相应的书籍资料、用品和服装等，同时还要参加相应的民族传统体育表演和比赛等相关活动，这些需要购买的物品以及相关活动的开展，对活跃和发展相关的民族传统体育市场能够发挥出良好的积极促进作用。同时，通过技术培训还能够培养出一大批民族传统体育文化爱好者，从而更好地引导他们参与民族传统体育产业消费。

另一方面，民族传统体育相关市场的发展对民族传统体育相关技术培训也会产生相应的影响。例如，民族传统体育竞赛表演市场中精彩的表演与比赛或健身娱乐市场的发展可以带动更多的消费群体转入民族传统体育技术培训市场。

2. 民族传统体育健身娱乐市场

民族传统体育健身娱乐市场的更好发展，需要从以下几个方面做起。

（1）培育广大消费者

在民族传统体育健身娱乐市场中，生产、流通和消费是其中的几个非常重要的环节，而其发展则需要广大消费者的保障和支持。这主要是因为健身娱乐市场的发展主要是由消费者的消费水平、消费动向和消费意识共同决定的。民族传统体育资源如何根据消费者的需求进行利用和开发是健身娱乐市场发展所需要重点考虑的经营策略，这一经营策略主要从以下两个方面进行。

一方面，促使人们的消费水平得到提高，首先要提高人们的生活水平和经济收入水平，只有使人们具有较为优越的物质生活条件之后，才会萌生在民族传统体育健身娱乐这一行业进行消费的观念。

另一方面，要进一步扩大市场的资金积累，加快资金运转，促进自身发展，这就需要对市场发展方向进行把握，并做好相应的市场地位，进一步降低自身成本，采用灵活的价值来面对各类消费者，从而吸引越来越多的消费群体能够投入健身娱乐市场中，这样才能对健身娱乐市场进行多特色、多层次、多项目的开发，才能促使各个不同层的民族传统体育消费者的需要得到满足，更好地促使民族传统体育健身娱乐产业得以快速发展。

（2）建立相关法律和管理体制

民族传统体育健身娱乐市场之所以未能得到充分发展，其原因之一就是尚未形成同市场运行规律相符合的管理体制。虽然在我国一些省市对一些地方法律法规进行了制定，使得当地健身娱乐业得到了一定的规范，但由于市场自身运作规律的存在，这必然会造成市场竞争和优胜劣汰。新生事物进入市场后能否得以更好的生存和发展，这必须要经过市场的长期检验才能得到结果，一些相关部门的管理也只能从中起到宏观导向作用。在对民族传统体育建设娱乐市场进行管理中，谁投资、谁受益是其中的基本原则，这就需要相关部门采用必要的法律政策来对市场的稳定发展进行维护和保障。

3. 民族传统体育消费市场

目前，在整个体育消费中，我国民族传统体育消费所占比例是非常小的，所以要对民族传统体育消费市场加以积极开拓，进一步提高我国民族传统体育的消费水平，这是非常迫切的。这就需要我们将民族传统体育的吸引力充分发挥出来，进一步鼓励和刺激消费，对民族传统体育的功能价值进行积极宣传，以更好地满足人们的健康需求。

此外，在我国一些民族传统体育项目中，不仅具有防身作用，同时其动作也是非常优美，这都能够成为对民族传统体育消费进行刺激的有利条件。只有对民族传统体育文化的价值进行充分挖掘，才能更好地形成有活力的品牌，以更好地吸引大公司、大企业等参与到民族传统体育文化的发展之中，以更好地促使民族传统体育产业得以进一步发展。

4. 民族传统体育文化市场

民族传统体育文化市场的发展对民族传统体育产业的发展产生了非常重要的影响。

一方面，要对民族传统体育文化基础理论加强相关研究工作，通过借助于相关媒体的宣传作用，对民族传统体育文化的消费需求加以积极引导。另一方面，对民族传统体育市场加以积极开拓，从而形成一个以创新来促使市场发展，以发展来带动民族传统体育创新的良性循环。

民族传统体育文化市场有着非常复杂的类型，其产品主要包括有形产品、无形产品、精神产品、物质产品等，这使得人们在参与某一类型的民族传统体育文化消费的过程中，也会更好地带动对民族传统体育文化其他层次的需求。这就使得民族传统体育市场的开发具有了文化潜在性、引导性和先行性，所以文化规律成为对民族传统体育文化市场产生制约的另一规律。由于民族传统体育文化产品及其消费型和服务价值的二重性，这就使得民族传统体育文化市场不同于一般的物质产品市场，它具有不同市场效益的二重性，即社会效益和经济效益。其中社会效益占据第一位，经济效益排在第二位，如果没有社会效益，那么经济效益也就无从谈起。

民族传统体育文化产品随着社会的发展，其在生产、流通、消费和服务方面都表现出了新的面貌，这同现代化社会化大生产有着非常密切的联系。现代科技和大工业生产为民族传统体育文化的服务和生产活动创造了非常有利的条件，使得流通方式、传播媒介和消费方式得到了进一步丰富和发展。

（十）加强对民族传统体育文化产业的宣传和推广

对于民族传统体育的普及和推广，政府还要进一步加强相关政策扶持，在民族传统体育文化产业中运用现代高科技技术，对全新的产业空间进行拓展，以促进民族传统体育文化产业的整体运作效率得到进一步提高，从而为民族传统体育的社会影响和国际化地位创造一个新的起点。

　　在进行推广和宣传的过程中，要对民族传统体育文化的传播给予高度重视。民族传统体育的文化底蕴非常深厚，受到国内外学者越来越多的关注，商界人士也对其深远的品牌价值给予了青睐。在当前信息化时代，产品的发展和宣传都无法脱离媒体。因此，民族传统体育也要通过现代化媒体进行积极宣传，而且要对民族传统体育文化的宣传和传播给予充分的重视。

参考文献

[1] 蔡宝家. 区域休闲体育产业发展研究 [M]. 厦门：厦门大学出版社，2017.

[2] 高玉敏，沈伟斌，胡瑞敏. 中国体育产业发展的理论与实践 [M]. 北京：光明日报出版社，2017.

[3] 李龙. 中国体育产业发展问题的伦理审视 [M]. 北京：中国经济出版社，2017.

[4] 祝慧英. 中国体育健身休闲产业发展研究 [M]. 中国广播影视出版社，2017.

[5] 崔高原. 产业视阈下的体育舞蹈发展研究 [M]. 长春：东北师范大学出版社，2017.

[6] 沈华柱. 发展与动因中国体育电视产业研究 [M]. 上海：上海三联书店.2017.

[7] 周建伟. 现代体育产业发展概论 [M]. 西北农林科学技术大学出版社，2017.

[8] 陈章龙. 江苏体育产业发展报告 [M]. 江苏凤凰科学技术出版社，2017.

[9] 李炎焱. 竞技体育产业发展研究 [M]. 长春：吉林人民出版社，2017.

[10] 蒋浩. 休闲体育产业发展研究 [M]. 长春：吉林美术出版社，2017.

[11] 胡昕. 经济学视角下的中国体育产业发展研究 [M]. 青岛：中国海洋大学出版社，2018.

[12] 彭志伟. "一带一路"背景下我国体育产业发展体系研究 [M]. 北京：中国纺织出版社，2018.

[13] 余少兵，朱莉. 当代体育产业发展与心理学引入探究 [M]. 北京：原子能出版社，2018.

[14] 穆瑞杰. 高校学术文库体育研究论著丛刊京津冀一体化背景下体育产业的发展探讨 [M]. 北京：中国书籍出版社，2018.

[15] 马道强. 京津冀协同发展背景下高校体育资源与体育产业融合的联动发展 [M]. 上海：同济大学出版社，2018.

[16] 许进. 体育产业的发展及市场化运营研究 [M]. 徐州：中国矿业大学出版社，2018.

[17] 许月云. 福建省体育产业发展战略研究 [M]. 北京：人民体育出版社，2018.

[18] 张为付. 江苏体育产业发展研究报告2017[M]. 南京：南京大学出版社，2018.

[19] 冯利英，巩红禹. 内蒙古自治区体育产业发展报告 [M]. 北京：经济管理出版社，2018.

[20] 吴业锦. 体育产业发展的理论与实证研究 [M]. 北京：中国纺织出版社，2018.

[21] 谢朝波. 当代体育产业发展与体育行为心理探究 [M]. 北京日报出版社，2019.

[22] 魏建军. 现代体育产业发展理论与经营管理研究 [M]. 北京：地质出版社，2019.

[23] 刘忠良. 体育产业发展理论探究 [M]. 北京：新华出版社，2019.

[24] 张延嘉. 冰雪文化对促进冰雪体育产业发展的研究 [M]. 哈尔滨：黑龙江人民出版社，2019.

[25] 黄海燕. 上海体育产业发展报告 [M]. 北京：社会科学文献出版社，2019.

[26] 魏火艳. 中原经济区体育产业发展研究 [M]. 北京：中国原子能出版社，2019.

[27] 郭轶群. 我国体育产业发展的理论与实践 [M]. 延吉：延边大学出版社，2019.

[28] 季文. 我国体育产业发展战略研究 [M]. 哈尔滨：哈尔滨地图出版社，2019.

[29] 黄海燕. 长三角地区体育产业发展报告 [M]. 北京：社会科学文献出版社，2019.

[30] 苗苗. 社会发展新常态下体育产业发展研究 [M]. 北京：中国原子能出版社，2019.